FIRST YEAR POLISH

SECOND EDITION
REVISED AND EXPANDED

Oscar E. Swan

Slavica Publishers, Inc.

Slavica publishes a wide variety of scholarly books and textbooks on the languages, peoples, literatures, cultures, folklore, history, etc. of Eastern Europe and the former Soviet Union. For a complete catalog of books and journals from Slavica, with prices and ordering information, consult our www page or write to:

Slavica Publishers
Indiana University
1430 N. Willis Dr.
Bloomington, IN 47404-2146
USA

[Email] slavica@indiana.edu
[Tel.] 1-812-856-4186
[Toll-free] 1-817-SLAVICA
[Fax] 1-812-856-4187
[WWW] <http://www.slavica.com/>

ISBN-10: 089357-108-3
ISBN-13: 978-089357-108-5

TO MY PARENTS

CONTENTS

sonal pronouns; *Positive and negative existentials*
(nie ma, nie było, nie będzie); *Genitive after neg-*
ated verbs; The preposition u + *Gen.; The preposi-*
tion od + *Gen. in comparisons; "Taste (good)" (*sma-
kować*).*
Review, Lessons X-XVI.

INTRODUCTION

FIRST YEAR POLISH is intended for classroom use at the college or secondary school level or for individualized instruction. No previous knowledge of Polish or any foreign language is assumed on the part of the user. Attention is paid to all aspects of the language: speaking, reading, writing, and listening. A full set of tapes is under preparation and is conceived as an integral part of this course.

Lessons vary between those based on conversations and those based on the analysis of reading passages. For the most part, major grammatical topics are treated in the reading lessons, while conversation lessons introduce subsidiary grammatical topics and review the material of preceding lessons. Vocabulary in the conversation lessons is organized thematically around areas of human interest: family, friends, work, food, dress, and others.

Each lesson is amply supplied with exercises which drill the material of the current lesson and review the grammar and important vocabulary of past lessons. Most exercises are suitable for both oral and written practice. Simple sentences for translation from English to Polish test that vocabulary and constructions have been not only understood passively but also actively assimilated.

NOTES ON USE

FIRST YEAR POLISH has been used successfully in intensive and nonintensive Polish language classes and in self-directed study programs. The format of the book is in most cases self-explanatory, so that the student may progress through the book with minimal guidance. For best results, adherence to the format of the book is recommended, particularly at first. Normal procedure includes the memorization or near memorization of dialogues, the taking of dictations from dialogues and readings, the repetition of texts and vocabulary after an instructor or tape, and the careful correction of pronunciation errors. Most exercises are suitable for both oral and written practice. Ideally, exercises should be repeated three times: once in class with the textbook, once in the language lab without the book, and once at home in writing. It is recommended that all models and Polish key words be translated into English, at least at first, and that all exercises be written out in full, no matter how repetitive.

On the whole, vocabulary in the conversation lessons is basic and should be learned; words appearing in conversations tend to occur in subsequent lessons and exercises throughout the book. The vocabulary of the reading lessons, unless of an obviously basic nature, is optional and will not be used in exercises outside the given lesson. Common sense is the most reliable guide in the memorization of vocabulary.

The material in this book can be covered in an intensive language program comprising five or more contact hours weekly. Less intensive programs may expect to cover from twenty to twenty-four out of the thirty lessons. With these differences in mind, the presentation of grammar is arranged so that most topics are covered, or at least introduced, during the first twenty lessons. Lessons 21-29 introduce grammatical topics and thematic areas that may be suitably reserved until the second year. Lesson 30 consists exclusively of supplementary reading and a synopsis of noun declension and verb conjugation.

The order of presentation of material, whether grammatical or topical, is subordinate to communicative aims. Material with the greatest functional load is presented earlier. Where necessary, more complex grammatical subjects are introduced on a preliminary basis, to be treated in greater detail further on.

Any textbook can provide at most a framework or working model for the actual use of the language in communicative situations. It is up to both instructor and student to discover and make use of situations favoring the communicative implementation of the language. In the classroom, discussions may be initiated concerning students' lives, characters in the texts, the photographs (which need not be utilized only in the order in which they occur), and any appropriate outside material. The periodic visitation of the class by guests from Poland provides an excellent opportunity for the review and use of all vocabulary and expressions used up to a given point.

It is the intention of the author to follow this work with a sequel, SECOND YEAR POLISH, which will adhere in the main to the format of the present book while devoting more attention to the promotion of conversation on topics of general interest.

ACKNOWLEDGEMENTS

The following persons contributed materially to the first edition, of which the present version is a substantial reworking: Aleksander Szwedek, Wieslaw Oleksy, and Halina Majer of Bydgoszcz; Grazyna Boguta of Warsaw; Maria Pasterska of Lublin; Robert Rothstein of the University of Massachusetts at Amherst; and Valentina Zych of the University of Pittsburgh.

In this, the second edition of FIRST YEAR POLISH, I remain indebted to Leszek Szkutnik of Warsaw for permitting me to adapt certain of his humorous texts for use in the reading lessons. Most of the newer conversations and readings reflect the critical input of Maria Sledzinska of Bydgoszcz, who also contributed valuable suggestions concerning conversations and readings retained from the first edition. A nearly final version of the manuscript was read by Barbara Nykiel of Bydgoszcz, who caught many errors and contributed valuable suggestions regarding usage, not all of which were possible to incorporate into the present version. The author takes full responsibility for the content and for all errors and oversights.

The many excellent photographs are the work of Herbert Ferguson of the University of Pittsburgh. These photographs were taken in Poland in connection with the University's Polish Phoenix project and are lent through the generosity of the photographer.

The cover design is from an original paper cutout by Magdalena Gilinsky of the American Folklife Center, Library of Congress. Most of the remaining cutout designs are taken from the work Wycinanki(Polish Folk Paper-Cuts), Kurpie-Lowicz Regions, by Anna Zajac Gacek, Sarmatia Publications, 4 Green Street, New Bedford, Massachusetts, 1972.

My greatest thanks goes to the many students who by their questions and responses during the development of this book have contributed more than anyone else to its present form.

Oscar E. Swan

University of Pittsburgh
February 1983

xiii

SUPPLEMENTARY MATERIAL

TAPES

Tapes are available on cassette for use with this book. Tapes come two lessons to a 90-minute cassette, except for the first tape, which contains sounds and Lesson I. The tapes contain native-speaker recordings of the conversations and readings, both at speed and with pauses. The vocabulary is recorded with pauses. The remainder of the 45-minute lesson contains representative oral drills from the exercises, with pauses both before and after the correct response. As of this writing, tapes for Lessons I-XV are available; tapes for the remaining lessons are in preparation. Inquiries concerning tapes should be addressed to the author, Slavic Department, University of Pittsburgh, 15260.

DICTIONARIES

POLISH-ENGLISH AND ENGLISH-POLISH DICTIONARY, J. Stanislawski, David McKay Co. New York, 1975. *A smaller bilingual dictionary suitable for most student use.*

THE KOSCIUSZKO FOUNDATION POLISH-ENGLISH DICTIONARY, K. Bulas, L. Thomas, F. J. Whitfield, The Kosciuszko Foundation, New York.

THE KOSCIUSZKO FOUNDATION ENGLISH-POLISH DICTIONARY, K. Bulas, F. J. Whitfield, The Kosciuszko Foundation, New York.

INTERMEDIATE TEXTBOOKS

Z POLSKIM NA CO DZIEŃ: An Intermediate Polish Course for English Speakers, Państwowe Wydawnictwo Naukowe, Warsaw, 1978

COMMUNICATING IN POLISH, B. Penny, K. T. Malinowska, U.S. Department of State, Foreign Service Institute, Washington, D. C., 1974. *Conversations, short readings, and questions relating to contemporary Polish life.*

INTERMEDIATE READERS

FIFTEEN MODERN POLISH SHORT STORIES: An Annotated Reader and a Glossary, Aleksander M. Schenker, Yale University Press, New Haven and London, 1970.

POLISH SCHOLARLY PROSE: A Humanities and Social Sciences Reader, Robert A. Rothstein and Halina Rothstein, Slavica, Columbus, Ohio, 1981.

REFERENCE GRAMMAR

A CONCISE GRAMMAR OF POLISH, Second Edition, Oscar E. Swan, University Press of America, Washington, D. C., 198

GENERAL OBSERVATIONS ON THE POLISH LANGUAGE

Polish is an *inflected* language, which means that grammatical endings play an indispensable role in the language's grammatical system.

Nouns (names for persons, places, things) are inflected for *number* (singular and plural) and *case* (see below). In addition, each Polish noun belongs to a given grammatical *gender* (masculine, feminine, or neuter). By and large, the gender of a noun is of significance only for a modifying adjective, which will take a different ending according to the gender of the noun it modifies; hence dobra lampa *good lamp* vs. dobry obraz *good picture.*

Case endings are attached to nouns in order to help indicate the grammatical role of the noun in the sentence. Since word order in Polish is relatively free, without taking case endings into account it would often be impossible to determine the grammatical structure of a sentence. There are six main cases in Polish: *Nominative, Genitive, Dative, Accusative, Instrumental,* and *Locative.* In addition, a *Vocative* case is available, mainly with personal names, for direct address. In general, the functions of the Polish cases are as follows:

Nominative: Subject of sentence: Jan czeka. *Jan is waiting*
Complement of to jest *that is*: To jest obraz. *That's a picture.*

Genitive: Possession: dom ojca *house of father, father's house.*
After quantifiers and numbers 5 and above: pięć obrazów *5 pictures.*
After negated transitive verbs: Nie lubię mleka. *I don't like milk.*
After negative existentials: Nie ma mleka. *There isn't any milk.*
After certain prepositions: do *to,* od *from,* bez *without,* u *at,* z *off, from,* and numerous others.
After certain verbs: szukać *look for,* bać się *fear,* słuchać *listen to,* and numerous others.

Dative: Indirect object (the beneficiary or recipient of an action): Dam ci prezent. *I'll give you a present.*
After impersonal adjectives: Zimno mi. *It's cold to me; I'm cold.*

xv

After impersonal verbs: To **mi** smakuje.
That tastes good to me.
After certain other verbs: pomagać
help, ufać *trust,* and others.
After the prepositions przeciw *against,*
ku *toward.*

Accusative: Direct object (complement of transitive
verb): Jan kocha **Ewę**. *Jan loves Ewa.*
Accusative of time: całą godzinę *for
an entire hour.*
After na and w following verbs of motion: Idę na koncert. *I'm going to
a concert.*
After the prepositions przez *through*
and po *for.*

Instrumental: Phrases of means or agency: Piszę
piórem. *I write with a pen.*
Predicate nouns (noun complements of
the verb "be": Jestem **studentem**.
I'm a student.
After certain prepositions: z *with,*
nad *above,* przed *before,* pod *under,*
między *between,* za *behind.*
After certain verbs: interesować się
be interested in, zajmować się *be
busy with,* and others.

Locative: After the prepositions w *in,* na *on,*
o *about,* przy *next to,* po *after.*

Vocative: Direct address (calling someone):
Zosiu! *Zosia!*

Below is an example of a feminine-gender noun, kura
chicken, fully declined for case and number:

	Sg.	Pl.
N	kura	kury
G	kury	kur
D	kurze	kurom
A	kurę	kury
I	kurą	kurami
L	kurze	kurach
V	kuro	kury .

Adjectives (descriptive words, telling 'what kind')
are inflected for gender, number, and case; adjectives
agree in all three features with a modified noun. Below is an example of an adjective, dobry *good,* fully
declined:

| | Singular | | | Plural | |
	masculine	feminine	neuter	masculine persons	others
NV	dobry	dobra	dobre	dobrzy	dobre
G	dobrego	dobrej	dobrego	dobrych	dobrych
D	dobremu	dobrej	dobremu	dobrym	dobrym
A	= N or G	dobrą	dobre	dobrych	dobre
I	dobrym	dobrą	dobrym	dobrymi	dobrymi
L	dobrym	dobrej	dobrym	dobrych	dobrych.

Verbs (words that express action or being) have a
present and a past tense form. In the present tense,
verbs are inflected for three persons and two numbers;
for example, here are the present-tense forms of the
verb pytać *ask*:

	Singular	Plural
1st pers.	pytam *I ask*	pytamy *we ask*
2nd pers.	pytasz *you ask*	pytacie *you (pl.) ask*
3rd pers.	pyta *he, she, it asks*	pytają *they ask* .

In the past tense, verbs are inflected for three persons, two numbers, and, in addition, for the gender of
the noun subject. Here are the past-tense forms of
the verb pytać *ask*:

| | Singular | | | Plural | |
	masc.	fem.	neut.	masc.pers.	others
1p	pytałem	pytałam		pytaliśmy	pytałyśmy
2p	pytałeś	pytałaś		pytaliście	pytałyście
2p	pytał	pytała	pytało	pytali	pytały .

Verbs usually belong to one of two *aspects* (ways of
presenting verbal action) -- *Perfective* or *Imperfective*.
Perfective verbs refer to single, complete, successful
actions. Perfective verbs refer to either future or
past time; the present form of a Perfective verb has
future reference:

Zaraz zapytam. *I'll ask right away.*
Już zapytałem. *I already asked.*

Most verbs encountered in early lessons will be Imperfective. Imperfective verbs refer to on-going action,
to frequent or habitual action, or to action that, while
complete, was not necessarily successful or decisive.
Imperfective verbs form a compound future tense with
będę *will, am going to:*

Teraz pytam. *I'm asking now.*
Wczoraj pytałem. *I was asking yesterday.*
Jutro będę pytał. *I'm going to ask tomorrow.*

In addition to finite (present, past, future) verb forms, the Polish verb can form *participles* (verbal adjectives and adverbs), and verbal nouns, for example:

Active participle: pytający *(one who is) asking*

Active verbal adverb: pytając *(while) asking*

Passive participle: pytany *asked*

Verbal noun: pytanie *(the) asking, question.*

The above description of Polish grammatical structure is purely orientational. For more complete information consult the Grammatical Index at the back of this book or the author's *A Concise Grammar of Polish: Second Edition* (University Press of America, 1983).

SOUNDS, SPELLING, AND PRONUNCIATION

A. The Polish Alphabet:

a, ą, b, c, ć, d, e, ę, f, g, h, i, j, k, l, ł, m,

n, ń, o, ó, p, r, s, ś, t, u, w, y, z, ź, ż .

Digraphs (Sounds Spelled with Two Letters):
ch, cz, dz, dź, dż, rz, sz .

B. Pronunciation

1. Consonants

The following consonants are pronounced approximately the same as in English:

b, d, f, g, m, n, s, z .

p t k   p, t, and k are unaspirated, that is, pronounced with noticeably less explosion of air than their English counterparts. pas, mapa, karp; ten, kot, data; kura, oko, rok.

r   r is rolled or trilled with the tip of the tongue, similarly to Spanish or Russian r, although Polish r is not trilled as strongly as is Spanish or Russian r. rola, para, dar, torba.

l   l is pronounced with the tongue upon the alveolar ridge (slightly behind the teeth). It is "softer" than English l, rather similar to French l. las, sala, hotel, polka.

ł   ł (so-called barred l) is not pronounced like an l except in Eastern dialects and, increasingly infrequently, in stage pronunciation. It is most often pronounced like English w in way, how. łeb, dała, był, piłka.

ń (ni-)   So-called n-kreska (n kreskowane) is pronounced with the tongue in the post-alveolar region (the position, more or less, of English y). It is not unlike the ni of English onion. nie, koń, hańba, tanio.

ch, h	ch and h are pronounced identically, similarly to English h̲ except that there is more friction in the Polish version. Polish ch is not as harsh as German c̲h̲ or Russian χ. c̲h̲yba, uc̲h̲o, strac̲h̲, płac̲h̲ta.
ć (ci-)	ć represents more or less the sound of English c̲h̲ in c̲h̲eap, with the tongue in the post-alveolar region (English y̲-position). ćma, kryć, c̲i̲ało, c̲i̲oc̲i̲a.
dź (dzi-)	dź is the voiced counterpart of ć; it is like English j̲ in j̲eep, but somewhat "softer." d̲z̲ień, d̲z̲iadek, wied̲ź̲ma, chod̲ź̲my.
ś (si-)	ś represents more or less the sound of English s̲h̲ in s̲h̲eep, with the tongue in the post-alveolar region (the English y̲-position). coś̲, leś̲ny, s̲i̲ano, Bas̲i̲a.
ź (zi-)	ź is the voiced counterpart of ś; it is like English s̲ in the word plea s̲ure, but "softer." mroź̲ny, z̲i̲arno, buz̲i̲a, groź̲ba.
cz	The sound of cz is similar to that of ć but "harder." The blade of the tongue is not held tight against the post-alveolar region, and the mouth is slightly rounded, similar to the English r̲-position. c̲z̲yn, c̲z̲as, uc̲z̲ta, warkoc̲z̲.
dż	dż is the voiced counterpart of cz, rather like j̲ in English j̲olt. This sound is not common in Polish. d̲ż̲em, rad̲ż̲a, miażd̲ż̲yć.
sz	sz is pronounced similarly to ś, with the differences noted above for cz. The mouth is held in the English r̲-position. s̲z̲um, kas̲z̲a, s̲z̲nur, kos̲z̲.
ż, rz	ż and rz are pronounced identically. The sound is the voiced counterpart of sz, similar to English g̲ in mirag̲e. żal, leż̲y, wież̲a, każdy; r̲z̲eka, mor̲z̲e, wier̲z̲ba, orzeł.
c	c is a voiceless alveolar affricate, pronounced like t̲s̲ is English le t̲s̲. c̲o, c̲ena, hec̲a, koc̲, noc̲ny.

dz	dz is the voiced counterpart of c. It is pronounced like dz in English adze. sadza, nodze, rydze.
w	w is pronounced like English v in lava. kawa, Wanda, prawda.
j	j is pronounced like English y in yet or way. jasny, moja, wojna, raj.
k′ g′	The sounds k′ and g′, written ki-, gi-, are postpalatal velar stops. For all practical purposes they may be treated as k and g followed by the sound j (English y). kiedy, pakiet, kiosk; giętki, ogień, szwagier.
p′ b′ f′ w′ m′	The sounds p′, b′, f′, w′, m′, written pi-, bi-, fi-, wi-, mi-, in most speakers' speech are pronounced as p, b, f, w, m followed by j (English y). piana, kopiec; biały, biedny,; fiołek, fiasko; wiatr, pawia; miara, ziemia.

2. Vowels

a. Oral Vowels

The Polish oral vowels (as opposed to the nasal vowels; see below) are all "short," that is, not diphthongized. The English vowels ō (vote), ū (chute), ā (rake), ē (see), ī (ride) are made long by the addition of a diphthongal component (w in the case of ō and ū, y in the case of ā, ē, ī). Polish oral vowels lack this diphthongal element and so are all short.

a	central, open; similar to a in father, especially in a Boston pronunciation. tak, ja, gaz, nam.
e	front, half open; similar to e in bet. ten, lek, tekst, zeszyt.
y	front, half-close; similar to i in bit, but more central and wider open. byt, żyto, pysk, cyrk.
i	front, close; similar to ea in teach, but short, not diphthongized. list, pik, winda, indyk.

o   back, open; similar to oa in boat, but short, not diphthongized; lips do not move during pronunciation. rok, kot, on, to, sto, sporo.

u ó   u and ó are pronounced identically. The difference between them is etymological: ó often alternates with o within the same word, while u always remains u, cf. mój moja *my (masc. vs. fem.)*. This vowel is back and closed, similar to oo in boot, but shorter, not diphthongized; lips do not move during pronunciation. buk, lut, tu; pół, król, bór.

     b. Nasal Vowels

     Polish nasal vowels are long, the length being obtained by nasal diphthongization, more specifically, by the addition to an oral vowel of a nasalized w: w̃. Nasalization is obtained by leaving the nasal passage open during pronunciation.

ę   ę consists of the oral vowel e plus nasalized w: ew̃. This sound occurs only before s, z, sz, ż, rz, ź, ś, f, w, ch. Before other sounds ę decomposes into e plus nasal consonant (n, m, ń, or γ; see below under pronunciation C.3.). gęś, część, język, często.

ą   ą consists of the oral vowel o plus nasalized w: ow̃. Similar restrictions or occurrence apply as with the vowel ę, except that ą, unlike ę, is distinctly pronounced as a nasal vowel in final position (at least in standard pronunciation). kąsek, wąż, śpią, ją, sąsiad.

C. Rules of Pronunciation

     1. Devoicing at the End of Words

     Voiced consonants (consonants pronounced with the participation of the larynx, or voice box) include b, d, g, w, z, dź, dz, rz/ż. When a voiced consonant occurs in word-final position, it is devoiced, that is, pronounced like its voiceless counterpart. Specifically:

b → p,   d → t,   g → k,   w → f,   z → s,   dź → ć,   dz → c, rz/ż → sz.

Examples: dąb "dąp", Bóg "Bók", łódź "łóć", nóż "nósz".

2. Assimilation of Voicing

When a voiced and voiceless consonant occur next to one another, they both take on the voicing of the second consonant, except that w and rz assimilate to any adjacent consonant: trąbka "trąpka", świat "śfiat", przy "pszy".

3. Decomposition of Nasal Vowels

When nasal vowels occur before stop or affricate consonants, they decompose into oral vowel plus a following n, m, ń, or γ (by γ is meant the sound of English ng in sing).

    a. ę, ą are pronounced en, on before t, d, c, dz, cz, dż: tęcza "tencza", nędza "nendza", sądy "sondy".

    b. ę, ą are pronounced em, om before p, b: tępy "tempy", dęby "demby", ząb "zomp".

    c. ę, ą are pronounced eń, oń before ć, dź: chęć "cheńć", sędzia "seńdzia", sądzić "sońdzić".

    d. ę, ą are pronounced eγ, oγ before k, g: ręka "reγka", potęga "poteγga", pstrąg "pstroγg".

4. Denasalization of ę in Final Position

The vowel ę is usually denasalized, or at least substantially weakened in nasalization, in final position, making it indistinguishable from e: mowę "mowe", nogę "noge".

5. Denasalization of ę, ą Before l, ł

The vowels ę and ą are denasalized in the position before l or ł: zdjęli "zdjeli", zdjął "zdjoł".

6. Drop of ł

The consonant ł is usually not pronounced between consonants or after a consonant other than r at the end of a word: jabłko "japko", mógł "muk", but zmarł "zmarł".

7. Stress

Almost all Polish words are accented on the next-to-last syllable: ta-BLI-ca, am-BI-tny, na-u-CZY-ciel, prze-PRA-szam. Words ending in -yka take stress on the preceding syllable: MU-zy-ka. Stress in a word will shift in case the addition or subtraction of endings alters the number of syllables in a word: ZE-szyt, ze-SZY-tu; ta-BLI-ca, ta-bli-CA-mi. Exception: the addition of the past-tense endings -śmy -ście does not usually change the place of stress: ZNA-li, ZNA-li-śmy, ZNA-li-ście.

8. Syllable Structure

In Polish, syllables usually divide after a vowel; consonants are carried over to the following syllable (unless at the end of a word): prze-mó-wie-nie, ta-bli-ca, wy-gła-szać, słu-żbi-sta, na-rze-czo-ny, prze-pra-szam. Syllables will generally divide after liquid, nasal, and glide consonants (r, l, n, ń, m̄, ł̄, j): se-kre-tar-ka, zdej-mo-wać, am-bi-tny, ten-den-cja.

9. Sentence Intonation

As a general characterization, Polish intonation is not as variegated as English; in particular, Polish does not make use of the intonational rise as often as English.

    a. Statements

Neutral Polish statement intonation consists of a mid to high intonational onset concluding in a low fall: Mieszkam w Warszawie. ─ ─ ─   ─   .
            I live in Warsaw.   ─ _

    b. Yes-No Questions

Neutral yes-no question intonation consists of a high onset followed by a low rise:
            Czy jesteś wolny? ─ ─ ─   _?
            Are you free?   _ ─

    c. Directed Questions

Directed question intonation often consists of a fall followed by a rise: _ ─ _ _ _?
            Która godzina? ─ _ _ _ ─?
            What's the time?

    d. Commands

A common command intonation consists of a high onset followed by a low fall: _ ─ ─ ─ ─ !
            Zdejmij kapelusz! ─ _!
            Take off your hat!

CLASSROOM WORDS, QUESTIONS, INSTRUCTIONS

A. Words and Expressions

1. proszę *please, here you are, you're welcome*
2. dziękuję *thank you*
3. dobrze *fine, good, well*
4. źle *badly*
5. lepiej *better*
6. prawie dobrze *almost right*
7. w porządku *O.K., all right, in order*
8. teraz dobrze *now it's right*
9. doskonale *excellent*
10. wyraźnie *clearly, distinctly*
11. wyraźniej *more distinctly*
12. głośno *loudly*
13. głośniej *more loudly, louder*
14. jeszcze raz *one more time*
15. następny *next (person)*
16. po polsku *(in) Polish*
17. po angielsku *(in) English*
18. na pamięć *by heart*
19. z pamięci *from memory*
20. zadanie na jutro *assignment for tomorrow*
21. na przykład *for example.*
22. ustnie *orally*
23. pisemnie *in writing*

B. Questions and Responses

1. Mam pytanie. *I have a question.*
2. Co to znaczy? *What does that mean?*
3. Jak to się mówi? *How does one say that?*
4. Jak to się pisze? *How does one write that?*
5. Jak to będzie? *How would that be?*
6. Proszę? *I beg your pardon?*
7. Rozumiem. *I understand.*
8. Nie rozumiem. *I don't understand.*
9. Wiem. *I know.*
10. Nie wiem. *I don't know.*
11. Nie pamiętam. *I don't remember.*

C. Instructions

1. Proszę słuchać uważnie. *Please listen carefully.*
2. Proszę powtórzyć. *Please repeat.*
3. Proszę otworzyć książki. *Please open your books.*
4. Proszę nie otwierać książek. *Please don't open your books.*
5. Proszę zamknąć książki. *Please close your books.*
6. Proszę to zapisać w zeszytach. *Please copy that into your notebooks.*

7. Proszę to powiedzieć po polsku. *Please say that in Polish.*
8. Proszę uważać. *Please be careful.*
9. Proszę o uwagę. *May I have your attention.*
10. Proszę czytać. *Please read.*
11. Trzeba popracować nad wymową. *You need to work a bit on your pronunciation.*
12. Proszę przygotować następujące ćwiczenia. *Please prepare the following exercises.*
13. Proszę przygotować ustnie (pisemnie). *Please prepare (this) orally (in writing).*
14. Proszę odpowiedzieć na pytanie (pytania). *Please answer the question (questions).*
15. Proszę pomyśleć. *Please think for a moment.*
16. Proszę się nie śpieszyć. *Please don't hurry.*
17. Proszę się nie denerwować. *Please don't get flustered.*
18. Czy wszystko jest jasne? *Is everything clear?*
19. Czy są jakieś pytania? *Are there any questions?*

NOTES

A.   Dzień dobry!

-- Dzień dobry! *Hello!*

-- Dzień dobry! Jak się <pan / pani> ma? *Hello! How are you?*

-- Dobrze, dziękuję. A <pan? / pani?> *Fine, thanks. And you?*

-- Też dobrze. Co <pan / pani> tu robi? *Also fine. What are you doing here?*

-- Robię zakupy. Przepraszam, bardzo się śpieszę. *I'm doing (some) shopping. Excuse me, I'm in a big hurry.*

-- No to do widzenia! *Well then good-bye!*

-- Do widzenia! *Good-bye.*

Dzień dobry!

B.   Cześć!

-- Cześć! *Hi!*

-- Cześć$<$Marek! Agata! Co słychać? *Hi, Mark/Agatha! What's new?*

-- Nic nowego. A co słychać u ciebie? *Nothing new. What's new with you?*

-- Też nic. Gdzie idziesz? *Also nothing. Where are you going?*

-- Idę na zajęcia. Przepraszam, jestem już$<$spóźniony. spóźniona.
I'm going to class. Excuse me, I'm already late.

-- No, to na razie. *Well, then so long.*

-- Cześć, do zobaczenia! *So long, good-bye!*

C. Uwagi *notes*

dzień dobry *hello*: literally, "good day". This greeting is used both in the morning and in the daytime.
The expression used in the evening is dobry wieczór
good evening.

jak się pan/i ma? *how are you?*: a fairly earnest in-
quiry into the state of a person's health.

pan/i *"you"*: pan is spoken to a man, pani to a woman.
These are forms of polite, formal address, used with
persons with whom one is on a formal basis.

cześć *hi, so long*: literally, "greetings!". This is
a form of informal greeting, used primarily among
age-mates.

spóźnion.y/a *late*: use spóźniony when referring to a
male, spóźniona when referring to a female.

na razie *so long*, literally, "for the time being."

co słychać? *what's new?*: literally, "what's to hear?"

nic nowego *nothing new*: literally, "nothing of new."
This and other idiomatic phrases in conversations
should simply be memorized until subsequent study
makes their structure clear.

do zobaczenia *good-bye*: a less formal expression
than do widzenia.

D. Zapamiętaj! *Learn the following:*

GENDER OF NOUNS AND MODIFIERS

Polish nouns may be of masculine, feminine, or neuter gender. Nothing is meant by these designations other than that these are different formal classes of nouns as far as a modifier is concerned: masculine nouns will take the masculine form of the modifier, feminine nouns will take the feminine form, and neuter nouns will take the neuter form.

1. masculine nouns (end in a consonant):

sufit *ceiling*, stół *table*, zeszyt *notebook*, długopis *ball-point*, obraz *picture*, ołówek *pencil*.

2. feminine nouns (end in -a):

tablica *black-board*, podłoga *floor*, kreda *chalk*, lampa *lamp*, ściana *wall*.

3. neuter nouns (end in -o):

krzesło *chair*, pióro *pen*, okno *window*, biurko *desk*.

4. personal nouns (either masculine or feminine):

student/ka *student*, lektor/ka *(college) teacher, lecturer*, nauczyciel/ka *(school)-teacher*.

Use student, lektor, nauczyciel when referring to males, studentka, lektorka, nauczycielka when referring to females. The illustrated method of abbreviation is used throughout this book as a simple way of ensuring equal male/female representation in the conversations and vocabulary.

5. modifiers (agree in gender with the noun modified):

ten *(masc.)*	ta *(fem.)*	to *(neut.) this, that*
nowy *(masc.)*	nowa *(fem.)*	nowe *(neut.) new*
stary *(masc.)*	stara *(fem.)*	stare *(neut.) old*
dobry *(masc.)*	dobra *(fem.)*	dobre *(neut.) good*
ładny *(masc.)*	ładna *(fem.)*	ładne *(neut.) pretty*

Examples:

ten nowy stół *that new table*

ta dobra lektorka *that good lecturer (f.)*

to dobre nowe pióro *that good new pen.*

MODELS

1. Co to jest? *What is that?*

co *what*; to *that, this*; jest *is.*

2. Kto to jest? *Who is that?*

    kto *who*

3. To jest obraz. *That is a/the picture.*

4. To jest student. *That is a/the student.*

5. Czy to jest obraz? *Is that a/the picture?*

    czy *yes-no question particle*

6. Tak, to jest obraz. *Yes, that is a/the picture.*

    tak *yes*

7. Nie[1], to nie[2] jest obraz. *No, that is not a/the picture.*

    nie[1] *no;* nie[2] *not*

8. Czy[1] to jest stół czy[2] biurko? *Is that a/the table or a/the desk?*

    czy[1] *(yes-no question particle);* czy[2] *or*

9. To nie jest stół tylko (ale) biurko. *That is not a/the table but a/the desk.*

    tylko *only;* ale *but*

10. To jest stół, a to jest biurko. *That is a/the table, and that is a/the desk.*

    a *and, but.*

THE ABSENCE OF DEFINITE AND INDEFINITE ARTICLES

Polish does not have definite and indefinite articles corresponding to English *the, a, an*. The definiteness or indefiniteness of a noun is determined by context:

Gdzie jest lektor? *Where is a/the lecturer?*

THE EXPRESSION to jest

The expression to jest *that is* does not change according to the gender of the noun that is introduced:

To jest lampa. *That is a/the lamp.*
To jest okno. *That is a/the window.*
To jest zeszyt. *That is a/the notebook.*

It is the modifier ten ta to *that* changes according to gender; when it does, it is usually immediately followed by the noun that is modified or by another modifier of the noun:

To jest ta lampa. *That is that lamp.*
To jest ten nowy zeszyt. *That is that new notebook.*
To jest to stare pióro. *That is that old pen.*

I

E. Ćwiczenia *exercises*

GENERAL INSTRUCTIONS FOR ALL PATTERN DRILLS:
   Use the word(s) on the left in the pattern given
on the right. Translate the model sentence(s) and all
Polish cue words.

   1. lampa: to jest lampa.*
tablica, sufit, krzesło, kreda, stół, pióro, podłoga,
zeszyt, okno, długopis, biurko, ściana, obraz, ołówek.

   2. student: to jest student.
nauczyciel, studentka, lektor, nauczycielka, student,
lektorka.

   3. sufit: czy to jest sufit?
tablica, krzesło, stół, podłoga, okno, długopis, kreda,
biurko, lektorka, student, nauczycielka.

   4. krzesło: a. czy to jest krzesło?
                  b. tak, to jest krzesło.
pióro, obraz, lampa, nauczyciel, studentka, okno, ściana, podłoga, sufit, lektor.

   5. biurko: a. czy to jest biurko?
                  b. nie, to nie jest biurko.
krzesło, sufit, tablica, studentka, długopis, kreda.

   6. stół, biurko: czy to jest stół czy biurko?
sufit, podłoga; krzesło, stół; okno, tablica; pióro,
kreda; student, studentka; lektor, student; ściana,
obraz.

   7. table, desk: to nie jest stół tylko biurko.
pen, chalk; blackboard, window; chair, table; floor,
ceiling; picture, window; ball-point, pencil.

---

* Polish, of course, begins sentences with a capital
letter. The use of small letters in the pattern drills
is intended to underscore the fact that these are merely
drills and patterned responses designed to illustrate
particular points.

8. desk, table: to jest biurko, a to jest stół.

blackboard, wall; pen, ball-point; table, floor; chair, lamp.

9. Substitute adjectives of your choice:

stół: to jest nowy (dobry, stary, ładny) stół.

lampa, pióro, długopis, kreda, student, krzesło, sufit, podłoga, ściana, lektor, okno, obraz.

10. Substitute adjectives of your choice:

lampa: ta lampa nie jest nowa.

zeszyt, biurko, sufit, tablica, krzesło, podłoga, długopis, student, lektor, nauczycielka.

11. new blackboard: czy ta tablica jest nowa?

old ceiling, new notebook, old floor, new chalk, good desk, pretty table, good chair, new student (m.), pretty picture.

12. old pen: to pióro nie jest stare.

new chalk, good ball-point, old school-teacher (f.), pretty lamp, good ceiling, new wall, old picture, pretty college-teacher (f.).

13. lektor: ten lektor jest spóźniony.

lektorka, nauczyciel, student, studentka, nauczycielka.

14. Give the question that the statement answers, following the model:

To jest ściana: Co to jest?

a. To jest lektor
b. Tak, to jest obraz
c. Nie, to nie jest kreda.
d. Nie, to krzesło nie jest dobre.
e. To nie jest pióro tylko długopis.
f. Idę na zajęcia.
g. Robię zakupy.
h. Idę na zakupy.

15. Respond Logically:
    a. Dzień dobry!
    b. Co słychać?
    c. Cześć!
    d. Do widzenia!
    e. Na razie.
    f. Gdzie idziesz?
    g. Co pan/i robi?
    h. Jak się pan/i ma?
    i. Przepraszam, jestem spóźnion.y/a.

16. Translate into Polish:
    a. What is that? That's a picture.
    b. Who is that? Is that a (school) teacher (f.)?
    c. No, that's not a (school) teacher but a student (f.).
    d. Is that a new blackboard? Is that blackboard new? No, it's old, but (ale) it's* good.
    e. That's a pretty picture. Where? Here (tu).
    f. Is that the floor or the ceiling?
    g. That's a pen and that's a ball-point.
    h. How are you? Fine. Excuse me, I'm late.
    i. Where are you going? I'm going to class.
    j. What are you doing? I'm doing (some) shopping.
    k. Where is the new lecturer (f.)?

---

* Translate "it's" by the single word jest.

2

A.   Jak się pani nazywa?

--   Jak się<pan/i nazywa?   *What's your (full) name?*
          nazywasz?

--   Nazywam się<Marian Zieliński   *My name is Marian*
                 Maria Zielińska.   *Zielinski/Maria Zielinska.*

--   Gdzie<pan/i mieszka?   *Where do you live?*
           mieszkasz?

--   Mieszkam<w Warszawie.   Dlaczego<pan/i pyta?
             w Krakowie.   pytasz?
        I live in Warsaw/in Krakow.   Why do you ask?

--   Po prostu jestem ciekaw.y/a.* *I'm merely curious.*

_____

*   ciekawy *(masculine)* ciekawa *(feminine) curious.*

Zakupy

B.   Jak masz na imię?

-- Jak masz na imię? *What's your (first) name?*

-- Mam na imię<Christopher. / Christine. *My (first) name is Christopher/Christine.*

-- To nie jest polskie imię. *That's not a Polish name.*

-- Nie, (jest) angielskie. Jak to będzie po polsku? *No, it's English. How would that be in Polish?*

-- Po polsku<Christopher / Christine> to < Krzysztof, / Krystyna,>albo po prostu<Krzyś. / Krysia. *In Polish Christopher/Christine would be Krzystof/Krystyna, or simply Krzys/Krysia.*

C. Uwagi

się: a reflexive particle, originally meaning "self." Literally, nazywam się means "I call myself."

jak masz na imię: literally, "How do you have for a (first) name?". imię *first name* (neuter).

polski *(m.)*, polska *(f.)*, polskie *(n.)* *Polish*

angielski *(m.)*, angielska *(f.)*, angielskie *(n.)* *English*

po polsku, po angielsku: *in Polish, in English*

jak to będzie: literally, "How will that be?".

D. Zapamiętaj!

pytania: *questions*

Jak się <pan / pani>nazywa? *What's your (full) name? (formal)*

Jak się nazywasz? *What's your (full) name? (informal)*

Jak <pan / pani>ma na imię? *What's your (first) name? (formal)*

Jak masz na imię? *What's your (first) name? (informal)*

Jak to będzie po polsku? *What will that be in Polish?*

Gdzie<$\begin{matrix} pan \\ pani \end{matrix}$>mieszka? *Where do you live? (formal)*

Gdzie mieszkasz? *Where do you live? (informal)*

Gdzie<$\begin{matrix} pan \\ pani \end{matrix}$>idzie? *Where are you going? (formal)*

Gdzie idziesz? *Where are you going? (informal)*

Dlaczego<$\begin{matrix} pan \\ pani \end{matrix}$>pyta? *Why do you ask? (formal)*

Dlaczego pytasz? *Why do you ask? (informal)*

Co<$\begin{matrix} pan \\ pani \end{matrix}$>robi? *What are you doing? (formal)*

Co robisz? *What are you doing? (informal)*

odpowiedzi *answers*

Nazywam się _____. *My (full) name is "---".*

Mam na imię _____. *My (first) name is "---".*

"___" po polsku będzie "___". *"---" in Polish will be "---".*

Mieszkam w<$\begin{matrix} Warszawie. \\ Krakowie. \end{matrix}$> *I live in Warsaw/Krakow.*

Idę na<$\begin{matrix} zajęcia. \\ zakupy. \end{matrix}$> *I am going to classes/shopping.*

Pytam bo jestem<$\begin{matrix} ciekawy. \\ ciekawa. \end{matrix}$> *I'm asking because I'm curious.*

Robię zakupy. *I'm doing (some) shopping.*

Nic nie robię. *I'm not doing anything.*

Nigdzie nie idę. *I'm not going anywhere.*

czasowniki *verbs*

robię *I am doing*	idę *I am going*	nazywam się *I am called*
robisz *you are doing*	idziesz *you are going*	nazywasz się *you are called*
robi *he, she, it is doing*	idzie *he, she, it is going*	nazywa się *he, she, it is called*

mieszkam *I*	pytam *I*	mam *I*	jestem *I*
live	*ask*	*have*	*am*
mieszkasz *you*	pytasz *you*	masz *you*	jesteś *you*
live	*ask*	*have*	*are*
mieszka *he,*	pyta *he, she,*	ma *he, she,*	jest *he, she,*
she, it lives	*it asks*	*it has*	*it is*

SOME POINTS TO REMEMBER ABOUT VERBS

1. Usually, the verb forms by themselves express the 1st or 2nd person subject. For example, pytam by itself means "I ask."

2. The formal forms pan and pani, in the meaning "you," take the 3rd person (the he-she-it) form of the verb: Dlaczego pan pyta? *Why do you ask?*

3. Polish does not use auxiliary ("helping") verbs the way English uses is and have. For example, the same form pytasz can mean "you ask," "you are asking," "you have been asking," depending on the context.

4. When a verb is negated, the negative particle nie *not* always occurs immediately before the verb: To nie jest okno. *That is not a window.*

5. So-called negative polarity items (see below) usually begin with ni- ("no-, any-") and require that the verb be negated: Nic nie mam. *I don't have anything.*

6. The form się, occurring with the verb nazywam się *be called* and with many other verbs, is a reflexive particle literally meaning "self". The particle się is a necessary part of the verb with which it occurs. This particle usually follows the first accented word in the clause in which the verb occurs, hence:

   Jak się nazywasz? *What is your name?*
   Nazywam się Jan Nowak. *My name is Jan Nowak.*

7. The verb mieszkam means "live" only in the sense of "reside," not in the sense "be alive".

NEGATIVE POLARITY ITEMS

The following forms, beginning with ni-, require that the verb be negated:

nic *nothing*	nigdy *never*
nikt *no one*	nigdzie *nowhere*

Nikt tu nie mieszka. *No one lives here.*
Nigdy nic nie robię. *I never do anything.*

E. Ćwiczenia

1. Give the Polish question word; then make a short
    question using it. Follow the model:

      what: a. co?
               b. co pan tu robi?

how?   where?   who?   why?   when? (kiedy).

2. Give the Polish negative polarity item; then
    make a short sentence using it. Follow the
    model:

      nothing: a. nic
             b. nic nie robię.

never, nowhere, no one.

3. Make a question out of the statement, following
    the model:

     idziesz na zajęcia: czy idziesz na zajęcia?

robisz zakupy; mieszkasz w Warszawie; pytasz bo
jesteś ciekawy; nazywasz się Ewa Tyszkowska; idziesz
na zakupy; masz na imię Krzysztof.

4. Change the answers in Exercise 3 to formal ad-
    dress, following the model:

     czy idziesz na zajęcia?: czy pan (or pani)
                      idzie na zajęcia?

5. Follow the model:

      live: a. gdzie mieszkasz?
             b. dlaczego pytasz, gdzie mieszkam?

do, go, have*, be called.

---

* Begin with co masz?

6. Change to informal address, following the model:

   co pan robi?:   co robisz?

gdzie pani idzie? dlaczego pan pyta? gdzie pani mieszka? kiedy pan idzie na zajęcia? jak się pani nazywa?
gdzie pani jest? jak pan ma na imię? czy pan mieszka
w Warszawie? co pani ma?

7. Follow the model, remembering that Polish does
   not use helping verbs:

   I am living: mieszkam.

I ask, I am called, I am going, I am doing, I have
been living, I am in a hurry, I do, I have, I am
asking.

8. Follow the model:

   wall: "wall" po polsku to "ściana".

ceiling, picture, floor, chalk, chair, desk, window,
lamp, blackboard, pen, first name, pencil.

9. Follow the model:

   mieszkam: mieszkasz.

idę, pytam, jestem, mam, nazywam się, robię.

10. Follow the model:

    stół: a. to nie jest polski stół
           b. owszem,* jest polski
           c. nie, jest angielski.

lampa, pióro, krzesło, obraz, imię, biurko, studentka.

11. Follow the model:

    he is: jest.

I am going, you are doing, she is called, you ask, he
has, I live, you are called, you are, he asks, I have,
he is going, I am doing, you live, I am, you are going,
you have, I ask, she lives, I am called, he does.

---

* owszem *why yes, of course:* often used to contradict
   a negative assertion, as in the model.

15

12. Follow the model:

co robisz? nic nie robię.

gdzie idziesz? kiedy jesteś spóźnion.y/a? co masz?
gdzie mieszkasz? co robisz? kto tu mieszka?

13. Translate:

a. Do you live in Warsaw or in Krakow?*
b. Why are you going shopping?
c. Why are you late?
d. Why are you so (tak) curious?
e. When do you do shopping?
f. Excuse me, what's your (first) name?
g. What are you doing here?
h. No one lives here.
i. Why is he asking? He's merely curious.
j. What's your (full) name?
k. My first name is Robert.
l. That's not a Polish (first) name.
m. Why yes (owszem), it is Polish.
n. No, it's English.
o. How would that be in Polish?
p. I am never late.
q. I don't have anything.
r. I never do anything.
s. I'm not going anywhere.

---

* You may translate "you" in these sentences in any of
  the ways you know, formal or informal.

3

A.   Gdzie mieszka twoja siostra?

-- Gdzie mieszka teraz twoja siostra? *Where's your sister living now?*

-- (Moja siostra) mieszka teraz w Warszawie. Ona jest nauczycielką w szkole. *My sister lives in Warsaw now.*

-- Czy jest< zadowolona? / szczęśliwa? *Is she satisfied/happy?*

-- Tak, jest bardzo< zadowolona. / szczęśliwa. *Yes, she's very satisfied/happy.*

-- A twój brat -- gdzie on jest? *And your brother -- where is he?*

-- (Mój) brat jest teraz w Krakowie. On jest studentem na uniwersytecie. *My brother's now in Krakow. He's a student at the university.*

-- Czy jest< zadowolony? / szczęśliwy? *Is he satisfied/happy?*

-- Nie, nie jest zbyt< zadowolony. / szczęśliwy. Mówi, że ma za dużo pracy. *No, he's not too happy. He says that he has too much work.*

Koleżanki

B.   Koleżanki

--   Jak <twoja koleżanka / twój kolega> ma na imię?   *What's your colleague's (friend's) first name?*

--   <Janina. / Janusz.> Dlaczego pytasz?   *Janina/Janusz. Why do you ask?*

--   <Ona / On> jest dość <miła. / miły.>   Skąd <ją / go> znasz?   *She/he is rather nice. From where do you know her/him?*

--   Znam <ją / go> od dzieciństwa. <Ona / On> nie jest tak <miła, / miły,> jak

się wydaje.   *I've known her/him since childhood. She/he isn't as nice as it seems.*

C.   O ile wiem

--   Czy <ten magnetofon / to radio> jest <dobry? / dobre?>   *Is that tape recorder/radio (any) good?*

--   Nie, jest <stary i zepsuty. / stare i zepsute.>   *No, it's old and broken.*

--   A <tamten? / tamto?>   Czy <on / ono> też jest <zepsuty? / zepsute?>   *And that one there? Is it also broken?*

--   Nie, o ile wiem, zupełnie dobrze działa.   *No, as far as I know, it works perfectly well.*

D.   Uwagi

zadowolony *satisfied*: This word is often used where English uses *happy* in the loose meaning "pleased, satisfied."

ją *her*, **go** *him*: These are Accusative case forms of **ona** *she*, **on** *he*, respectively. For the time being, simply memorize these forms.

zepsuty *broken*: literally, "spoiled"; often used in the sense of "broken" (of equipment).

działa *works*: literally, "operates." This word is often used in the sense of "works" in reference to machinery. In reference to people, one uses **pracuje** *he, she, it works*.

kolega *(male) colleague*: Note that some names for male persons end in -a.

19

III

E. Zapamiętaj!

siostra *sister*
brat *brother*
matka *mother*
ojciec *father*
ciocia *aunt*
wujek *uncle*

kolega *(male) colleague,
classmate, workmate*
koleżanka *(female) col-
league, classmate, work-
mate*
mój moja moje *my*
twój twoja twoje *your (sg.
informal)*
tamten tamta tamto *that
(over there)*

szkoła *school*
  w szkole *in a/the school*
uniwersytet *university*
  na uniwersytecie *at
  a/the university*
biuro *(general) office*
  w biurze *in a/the office*
gabinet *(personal) office*
  w gabinecie *in a/the
  office*
działa *works (of machinery)*
pracuje *works (of people)*

miły *nice (of people)*
milszy *nicer*
najmilszy *nicest*

nowy *new*
nowszy *newer*
najnowszy *newest*

młody *young*
młodszy *younger*
najmłodszy *youngest*

stary *old*
starszy *older*
najstarszy *oldest, eldest*

duży *large, big*
większy *larger, bigger*
największy *largest, biggest*

mały *small*
mniejszy *smaller*
najmniejszy *smallest*

szczęśliwy *happy*
szczęśliwszy *happier*
najszczęśliwszy *happiest*

zadowolony *satisfied*
bardziej zadowolony *more
  satisfied*
najbardziej zadowolony
  most satisfied

niż *than*
dość *rather*
zbyt *too, particularly*
o wiele *by a lot*
tak, jak *as... as...*

THE ALTERNATION o ~ ó IN mój moja moje AND twój twoja
twoje

    Note the different vowel in mój "muj", twój "tfuj"
as opposed to moja moje, twoja twoje:

  mój ojciec *my father*   twój brat *your brother*
  moja matka *my mother*   twoja siostra *your sister*.

The stem vowel ó occurs when there is no vowel ending.
This is a fairly regular vowel alternation occurring in
many words. For further discussion see Lesson VII,
Section C.5.b.

CONSONANT ALTERNATIONS IN THE LOCATIVE CASE

    The expressions w szkole *in school*, w biurze *at the
office*, w gabinecie *in the (private) office*, na uniwer-

20

sytecie *at the university* are Locative case expressions, to be simply memorized until the introduction of the Locative Case in Lesson XX . Note the alternation of the stem consonant before the ending -e: ł goes to l, r goes to rz, and t goes to ć, spelled ci before the e.

THE SPELLING OF "KRESKA" CONSONANTS

By a "kreska" consonant we mean ć, dź, ś, ź, ń, written in their basic form with a mark called a kreska. Whenever a "kreska" consonant is followed by a vowel, the kreska drops and a following i is written. Pronunciation is not affected: ć-a → cia "ća"; dź+u → dziu "dźu"; and so on.

Before the vowel i, the kreska simply drops; the following i serves both as the vowel i and to mark the preceding consonant as a "kreska" consonant: ć+i → ci "ći"; dź+i → dzi "dźi"; and so on.

Exercise: find at least 20 "hidden" kreska consonants among the words in lessons I, II, III. Find examples of all five kreska consonants. Example:

pani "pańi".

THE PRONUNCIATION OF THE PREPOSITION w

The preposition w *in* is pronounced either "v" or "f", depending on whether the following consonant is voiced or unvoiced:

w szkole "*f*szkole"
w biurze "*v*biurze"
w gabinecie "*v*gabinecie".

Before a vowel, w is pronounced "v":

w uniwersytecie "*v*uniwersytecie".

It is important to note that the preposition w is pronounced together with the following word with no break.

THE PRONUNCIATION OF FINAL ę

When the nasal vowel ę occurs in word-final position, it may be pronounced either as "ę" or, usually, simply as "e": robię "robię" or "robie"; idę: "idę" or "ide"; and so on.

THE 3RD PERSON SINGULAR PRONOUNS

The 3rd person singular pronouns are on *he*, ona *she*, and ono *it*. These pronouns agree with the noun referred to according to grammatical gender (not according to sex). For example, one refers to a lamp as ona *she*, because lampa is feminine in gender. Compare:

To jest lampa; <u>ona</u> jest nowa.
To jest stół; <u>on</u> jest dobry.
To jest pióro; <u>ono</u> jest stare.

THE INSTRUMENTAL CASE WITH PREDICATE NOUNS (INTRODUCTION)

In Polish, when one attributes one noun of another noun, the attribute-noun (or: predicate noun) is put in the so-called Instrumental case:

Mój ojciec jest nauczyciel<u>em</u>. *My father is a teacher.*

To form the Instrumental, feminine nouns replace -a with -ą: studentka, Inst. studentk<u>ą</u>. Masculine nouns add -em: student, Inst. student<u>em</u>.

The formation and use of the Instrumental case is covered more fully in Lesson IV.

THE COMPARATIVE AND SUPERLATIVE OF ADJECTIVES (INTRODUCTION)

Many basic Polish adjectives form comparatives by adding -szy to the adjective stem:

nowy *new*, nowszy *newer*
stary *old*, starszy *older*.

The comparative of some adjectives is irregular:

duży *large*, większy *larger*
mały *small*, mniejszy *smaller*.

Some adjectives, particularly adjectives derived from verbs, form comparatives with bardziej *more*:

zadowolony *satisfied*, bardziej zadowolony *more satisfied*.

The superlative form of the adjective is formed by adding naj- to the comparative form or to bardziej:

szczęśliwszy *happier*, najszczęśliwszy *happiest*
bardziej zadowolony *more satisfied*, najbardziej zadowolony *most satisfied*.

The formation of the comparative and superlative of adjectives is described more fully in Lessons X and XIV.

G. Ćwiczenia

1. zeszyt: a. czy to jest twój zeszyt?
               b. tak, to jest mój zeszyt.

krzesło, tablica, sufit, pióro, długopis, kreda, radio,
obraz, ściana, biuro.

2. matka: a. czy to jest twoja matka?
               b. nie, to nie jest moja matka.

ojciec, wujek, nauczycielka, ciocia, koleżanka, brat,
siostra, kolega.*

3. szkoła: a. gdzie jest twoja szkoła?
               b. moja szkoła jest tu.

uniwersytet, biuro, hotel, brat, siostra, biurko, koleżanka.

4. table: a. czy ten stół jest dobry?
               b. nie, jest stary i zepsuty.

chair, notebook, radio, tape recorder, desk, pen, ball-
point, blackboard.

5. mother: a. kiedy twoja matka będzie w biurze?
               b. ona jest w biurze teraz.

father, brother, colleague (m.), sister, aunt, school-
teacher (f.), uncle, colleague (f.).

6. brother: a. mój brat jest dość zadowolony
               b. mój brat nie jest zbyt zadowolony.

school-teacher (f.), student (m.), colleague (m.),
college teacher (f.), mother, brother, father, sister,
aunt, uncle.

7. chalk: a. gdzie jest moja kreda?
               b. gdzie ona jest?

notebook, picture, table, window, chair, hotel, radio,
tape recorder, ball-point, pen.

---

* Remember: kolega is masculine in gender.

III

8. student: studentka.

lektor, ojciec, brat, nauczyciel, wujek, kolega.

9. student: a. czy on jest studentem?
              b. czy ona jest studentką?

college teacher, school-teacher.

10. young brother: a. twój brat jest młody, ale mój
                         jest o wiele młodszy
                     b. mój brat jest o wiele młodszy
                         niż twój.

old aunt, nice colleague (m.), new office, small
school, large university, young school-teacher (f.),
satisfied sister.

11. new radio: a. to radio jest nowe, ale tamto
                     jest o wiele nowsze
                 b. tamto radio jest o wiele nowsze
                     niż to.

old tape recorder, new chair, small hotel, large picture, old ceiling, new wall, small notebook, large
window.

12. szczęśliwy brat: a. mój brat nie jest tak szczę-
                           liwy, jak się wydaje
                       b. mój brat jest szczęśliwszy
                           niż się wydaje.

miła koleżanka, małe biuro, zadowolona siostra, młody kolega, stary ojciec, duża szkoła.

13. new radio: to jest moje najnowsze radio.

(Use the vocabulary of Exercise 11).

14. siostra, szkoła: siostra jest teraz w szkole.

ojciec, biuro; brat, uniwersytet; lektor, gabinet;
matka, Warszawa, wujek, Kraków.

15. Rewrite the conversation Gdzie jest teraz twoja
siostra, substituting different people for brat and
siostra and making other substitutions where you are
able.

24

16. Translate:

a. Is that your chalk? Yes, it's mine. Why?
b. That's not my lecturer.
c. Is your father here (tu)?
d. No, he's at the office now.
e. Is this pencil (any) good?
f. This tape recorder is old and broken.
g. That radio (over there) is newer.
h. Here is my oldest picture.
i. As far as I know, my sister is satisfied.
j. My brother is not particularly satisfied.
k. Your colleague is rather nice.
l. He's not as nice as it seems.
m. This university is a lot larger than it seems.
n. My colleague (f.) says that she has too much work.
o. This (private) office is a lot larger than that (one over there).
p. Is your colleague (m.) a lecturer? Yes, but he's not particularly good.
q. I'm curious whether your (private) office is smaller than mine.
r. It's not smaller; it's a lot larger.
s. Is that radio broken? No, it works perfectly well.
t. Where does your father work? He works in an office in Krakow.
u. Is your younger sister in school? Yes, but not now.
v. What does your older brother do? He's a student at the university in Warsaw.
w. My aunt is a lot nicer than it seems.
x. Where is your lecturer (m.)? As far as I know, he's in (his) office.

Spectator at volleyball match.

4

A.   Pan Wiktor Orłowski*

    Pan Wiktor Orłowski nie jest bardzo ważną osobą.
Jest urzędnikiem. Jest urzędnikiem w biurze w Warszawie. Jest zwykłym urzędnikiem, ale nie jest zwykłym
człowiekiem. Jest człowiekiem z wyobraźnią. Jest
marzycielem.

pan *(here:)* M*r*.   zwykły *ordinary*
bardzo *very*   człowiek *man, person, human*
ważny *important*   z + Instrumental *with*
osoba *person (of either sex)*   wyobraźnia *imagination*
urzędnik *clerk (fem.*   marzyciel *dreamer (fem.*
  urzędniczka)   marzycielka)

---

* Underlined endings belong to the Instrumental case,
discussed in the grammar section to this lesson.

Port

Gdansk harbor.

B. Pytania *questions*

1. Czy pan Wiktor Orłowski jest ważną osobą?
2. Kim on jest?
3. Gdzie jest urzędnikiem?
4. Czy biuro jest w Warszawie czy w Krakowie?
5. Czy pan Orłowski jest zwykłym urzędnikiem?
6. Czy jest zwykłym człowiekiem?
7. Dlaczego?*

kim: Instrumental case of
kto *who*

C. Gramatyka *grammar*

1. NOUN GENDER AND ADJECTIVE-NOUN AGREEMENT

Nouns are classified grammatically as masculine, feminine, or neuter, according to their endings. In general, nouns ending in -a, -i, and some nouns ending in "soft consonants"** are feminine, for example osoba *person*, pani *lady*, osobowość *personality*. Most nouns ending in a consonant are masculine, for example dom *house*, hotel *hotel*, urzędnik *clerk*. Nouns ending in -o, -e, -ę and most nouns ending in -um are neuter: okno *window*, zdanie *opinion*, imię *name*, muzeum *museum*. It is important to distinguish between *grammatical gender* and *sex*. For example osoba *person* is of feminine gender, but it can refer to members of either sex. Some nouns, of course, are marked for sex. For example, studentka can refer only to a female student.

Nouns are cited in dictionaries in the Nominative singular case form, and one generally talks of forming the other case forms on the basis of the Nominative singular form.

Adjectives agree with the nouns they modify in gender, number (singular or plural), and case. In dictionaries, adjectives are cited in the Nominative singular masculine form, a form which is convenient for deriving the other forms.

* In your answer you may make use of bo *because*.

** "Soft consonants" include ć, dź, ś, ź, ń, l, j, p', b', f', w', m', rz, c, cz, dz, ż, sz.

The Nominative singular adjective endings are as follows:

feminine: **-a**   masculine: **-(y∿i)**   neuter: **-e.**

The notation (y∿i) means "either y or i." As far as adjectives are concerned, one writes i after k, g, and ń; otherwise, one writes y. Compare:

zwykła osoba *ordinary person*
zwykły człowiek *ordinary man*
wielki człowiek *great man*
zwykłe biuro *ordinary office.*

Adjectives also agree with nouns when the adjectives are in predicate position (usually, following the verb "to be"):

Ta osoba jest ważna. *That person is important.*
To biuro nie jest ważne. *That office is not important.*
Ten człowiek chce być ważny. *That man wants to be important.*

Note: adjectives generally precede the modified noun, but an adjective may follow the noun for emphasis or in set expressions (compare: **dobry dzień** *a good day* versus **dzień dobry!** *good-day!, hello!*)

2. THE NOTION OF CASE

By a case ending is simply meant an ending added to a noun in order to express some kind of grammatical relation, for example, subject of sentence, direct object, predicate noun, and the like. Case endings also appear on adjectives, but they usually do not express grammatical relations: they merely agree with the case endings of some noun. Because word order in Polish sentences is relatively free, case endings play an indispensable role in identifying the function of a noun in a sentence. There are six main Polish cases: Nominative, Genitive, Dative, Accusative, Instrumental, and Locative. In addition, special Vocative endings are occasionally used in direct address.

3. THE INSTRUMENTAL CASE

The Instrumental case, examined briefly in the preceding lesson, is statistically one of the most frequent cases and also one of the easiest to form.

In order to form the Instrumental of a noun, one first drops the vowel (if any) from the Nominative singular form and then adds the Instrumental endings:

	adjective	noun
feminine singular:	-ą	-ą
masculine-neuter singular:	-(yᴗi)m	-em
plural, all genders:	-(yᴗi)mi	-ami .

One spells -im, -imi after k, g, and ń. Otherwise the endings are spelled -ym, -ymi. Before the ending -em, k and g soften to k', g', spelled ki-, gi-:

    człowiek+em -→ człowiekiem.

Note that nouns whose stems end in "kreska" consonants ć, dź, ś, ź, ń change the kreska to i before vowels:

    zdań+em -→ zdaniem

    wyobraźń+ą -→ wyobraźnią

    osobowość+ą -→ osobowością *personality*.

Examples of Instrumental Forms of Adjectives and Nouns:

Nominative	Stems	Instrumental Sg. & Pl.
nowy zeszyt	now- zeszyt-	nowym zeszytem nowymi zeszytami
zwykłe biuro	zwykł- biur-	zwykłym biurem zwykłymi biurami
stara ściana	star- ścian-	starą ścianą starymi ścianami.

USES OF THE INSTRUMENTAL (Introduction)

    a. With Predicate Nouns

      A predicate noun is a noun occurring in the predicate of a sentence, linked to the subject of the sentence by the verb "to be." In Polish, predicate nouns occur in the Instrumental case:

    Pan Orłowski jest <u>zwykłym człowiekiem</u>.
                   predicate noun

IV

b. After the Preposition z "with"

The preposition z *with* requires that the following noun and any modifying adjectives be in the Instrumental case. Note that the preposition z, and all other single-consonant prepositions, are pronounced together with the following word without a pause:

dobra wyobraźnia   z dobrą wyobraźnią

ważne zdanie   z ważnym zdaniem

ten człowiek   z tym człowiekiem.

4. NOTE ON WORD ORDER IN SENTENCES

In English we are used to seeing the subject of the sentence precede the predicate. In Polish, either subject or predicate can come first, depending on which of the two, subject or predicate, is considered by the speaker to be *least* informative. The more informative member is placed in final position, regardless of whether the informative member is subject or predicate. For example, there would be two ways of saying "Warsaw is the capital of Poland." One is where "capital of Poland" says something about "Warsaw," the other is where "Warsaw" says something about "capital of Poland." (It may take a moment's reflection to see the difference). In the first case one would say

Warszawa jest stolicą Polski. *Warsaw is capital of Poland.*

In the second case, one would say

Stolicą Polski jest Warszawa. *The capital of Poland is Warsaw.*

Be prepared, in written Polish especially, for the predicate of a sentence to precede the subject.

5. QUESTION WORDS

Here is a summary of the most useful Polish question words:

gdzie? *where*   co? *what*
jak? *how*   kto *who*
kiedy? *when*   jaki jaka jakie *what kind?*
dlaczego? *why*   czy *whether*

These words may serve both to introduce questions as well as to introduce subordinate clauses :

<u>Gdzie</u> jest Pan Orłowski? *Where is Mr. Orlowski?*

Nie wiem, <u>gdzie</u> on jest. *I don't know where he is.*

In Polish, subordinate clauses are always set off from the introductory clause by a comma, as in the example.

Sentences using the question word jaki jaka jakie exhibit a special kind of word order. The question word is placed first in the sentence, while the noun with which it agrees is placed at the end:

Jaki to jest człowiek? *What kind of man is that?*

Jaka to jest osoba? *What kind of person is that?*

Jakie to jest biuro? *What kind of office is that?*

6. THE CONJUNCTIONS i *and*, a *and/but*, ale *but*

Polish covers the semantic area covered by English "and" and "but" with three separate conjunctions. One uses i *and* when there is no contrast at all between the items being joined:

Warszawa <u>i</u> Kraków *Warsaw and Krakow.*

The conjunction i is not often used to conjoin two sentences. The conjunction a *and/but* is used when there is a slight contrast between the items being joined. One can often translate a alternately as "and," "but," "while":

Maria mieszka w Krakowie, <u>a</u> Wiktor mieszka w Warszawie. *Maria lives in Krakow, and (but, while) Wiktor lives in Warsaw.*

One uses ale *but* in cases of strong contrast:

To pióro jest stare <u>ale</u> dobre. *That pen is old but good.*

7. THE k+e, g+e RULE

When any ending beginning with e is added to a stem ending in k or g, k and g change to k′, g′, spelled ki-, gi-:

drog-e → dro<u>gie</u> *expensive (neuter)*
człowiek-em → człowie<u>kie</u>m .

This rule applies only to the consonants k and g, and only to the vowel e (not, for example, to ę).

IV

D. Ćwiczenia

1. Put the demonstrative pronoun **ten ta to** *this, that*
in front of the noun, according to the gender:

Example: marzyciel: ten marzyciel.

człowiek, osoba, imię, pan, wyobraźnia, okno, hotel,
biuro, osobowość, pani, zdanie, urzędnik, muzeum, dom,
ściana.

2. Follow the model, using the pronouns **on, ona, ono**
according to the gender of the noun:

lampa: a. gdzie jest ta lampa?
            b. nie wiem, gdzie ona jest. *

obraz, biurko, kreda, długopis, okno, lektor, krzesło.

3. Follow the model, using adjectives of your choice
and choosing between **on** and **ona**:

man: a. to jest dobry człowiek
          b. on jest dobrym człowiekiem.

clerk (m.), student (f.), school-teacher (m.), college-
teacher (f.), person (use both on and ona).

4. Follow the model, using **pan** and **pani**, as required:

student: a. czy pan jest studentem?
          b. czy pani jest studentką?
          c. czy jesteś studentem?
          d. czy jesteś studentką?

college-teacher, school-teacher, clerk, dreamer.

5. Follow the model:

important man: on jest ważnym człowiekiem.

new clerk (f.), important person, pretty school-teacher
(f.), ordinary college teacher (m.), good clerk (m.).

6. Follow the model, using adjectives of your choice:

table: -- jaki to jest stół?   -- nowy.

chair, office, person, man, chalk, ceiling, house, window, hotel, museum, picture, school-teacher (f.), first
name.

---

* nie wiem *I don't know.*

34

7. Follow the model. The Instrumental forms for ten ta to are tym (masculine-neuter) and tą (feminine). Use adjectives of your choice.

   osoba:　　a.　z osobą
   　　　　　b.　z tą osobą
   　　　　　c.　z tą nową osobą.

człowiek, pan, biuro, urzędnik, lektorka, student, zdanie, hotel, okno, długopis, tablica, ściana, obraz.

8. Follow the model. Use the vocabulary of Exercise 7. Use adjectives of your choice. Note: the Instrumental plural of człowiek is irregular: ludźmi: z tymi ludźmi *with those people*.

   osoba:　　z tymi nowymi osobami.

9. Compose sentences using the following question words, introduced by nie wiem *I don't know*. Remember to separate the subordinate clause from the introducing phrase by a comma. Follow the model:

   gdzie:　Nie wiem, gdzie jest to nowe biuro.

jak, kiedy, dlaczego, co, kto, jaki, gdzie, czy.

10. Give the question that the statement answers. Follow the model:

    Pan Orłowski jest urzędnikiem:　Kim jest pan
    　　　　　　　　　　　　　　　　　Orłowski?

Biuro jest w Warszawie. Biuro nie jest nowe. Nie, pan Orłowski nie jest ważny. Nie, pan Orłowski nie jest zwykłym człowiekiem. Pan Orłowski jest zwykłym urzędnikiem.

11. Translate:

    a. Where is Mr. Orlowski. He is in (his) office.
    b. Mr. Orlowski is an ordinary clerk, but he is not an ordinary person.
    c. He is a clerk with a good imagination.
    d. I don't know what kind of picture that is.
    e. I don't know when he is in (his) office.
    f. What kind of floor is that? An ordinary (one).
    g. I don't know why she is in Krakow today.
    h. In the office is a new picture.
    i. Where are you going with those people?

Łódź

Szczecin

Town crests

36

E. Lektura uzupełniająca *supplementary reading*

The following text illustrates the Instrumental
case used with predicate nouns. Watch out for reversed
subject-predicate order and for adjectives following
the noun they modify.

Polska

Polska jest ważnym krajem rolniczym i przemysłowym. Stolicą Polski jest Warszawa. Warszawa jest też
największym polskim miastem. Innymi dużymi miastami
Polski są: Kraków, Łódź, Poznań, Wrocław, Lublin,
Gdańsk i Katowice. Głównymi portami Polski są: Gdańsk,
Gdynia i Szczecin, a najważniejszym rejonem przemysłowym jest Śląsk.

Polska *Poland;* Polski
 of Poland (Genitive)
kraj *country*
rolniczy *agricultural*
przemysłowy *industrial*
stolica *capital*
polski *(adj.) Polish*
miasto *town*

inny *other*
są *(they) are*
główny *main, chief*
port *port*
najważniejszy *most important*
rejon *region*
Śląsk *Silesia*

IV

Uwagi

Of the Polish town names on the map on the preceding page, those ending in consonants are masculine except for Łódź and Bydgoszcz, which are feminine. The town names Kielce and Katowice are plural in form. Hence one says, for example, Tu jest Łódź *Here is Lodz*, but Tu są Kielce *Here "are" Kielce"*.

Morze Bałtyckie *The Baltic Sea*

ZSRR *(Związek Socjalistycznych Republik Radzieckich)* *Union of Soviet Socialist Republics*

NRD (Niemiecka Republika Demokratyczna) *The German Democratic Republic*

Czechosłowacja *Czechoslovakia*

Ćwiczenia

1. Lublin: gdzie jest Lublin?

Gdańsk, Łódź, Kielce, Poznań, Gdynia, Szczecin, Śląsk, Katowice, Olsztyn.

2. Wrocław: Wrocław jest dość duży.

Warszawa, Rzeszów, Łódź, Opole, Szczecin, Koszalin, Bydgoszcz, Poznań, Zielona Góra, Toruń.

3. Łódź, duże miasto przemysłowe: Łódź jest dużym miastem przemysłowym.

Szczecin, duży port; Lublin, duże polskie miasto; Śląsk, główny rejon przemysłowy; Warszawa, stolica Polski; Kraków, stare polskie miasto; Toruń, inne stare miasto; Gdańsk, stary polski port; Polska, ważny kraj rolniczy; Warszawa, największe polskie miasto; Szczecin, inny ważny port polski; Wrocław, miłe miasto; Bydgoszcz, miasto rolnicze i przemysłowe.

4. Translate:

Gdynia is a new Polish port. Silesia is an important industrial region. Szczecin and Gdansk are the other main Polish ports. Warsaw and Lodz are the largest Polish towns. Lodz and Katowice are the most important industrial towns. Is Bydgoszcz an important agricultural town? Poland is an important industrial and agricultural country. Where is Katowice? Opole is larger than Bialystok. Rzeszow is fairly large. Zielona Gora is larger than it seems.

38

5

A.   Niestety

-- Czy jesteś <wolny / wolna> dziś wieczorem? *Are you free this evening?*

-- Nie, jestem <zajęty. / zajęta.> Dlaczego? *No, I'm busy. Why?*

-- Mam bilety na bardzo ciekawy film. *I have tickets to a very interesting film.*

-- Chciałbym / Chciałabym> pójść z tobą, ale niestety już jestem

   umówiony. / umówiona. *I'd like to go with you, but unfortunately I'm already engaged.*

-- Szkoda. *Too bad.*

B.   Czy już jesteś gotowy?

-- Czy już jesteś <gotowy / gotowa> do wyjścia? *Are you ready to leave yet?*

-- Dokąd? *Where to?*

-- Na koncert, oczywiście. *To the concert, of course.*

Idę na przedstawienie

The Great Theater in Warsaw.

40

-- Wiesz, jestem zbyt<zmęczony, / zmęczona, żeby pójść dzisiaj na koncert. *You know, I'm too tired to go to the concert today.*

-- Ostatnio ciągle jesteś<zmęczony. / zmęczona. *Lately you're constantly tired.*

C.   Może jutro

-- Czy jesteś<wolny? / wolna? *Are you free?*

-- Kiedy? *When?*

-- Teraz, zaraz. *Now, right away?*

-- Nie. Muszę się uczyć. *No. I have to study.*

-- No, to kiedy będziesz<wolny? / wolna? *Well, then when will you be free?*

-- Nie wiem. Może jutro, może pojutrze. *I don't know. Maybe tomorrow, maybe the day after tomorrow.*

D. Uwagi

chciałbym (m.) chciałabym (f.): literally, "I would want."

tobą: the Instrumental form of ty *you (informal)*

umówiony means "engaged" only in the sense of "to have an appointment."

wolny means "free" both in the sense of "available" and in the sense of a "free country." This adjective may also be used with chairs, tables, rooms, etc. in the sense "unoccupied."

zajęty means "busy," "engaged," "occupied," also in the sense of an occupied chair, table, etc.

żeby pójść: literally, "in order to go."

gotowy *ready, prepared* (either of people or of objects, meals, etc.). An optional masculine form is gotów: jestem gotów *I'm ready.*

E. Zapamiętaj!

ja *I*
ty *you (informal)*

41

V

Note: ja and ty are usually left out when they are the subject of the verb: Jesteś zmęczony *you're tired.* ja and ty are usually reserved for situations of emphasis or contrast: Ty nie jesteś zmęczony, a ja jestem *I'm not tired, but you are.*

jestem *I am*   będę *I will be*   był.em/am *I was (m./f.)*

jesteś *you are*   będziesz *you will be*   był.eś/aś *you were (m./f.)*

jest *he, she, it is*   będzie *he, she, it will be*   był/a *he/she was* było *it was*

wolny *free*   zmęczony *tired, exhausted*

zajęty *busy, occupied*   gotowy *ready, prepared*

umówiony *engaged*   spóźniony *late*

dzisiaj, dziś *today*   przedwczoraj *day before yesterday*

wczoraj *yesterday*

jutro *tomorrow*   pojutrze *day after tomorrow*

wieczorem *in the evening*   po południu *in the afternoon*

rano *in the morning*

wieczorem *this evening*
dziś<po południu *this afternoon*
rano *this morning*

Similarly: wczoraj wieczorem *yesterday evening,* etc.

poniedziałek *Monday*   piątek *Friday*
   w poniedziałek *on Monday*   w piątek *on Friday*

wtorek *Tuesday*   sobota *Saturday*
   we wtorek *on Tuesday*   w sobotę *on Saturday* *

środa *Wednesday*   niedziela *Sunday*
   w środę *on Wednesday* *   w niedzielę *on Sunday* *

czwartek *Thursday*
   w czwartek *on Thursday*

wieczorem *on Monday evening*
w poniedziałek<po południu *on Monday afternoon*
rano *on Monday morning*

Similarly: we wtorek wieczorem *on Tuesday evening,* and so on.

---

* The forms środę, sobotę, niedzielę are Accusative case forms. For the time being, simply memorize these expressions.

42

Idę na bardzo ciekawy film.

V

F. Ćwiczenia

1. yesterday: wczoraj.

tomorrow, day after tomorrow, day before yesterday,
today, yesterday, in the morning, in the afternoon,
in the evening.

2. yesterday morning: wczoraj rano.

tomorrow evening, this morning, yesterday afternoon,
this evening, tomorrow morning, yesterday evening.

3. Monday: a. poniedziałek
              b. w poniedziałek.

Wednesday, Friday, Thursday, Sunday, Saturday, Tuesday.

4. Monday morning: w poniedziałek rano.

Wednesday evening, Sunday morning, Thursday afternoon,
Tuesday evening, Saturday afternoon, Friday morning.

5. Choose the correct tense form of "to be":

   wczoraj rano: wczoraj rano był.em/am zajęt.y/a.

dziś po południu; wczoraj rano; jutro wieczorem;
pojutrze; przedwczoraj.

6. Choose the correct tense form of "to be" and fill
      in the proper adjective:

   yesterday morning, busy: wczoraj rano był.em/am
                                       zajęt.y/a.

this morning, free; yesterday afternoon, tired; tomorrow evening, ready; this afternoon, busy; day after
tomorrow, engaged; day before yesterday, late.

7. Choose the correct tense form of the verb "to be"
      depending on what day it actually is. Substi-
      tute dzisiaj for today's day.

   Monday, busy (assuming today is Wednesday):

              w poniedziałek był.em/am zajęt.y/a.

Wednesday, engaged; Friday, tired; Thursday, free;
Sunday, busy; Tuesday, late; Saturday, ready.

8. Monday evening, concert: w poniedziałek wieczorem
                                    idę na koncert.

Wednesday afternoon, film; Friday evening, shopping;
Saturday morning, classes; Tuesday afternoon, concert.

9. today, free: a. czy pan jest dzisiaj wolny?
                   b. czy jesteś dzisiaj wolny?

tomorrow, engaged; yesterday, busy; tomorrow, tired;
day after tomorrow, late; day before yesterday, ready.

10. on, ty, dzisiaj, zmęczony: on pyta, czy jesteś
                                    dzisiaj zmęczony.

ja, ona, jutro, wolny; ona, pan, wczoraj, zajęty;
on, pani, dzisiaj, umówiony; ty, ja, wczoraj, spóźniony.
ja, ty, jutro, gotowy.

11. busy, today, concert: jestem zbyt zajęt.y/a, żeby
                            pójść dzisiaj na koncert.

tired, yesterday, film; late, tomorrow, shopping;
busy, today, classes.

12. free: Sunday,   a. kiedy będziesz woln.y/a?
      Monday: b. może w niedzielę, może
                         w poniedziałek.

ready: today, tomorrow; busy, Wednesday, Friday;
free: tomorrow, day after tomorrow.

13. ja, zmęczon.y/a, on: jestem bardziej zmęczon.y/a
                        niż on.

ona, zajęt.y/a, ja; ty, spóźnion.y/a, ja; pan,
zmęczon.y/a, ona; ja, gotow.y/a, ty.

14. Translate:

    a. I'd like to go to a concert this evening with
       you, but I'm already engaged.
    b. I'm too tired to go with you to a film.
    c. Are you ready to leave yet? Where to?
    d. I'll never be ready to leave.
    e. Yesterday I was too tired to go shopping, but
       now I'm ready.
    f. Is that table free? No, it's already taken.
    g. I'm going to classes this evening.
    h. Will you be free tomorrow morning? I don't
       know; maybe yes, maybe no.
    i. Unfortunately, I am already engaged on Friday
       afternoon. Too bad.
    j. I have to study tomorrow afternoon.

15. Compose in Polish, and translate into English,
     five sentences using day-of-the-week expressions.

W poniedziałek rano

W po-nie-dzia-łek ra-no ko-sił oj-ciec sia-no

ko-sił oj-ciec, ko-sił ja, ko-si-li-śmy o-by-dwa!

1 W poniedziałek rano kosił ojciec siano,
   Kosił ojciec, kosił ja, kosiliśmy obydwa! /2x/

2 A we wtorek rano suszył ojciec siano,
   Suszył ojciec, suszył ja, suszyliśmy obydwa! /2x/

3 A-a w środę rano grabił ojciec siano,
   Grabił ojciec, grabił ja, grabiliśmy obydwa! /2x/

4 A-a w czwartek rano zwoził ojciec siano,
   Zwoził ojciec, zwoził ja, zwoziliśmy obydwa! /2x/

5 A-a w piątek rano sprzedał ojciec siano,
   Sprzedał ojciec, sprzedał ja, sprzedaliśmy obydwa!
   /2x/

6 A w sobotę rano przepił ojciec siano,
   Przepił ojciec, przepił ja, przepiliśmy obydwa! /2x/

7 A w niedzielę rano płakał ojciec siano
   Płakał ojciec, płakał ja, płakaliśmy obydwa! /2x/

Uwaga

   For the sake of rhyme, meter, and humor, the above
text contains various grammatical liberties; it should
not be used as a grammatical model.

6

A.   Jak uważasz?

-- Jak uważasz, czy<ten pan jest Polakiem? / ta pani jest Polką? *What do you think -- is that man/that woman Polish?*

-- Nie wiem, trzeba<go / ją>zapytać. *I dont' know; we should ask him/her.*

-- No, to zapytaj! *Well, so ask!*

-- Nie, ty zapytaj.   Ja się<wstydzę. / boję> *No, you ask. I'm embarrassed/afraid.*

B.   Tęsknię za domem

-- Jak ci się podoba<Polska? / Ameryka?> *How do you like Poland/America?*

-- Podoba mi się, ale trochę<się tu nudzę. / tęsknię za domem.> *I like it, but I'm a little bored here /homesick.*

-- Nie martw się! To ci przejdzie. *Don't worry. You'll get over it.*

-- Wiesz, bardzo w to wątpię. *You know, I really doubt it.*

Polka

Participant in the yearly Dożynki (harvest) festival in Warsaw.

C.   Dziwię się

-- Nudzisz się tu chyba. *You're bored here probably.*

-- Nie, wcale się nie nudzę. *No, I'm not bored at all.*

-- Dziwię się, że się nie nudzisz. *I'm surprised that you're not bored.*

-- Dlaczego? Naprawdę dobrze się bawię. *Why? I'm really having a good time.*

D. Uwagi

jak uważasz: literally, "how do you consider?"

jest Polakiem/Polką: literally, "is a Pole"; cf. also jest Amerykaninem/Amerykanką "is an American".

jak ci się podoba?: literally, "how does it appeal to you?"; cf. Zapamiętaj! below.

tęsknię za domem: literally "long for home" (za + Inst.)

wcale *not at all.*

E. Zapamiętaj!

THE REFLEXIVE PARTICLE się

    Literally, się is the Accusative form of the re-
flexive pronoun meaning "self." In its basic use, się
occurs when the action of the verb devolves upon the
actor: myć *(*myję myjesz myje*)* *to wash,* myć się *to
wash oneself.*

    The particle się has many other uses besides its
basic use. Sometimes its presence with a verb adds a
passive meaning: nazywać *to call,* nazywać się *to be
called.*

    Sometimes się is used to derive an intransitive
verb from a transitive verb: zaczynać *to begin (Trans.),*
zaczynać się *to begin (Intrans.)*

    Often enough, the particle się does not add an
identifiable meaning to the verb; it is simply an in-
separable part of the verbal expression: bać się
*(*boję się boisz się boi się*)* *be afraid.*

    The particle się tends to go in front of the verb,
following the first accented word in a clause; się cannot appear as the first element in a clause:

    Nudzę się. *I'm bored.*
    Wcale się nie nudzę. *I'm not at all bored.*

SELECTED VERBS TAKING się

Following are some common verbs that occur with
się; for the most part, these verbs name mental states
or responses:

śpieszyć się *to be in a hurry*

  śpieszę się *I am in a
  hurry*
  śpieszysz się *you are
  in a hurry*
  śpieszy się *he, she, it
  is in a hurry*

bać się *to be afraid*

  boję się *I am afraid*

  boisz się *you are afraid*

  boi się *he, she, it is
  afraid*

nudzić się *to be bored*

  nudzę się *I am bored*

  nudzisz się *you are
  bored*
  nudzi się *he, she, it
  is bored*

wstydzić się *to be embarrassed*

  wstydzę się *I am embarrassed*
  wstydzisz się *you are embarrassed*
  wstydzi się *he, she, it is
  embarrassed*

dziwić się *to be surprised*

  dziwię się *I am sur-
  prised*
  dziwisz się *you are
  surprised*
  dziwi się *he, she, it
  is surprised*

dobrze się bawić *have a good time*

  dobrze się bawię *I'm having
  a good time*
  dobrze się bawisz *you are
  having a good time*
  dobrze się bawi *he, she, it
  is having a good time*

cieszyć się *to be glad*

  cieszę się *I am glad*

  cieszysz się *you are
  glad*
  cieszy się *he, she, it
  is glad*

martwić się *to worry*

  martwię się *I am worried*

  martwisz się *you are
  worried*
  martwi się *he, she, it is
  worried*

Note, with the verbs nudzić się and wstydzić się,
the change of dź to dz in the 1st pers. forms:

  nudzę się, wstydzę się .

All the above verbs belong to the Second Conjugation,
that is, verbs whose present endings are -ę, -(y∿i)sz,
-(y∿i), and so on. The Second Conjugation is described
in the following Lesson.

THE VERBS "THINK" AND "DOUBT"

The verbs **myśleć** *think* and **wątpić** *doubt* belong to the same conjugational type as the foregoing verbs:

wątpić *to doubt*	myśleć *to think*
wątpię *I doubt*	myślę *I think*
wątpisz *you doubt*	myślisz *you think*
wątpi *he, she, it doubts*	myśli *he, she, it thinks*

Both these verbs are often used to introduce subordinate clauses. The subordinating conjunction with **myśleć** *think* is **że** *that*; the subordinating conjunction used with **wątpić** *doubt* is **czy** *whether*:

Myślę, że on się boi. *I think that he's afraid.*

Wątpię, czy on się martwi. *I doubt whether he's worried.*

SOME NEGATIVE COMMANDS

For the most part, verbs such as those discussed above derive the imperative (command) form by dropping the 3rd pers. sg. ending (y~i), remembering to reinstate kreskas where needed. With the above verbs, the negative imperative would be more common than the positive:

Nie martw się! *Don't worry!*

Nie bój się! *Don't be afraid!*

Nie dziw się! *Don't be surprised!*

Nie śpiesz się! *Don't hurry!*

Nie wstydź się! *Don't be embarrassed!*

Nie nudź się! *Don't be bored!*

Nie ciesz się! *Don't be glad!*

Nie myśl! *Don't think!*

Nie wątp<u>ij</u>! *Don't doubt!*

The above expressions are forms of informal address. Comparable expressions of formal address are obtained by combining the exhortative particle **niech** *let* with the 3rd person form of the verb:

Niech pan się nie martwi! *Don't worry (sir)!*

Niech pani się nie boi! *Don't be afraid (madam)!*

VERBS OF LIKING

Polish distinguishes carefully between liking something
or someone as the result of a first impression and a liking formed on the basis of familiarity. Liking something
on a first impression is translated by the impersonal
verb podoba się *it is pleasing* plus the Dative case, usually of a pronoun:

Jak ci się podoba ten film? *How do you like this film?
(literally, "how does this film please you?")*
Podoba mi się, ale jest trochę za długi. *I like it
(literally, "it pleases me"), but it's a little
too long.*

Liking something on the basis of familiarity is expressed
with the verb lubić *to like* (lubię lubisz lubi).

DATIVE CASE PRONOUNS (SINGULAR)

The most commonly used Dative case pronouns are the
following singular forms:

ja:	mi	on:	mu	pan:	panu
ty:	ci	ona:	jej	pani:	pani .

The Dative case is discussed fully in Lesson XXV.

SOME NATIONALITY NAMES

Instead of referring to a person as being "Polish"
or "English," in Polish one speaks of a person as being
a Pole, an Englishman, and so on. As one would expect,
nationality names take the Instrumental case when used
in the predicate noun function:

Jestem Polakiem. *I am a Pole*

Ona jest Polką. *She is a Pole.*

Following are some common nationality names, not necessarily for memorization at this time but for use in the
exercises to this Lesson:

Polak *Pole (m.)*   Amerykanin *American (m.)*
Polka *Pole (f.)*   Amerykanka *American (f.)*

Anglik *Englishman*   Kanadyjczyk *Canadian (m.)*
Angielka *English woman*   Kanadyjka *Canadian (f.)*

Australijczyk *Australian (m.)* Francuz *Frenchman*
Australijka *Australian (f.)*   Francuzka *French woman*

Niemiec *German (m.)*   Rosjanin *Russian (m.)*
Niemka *German (f.)*   Rosjanka *Russian (f.)*

F. Ćwiczenia

1. worried: a. martwię się
                b. ja też się martwię.

embarrassed, bored, in a hurry, afraid, glad, have a
good time.

2. afraid: a. boisz się?
                b. pan się boi?

worried, in a hurry, embarrassed, bored, have a good
time, glad, surprised.

3. martwisz się?:   a. tak, bardzo się martwię
                      b. nie, wcale się nie martwię.

wstydzisz się? cieszysz się? nudzisz się? śpieszysz
się? dziwisz się? dobrze się bawisz? boisz się?

4. bored: a. cieszę się, że się nie nudzisz
            b. dziwię się, że pani się nie nudzi.

afraid, in a hurry, worried, have a good time, embarrassed, surprised.

5. wstydzę się: a. nie wstydź się!
                    b. niech pan się nie wstydzi!

martwię się, śpieszę się, boję się, cieszę się,
dziwię się.

6. surprised, bored: dziwię się, że się nie nudzisz.

afraid, happy; happy, worried; worried, have a good
time; surprised, in a hurry.

7. happy, embarrassed: nie ciesz się, że się
                              wstydzę!

surprised, bored; afraid, worried; worried, afraid;
embarrassed, have a good time; happy, embarrassed;
surprised, in a hurry.

8. boi się: a. on zawsze się boi*
                b. on nigdy się nie boi.

wstydzi się, śpieszy się, dobrze się bawi, dziwi się,
martwi się, nudzi się, cieszy się.

---

* zawsze *always*.

9. Polish: a. czy ten pan jest Polakiem?
                b. czy ta pani jest Polką?

English, American, Russian, German, French, Canadian,
Australian.

10. Vary your response between go *him* and ją *her*, as
    appropriate:

    Polak: a. czy ten pan jest Polakiem?
                b. nie wiem, trzeba go zapytać.

Amerykanin, Polka, urzędnik, lektorka, nauczyciel,
Amerykanka.

11. In this exercise, use the 3rd person pronouns
    on *he* and ona *she*, but leave out the 1st and
    2nd person pronouns ja *I* and ty *you*:

    he, bored: a. myślę, że on się nudzi
                b. wątpię, czy on się nudzi.

you, in a hurry; he, embarrassed; she, have a good
time; you, worried; she, bored; he, late.

12. notebook: a. jak ci się podoba ten zeszyt?
                b. on bardzo mi się podoba.

picture, house, gentleman (pan), lady (pani), film,
concert, lamp, desk.

13. on, Polska: jak mu się podoba Polska?
ona, Ameryka; pan, Warszawa; pani, Kraków; ty, ten
kraj.

14. ja: to mi przejdzie.
pan, on, pani, ty, ona.

15. Polska: tęsknię za Polską.
Ameryka, dom, kraj, miasto, Warszawa, Poznań, Lublin,
Bydgoszcz, Gdańsk.

16. lubić: lubię, lubisz, lubi.
śpieszyć się, martwić się, robić, nudzić się, bawić się,
tęsknić, bać się, wstydzić się, wątpić, myśleć.

17. Translate:

a. I'm surprised that you're never in a hurry.
b. He's amazed that you're never embarrassed.
c. She's glad that he always has a good good time.
d. I'm always bored when I'm in (my) office.
e. Are you afraid? Don't be afraid!
f. I'm very worried. I'm not surprised that
   you're worried. I worried too.
g. Don't be surprised that I'm embarrassed.
h. Are you surprised? No, I'm not at all
   surprised.
i. Be glad that I'm having a good time.
j. I'm homesick. Don't worry; you'll get over it.
k. I doubt it very much.
l. I doubt whether she's having a good time.
m. Is that man German? I think so (myślę, że tak).
n. You you think that that lady is Canadian?
   I doubt it.
o. How you you like this new picture? I like it,
   but why is it so small?
p. I'm really glad that you like this concert.

VI

G. REVIEW, LESSONS I-VI

Fill in the blank with a SINGLE Polish form:

1. Jak się ___?
2. Co pani tu ___?
3. Dlaczego się ___?
4. Gdzie pani ___?
5. Idę na ___.
6. Jestem już ___.
7. Co ___ u ciebie?
8. To jest polskie ___.
9. To jest ładna ___.
10. Czy ten ___ jest nowy?
11. ___, to jest nowy ___.
12. Co to ___?
13. Jak twój ___ ma na ___?
14. Mieszkam w ___, ___ pracuję w ___.
15. Jak to ___ po polsku?
16. Po polsku "picture" ___ obraz.
17. Dlaczego ___?
18. Nikt tu ___ mieszka.
19. Nigdy ___ nie ___.
20. Nic nie ___.
21. Dlaczego pan ___?
22. Po prostu jestem ___.
23. Gdzie jest twoja ___?
24. Czy to jest moje ___?
25. Czy twój brat jest ___?
26. Czy to radio ___?
27. Skąd go ___?
28. Ona jest dość ___.
29. Czy ono też jest ___?
30. On jest ___, niż się wydaje.
31. Matka jest ___ w ___.
32. To jest nowy ___, ___ nie jest ___.
33. Gdzie jest ___ kreda?
34. Gdzie ___ idziesz?
35. Ona jest ___ zadowolona, niż się wydaje.
36. ___ ona jest w ___?
37. Mój ___ nie jest zbyt ___.
38. Twoja siostra jest ___ niż ___.
39. Pan Orłowski ___ w Warsawie.
40. On nie jest ___ osobą.
41. Czy on jest ważnym ___?
42. Gdzie jest jego ___?
43. Warszawa ___ Kraków ___ dużymi ___.
44. Kraków nie jest ___ duży, ___ Warszawa.
45. On jest ___ człowiekiem.
46. To pióro jest ___ ale ___.
47. Czy jesteś ___ dzisiaj?
48. Jestem ___ jutro ___.
49. Wczoraj ___ byłem zajęty.
50. Muszę się ___.
51. Idę na bardzo ___ film.
52. Jestem ___ zmęczony, żeby pójść na koncert.
53. Gdzie idziesz z tym ___?
54. Będę wolny w ___ rano.
55. Jestem bardziej ___ niż on.
56. Czy ten pan jest ___?
57. Trzeba ___ zapytać.
58. Nie ___ się!
59. ___ się nudzę.
60. ___ się nie śpieszę.
61. Jak ten film ___ się podoba?
62. Bardzo ___ się podoba.
63. Dziwię ___, że ___ nie nudzisz.
64. Niech ___ się nie śpieszy!
65. Naprawdę ___ się bawię.
66. Bardzo w to ___.

56

A.   Pan Józef Kowalczyk

Pan Józef Kowalczyk jest bardzo ważną osobą. Jest
dyrektorem i rygorystycznym służbistą. Jest zawsze
dobrze ubrany i punktualny.

Pan Kowalczyk jest człowiekiem bardzo ambitnym i
energicznym. Nic więc dziwnego, że dobrze mu się powodzi. Nie jest on jednak bardzo szczęśliwy. Jest
trochę za ambitny.

Pan Kowalczyk ma samochód i bardzo ładne mieszkanie. Samochód jest nowy i bardzo drogi. Mieszkanie
jest duże, wygodne i nowoczesne. Jest to mieszkanie
luksusowe z wszystkimi wygodami: elektrycznością,
gazem i centralnym ogrzewaniem.

Chociaż nie jest sportowcem, pan Kowalczyk interesuje się sportem. Jest zapalonym czytelnikiem wiadomości sportowych.

dyrektor *manager, director*   ambitny *ambitious*
rygorystyczny *strict*   energiczny *energetic*
służbista *(masc.) disci-*   nic dziwnego *no wonder*
  plinarian   więc *thus, so*
zawsze *always*   dobrze mu się powodzi *he*
dobrze ubrany *well dressed*   *does very well*
punktualny *punctual*   jednak *however*

Orzeł *eagle*

Neptune statue in Gdansk.

troch**ę** *a little*
za *(here:)* too
samochód samochod- *car*
mieszkanie *apartment*
drogi -a -ie *expensive*
wygodny *comfortable*
nowoczesny *modern*
luksusowy *luxury-*
wszystkie *(pl.) all*
wygody *(pl.) comforts*
  (here:) conveniences
elektryczność *(fem.)*
  electricity
gaz *gas*

centralny *central*
ogrzewanie *heating*
chociaż *although*
sportowiec sportowc- *athlete*
interes.ow.ać się + Inst.
  to be interested in
sport *sport(s)*
zapalony *avid*
czytelnik *reader*
wiadomości sportowych *"of
  the sporting news"*

B. Pytania

1. Czy pan Józef Kowalczyk jest ważną osobą?

2. Co on robi?

3. Jaki ma charakter?

4. Czy jest bardzo ambitny?

5. Czy dobrze mu się powodzi?*

6. Czy pan Kowalczyk jest szczęśliwy?

7. Dlaczego?

8. Jaki pan Kowalczyk ma samochód?

9. Jakie ma mieszkanie?

10. Jakie wygody ma jego mieszkanie?

11. Czym się interesuje pan Kowalczyk?

12. Czy on sam jest sportowcem?

13. Czego jest czytelnikiem?

charakter *character*
  jaki ma charakter?
  *what kind of disposition
  does he have?*
jego *his*

sam -a -o *him-(her- it-)self*
czym *Instrumental of* co
  (here, after interesuje
  się*:) in what?*
czego *Genitive of* co: *of
  what?*

---

* Literally, "Does it go well for him?" Answer this
question "Tak, dobrze mu się powodzi."

C. Gramatyka

1. THE PRESENT TENSE OF VERBS

Verbs are cited in dictionaries in the Infinitive. The Infinitive is the form of the verb that means "to ask," "to live," and so on. For regular verbs, the present tense is formed from the Infinitive by dropping the Infinitive ending and adding the present tense endings; sometimes changes in the verb stem also occur. In the present work, regular verbs are indicated by placing a DOT in the Infinitive: pyta.ć *ask*, rob.ić *do*, and so forth. The dot indicates where to make the break in the word when forming the present tense.

For purposes of classification, Polish verbs are arranged into four "conjugations" (ways of forming the present tense).

CONJUGATION I

The simplest kind of verb are those ending in -a.ć like pyta.ć *ask*, mieszka.ć *live*, nazywa.ć się *be called*, and many others. These verbs belong to Conjugation I.* To form the present tense, one simply drops the -ć and adds the endings -m -sz -∅ -my -cie -ją:

pyta.ć *ask*:　(ja) pytam　　　　(my) pytamy

　　　　　　　(ty) pytasz　　　　(wy) pytacie

　　(on, ona, ono) pyta　　(oni, one) pytają .

Except for the Infinitive (which does not end in -ać), the verb mieć *have* is a regular verb of Conjugation I:

mieć *have*　　(ja) mam　　　　(my) mamy

　　　　　　　(ty) masz　　　　(wy) macie

　　(on, ona, ono) ma　　(oni, one) mają.

CONJUGATION II

Verbs of Conjugation II have Infinitives in -.ić, -.yć, or -.eć, for example, rob.ić *do*, ciesz.yć się *be glad*, musi.eć *must*, *have to*, and numerous others.

In order to form the present tense of a verb of Conjugation II, one first obtains the stem by dropping -ić, -yć, or -eć, tracing in reverse the spelling rules for kreska consonants and soft labials.* For example, the stem of musi.eć is muś-; the stem of wstydz.ić is wstydź-; the stem of rob.ić is rob'-; and so on. To this stem are added the endings -ę -(i/y)sz -(i/y) -(i/y)my -(i/y)cie -ą. Before the endings -ę and -ą, ś is replaced by sz, ć is replaced by c, ź is replaced by ż, and dź is replaced by dz. One spells y after rz, ż, sz, cz; otherwise, one spells i. Following are some examples of verbs of Conjugation II:

rob.ić (rob'+ić) *do*

(ja) robię	(my) robimy
(ty) robisz	(wy) robicie
(on, ona, ono) robi	(oni, one) robią

musi.eć (muś+eć) *must, have to*

(ja) mus<u>z</u>ę	(my) musimy
(ty) musisz	(wy) musicie
(on, ona, ono) musi	(oni, one) mus<u>z</u>ą

wstydz.ić się (wstydź+ić się) *be embarrassed*

(ja) wsty<u>dz</u>ę się	(my) wstydzimy się
(ty) wstydzisz się	(wy) wstydzicie się
(on, ona, ono) wstydzi się	(oni, one) wsty<u>dz</u>ą się

ciesz.yć się *be glad*

(ja) cieszę się	(my) cieszymy się
(ty) cieszysz się	(wy) cieszycie się
(on, ona, ono) cieszy się	(oni, one) cieszą się

CONJUGATION III

Verbs taking the present tense endings -ę -esz -e -emy -ecie -ą are classified as belonging to Conjugation III. One such verb encountered thus far

---

* Concerning the spelling of kreska consonants, see Lesson III; regarding soft labial consonants, see below, Section C.7.

VII

is iść *go, to be on one's way (on foot).* As is the
case with many verbs of Conjugation III, the present
tense cannot be predicted in a simple way from the
Infinitive:

iść *go, be on one's way*

(ja) idę	(my) idziemy
(ty) idziesz	(wy) idziecie
(on, ona, ono) idzie	(oni, one) idą .

However, some of the Infinitive types are regular. One
of the most numerous types of Conjugation III verb has
Infinitive in -ow.ać, for example, interes.ow.ać się
be interested in, dzięk.ow.ać *thank,* prac.ow.ać *work,*
and many others. In the present tense of such verbs,
the segment .ow. changes to uj:

dzięk.ow.ać *thank*

(ja) dziękuję	(my) dziękujemy
(ty) dziękujesz	(wy) dziękujecie
(on, ona, ono) dziękuje	(oni, one) dziękują .

CONJUGATION IV

Verbs of Conjugation IV, or verbs whose present
tense endings are -em -esz -e -emy -ecie -eją
(-edzą) are about five in number. Two common verbs of
Conjugation IV are **wiedzieć** *know (a fact)* and **rozumieć**
understand:

(ja) wiem	(my) wiemy
(ty) wiesz	(wy) wiecie
(on, ona, ono) wie	(oni, one) wiedzą

(ja) rozumiem	(my) rozumiemy
(ty) rozumiesz	(wy) rozumiecie
(on, ona, ono) rozumie	(oni, one) rozumieją .

THE VERB być *to be*

The verb być *to be* has an irregular present tense:

jestem *I am*   jesteśmy *we are*

jesteś *you are*   jesteście *you (pl.) are*

jest *he, she, it is*   są *they are* .

The future tense of być is formed on the stem będ-:

będę *I will be*   będziemy *we will be*

będziesz *you will be*   będziecie *you (pl.) will be*

będzie *he, she, it will be*   będą *they will be* .

The past tense of być is regular. Its forms (which are optional until lesson XVIII), are as follows:

Singular

masculine	feminine	neuter
byłem *I was*	byłam *I was*	—
byłeś *you were*	byłaś *you were*	—
był *he was*	była *she was*	było *it was*

Plural

masculine persons	others
byliśmy *we were*	byłyśmy *we were*
byliście *you (pl.) were*	byłyście *you (pl.) were*
byli *they were*	były *they were*.

2. THE PLURAL POLITE FORM OF ADDRESS państwo

The word państwo is used as a form of polite formal address in reference to a group of men and women. This word takes the 3rd pers. pl. form of the verb:

Gdzie państwo mieszkają? *Where do you (pl., formal, mixed gender) live?*

Państwo mają ładne mieszkanie. *You (pl., formal, mixed gender) have a nice apartment.*

3. 3RD PERSON PLURAL PRONOUNS oni AND one "THEY"

Polish has two pronouns for expressing "they."
Oni is used to refer to groups of "masculine persons."
By "masculine persons" is meant either all-male groups
or mixed male and female groups. **One** is used to refer
to anything other than masculine personal groups, for
example, all-female groups, groups of animals, groups
of objects.

4. RULES FOR DELETING PERSONAL PRONOUNS WITH VERBS

a. Except when specifically stressed, one usually
deletes the 1st and 2nd person personal pronouns (ja,
ty, my, wy):

Co robisz? *What are you doing?*
Nie rozumiemy. *We don't understand.*

b. In general, one does not delete 3rd person pronouns (on, ona, ono, oni, one). However, these pronouns will be deleted in a sentence where more than one
verb has the pronoun as a subject:

On nie wie, gdzie ma samochód. *He doesn't know where he has the car.*

In a paragraph, after first referring to a person
with a 3rd person pronoun, the pronoun is usually deleted in subsequent reference to the person, provided
there is no chance for confusion:

To jest pan Kowalczyk. On jest dyrektorem. Pracuje
w biurze. *That's Mr. Kowalczyk. He is a manager.
He works in an office.*

c. The 3rd person pronouns of polite address (pan,
pani, państwo) are never deleted unless they are the
subject of two closely coordinated verbs:

Czy <u>pani</u> się boi, że <u>pani</u> jest spóźniona? *Are you
afraid that you are late?*
Pani mieszka i pracuje w Warszawie? *You live and
work in Warsaw?*

d. In general, in the exercises in this book, adhere
to the following rule of thumb unless instructed otherwise: Delete ja, ty, my, wy; do not delete on, ona,
ono, oni, one, pan, pani, państwo.

5. CHANGES IN NOUN STEMS

   a. Mobile -e-

   Many masculine nouns containing the vowel e in the final syllable of the stem will lose this e before any ending; compare:

Nominative	Instrumental
sportowiec *athlete*	sportowcem
pies *dog*	psem
ołówek *pencil*	ołówkiem
sen *dream*	snem.

As the examples show, the mobile -e-, underlined in the Nominative, disappears when the ending -em (or any other ending) is added to the stem. In the case of pies and sportowiec, the soft consonants p' and w' automatically harden once the e is gone. Henceforth, masculine nouns with mobile -e- will be indicated in the vocabulary by a slash drawn through the -e-, thus: sén, ołówék, piés, sportowiéc.

Note: the word ojciec *father* contains mobile -e-, and the stem is irregular in that the entire segment cie is dropped before endings:

   ojciec   ojcem.

   b. The Change of ó to o and of ą to ę

   Many masculine nouns containing the vowels ó or ą in the final syllable of the stem replace these vowels with o and ę, respectively, before any ending; compare:

Nominative	Instrumental
samochód *car*	samochodem
stół *table*	stołem
mąż *husband*	mężem
ząb *tooth*	zębem .

Henceforth, nouns exhibiting the changes ó→o and ą→ę will be indicated in the vocabulary by giving the stem form alongside the Nominative singular, thus: samochód samochod-; stół stoł-; mąż męż-; ząb zęb-.

VII

6. THE INSTRUMENTAL CASE (CONTINUED)

a. THE INSTRUMENTAL OF PERSONAL PRONOUNS

The Instrumental case forms of the personal pronouns are as follows:

ja	mną	pani	panią
ty	tobą	my	nami
on	nim	wy	wami
ono	nim	oni	nimi
ona	nią	one	nimi
pan	panem	państwo	państwem.

b. According to a spelling rule, the letter j is dropped after a vowel before i; consequently, the masc.-neut. sg. Instrumental forms of mój *my*, twój *your* are moim, twoim, respectively. The Instrumental plural forms are spelled moimi, twoimi.

c. Masculine personal nouns with Nominative singular in -a (for example, kolega *colleague*, służbista *disciplinarian*) take feminine noun endings but masculine adjective agreement; consequently, the Instrumental of mój kolega *my colleague* is mo<u>im</u> kolegą.

d. The verb interes.ow.ać się *to be interested in* requires the Instrumental case. The notion "in" is expressed by the noun's being in the Instrumental:

On interesuje się sportem. *He's interested in sport.*

7. SOFT LABIAL CONSONANTS

Soft labial consonants p', b', f', w', m' occur only before vowels, where they are spelled pi-, bi-, fi-, wi-, mi- (or, before i, simply p-, b-, f-, w-, m-):

robi "rob'i"
sportowiec "sportow'ec".

One cannot tell whether a word-final p, b, f, w, or m is latently hard or soft without comparing a form of the word where the labial occurs before a vowel. For example, the final w in Kraków is hard, as one can see by comparing the Instrumental form: Krako<u>w</u>em. On the other hand, the final w of Wrocław is latently soft: Wrocła<u>w</u>iem. Hereafter, latently soft labial consonants will be indicated in the vocabulary as follows: Wrocław Wrocław'-.

Pan Józef Kowalczyk jest dyrektorem i
rygorystycznym służbistą.

Jest zapalonym czytelnikiem wiadomości
sportowych.

---

polecenie *recommendation*   Przegląd Sportowy *The Sporting Gazette*

D. Ćwiczenia

1. Choose from the list of adjectives those that best fit the given nouns. Put the adjective in the correct gender form:

ważny, drogi, zwykły, rygorystyczny, wygodny, ładny, dobrze ubrany, ambitny, punktualny, szczęśliwy, nowoczesny, nowy, młody, luksusowy, centralny, zapalony, duży, zepsuty.

czytelnik: zapalony, nowoczesny, nowy, ambitny, młody.
samochód:
mieszkanie:
służbista:
osoba:
ogrzewanie:
hotel:
koleżanka:
sport:

2. new apartment: to jest nowe mieszkanie.

expensive car, ambitious reader, modern imagination, luxury apartment, avid sportsman, happy manager, ordinary person, nice college-teacher (f.).

3. expensive car: a. ten samochód nie jest zbyt drogi
b. ten samochód jest trochę za drogi.

strict person, small apartment, ambitious manager, well-dressed clerk, curious student (f.), modern hotel, old tape recorder, young school-teacher (m.)

4. ordinary clerk: on jest zwykłym urzędnikiem.

strict man, modern manager, punctual disciplinarian, avid sportsman, happy man, important person, good college teacher.

IN THE FOLLOWING EXERCISES, FOLLOW THE RULES FOR DELETING PERSONAL PRONOUNS WITH VERBS. IN BRIEF: DELETE ja, ty, my, wy; DO NOT DELETE on, ona, ono, pan, pani, oni, one, państwo.

5. on, ja: on interesuje się tym, co robię.*

ja, ty; ona, my; my, wy; pan, oni; one, pani.

---

* "He's interested in what I'm doing."

6. ja: przepraszam, ale się śpieszę.
on, oni, my.

7. my, wy: cieszymy się, że teraz mieszkacie w
Warszawie.
oni, pani; ja, ty; on, państwo; ona, ja.

8. ja, ona: nie wiem, jak ona się nazywa.
my, oni; pan, ona; wy, ja; państwo, my.

9. my, oni: nie rozumiemy, dlaczego oni tęsknią
za domem.
ja, ty; ty, ja; my, wy; wy, my; oni, ona; on, one.

10. on, my, ona: on pyta, czy wiemy, gdzie ona jest.
ona, ja, oni; my, wy, ona; oni, ty, ja.

11. ja, on: nie wiem, gdzie on idzie.
on, ja; oni, my; wy, ona; państwo, one; my, pani.

12. ona, my: ona się martwi, że się nudzimy.
on, ja; my, ona; ja, wy; my, państwo; ona, pani.

13. ja, ty: dziwię się, że nie rozumiesz, dlaczego
się cieszę.
my, wy; on, ona; oni, my.

14. oni, ty: oni pytają, kiedy będziesz w biurze.
ja, ona; ona, my; my, wy; on, państwo; oni, pan.

15. oni: oni nie wiedzą, czy mają dobre mieszkanie.
ja, ty, państwo, pan, wy, my, pani, ona.

16. ona, oni: czy ona wie, kiedy oni są w szkole?
on, my; państwo, ona; my, wy; wy, ja.

17. on, my: a. on idzie z nami
                 b. my idziemy z nim.

państwo, ona; ty, ja; pani, my; pan, one; wy, on;
oni, ty.

18. Translate:

a. Is your new apartment comfortable?
b. This is an apartment with central heating and
    electricity.
c. This car is new, but it isn't particularly
    expensive.
d. My uncle has a large and modern apartment in
    Krakow.
e. Although Mr. Kowalczyk is important, he is not
    particularly happy, because he is too am-
    bitious.
f. Mr. Kowalczyk is always punctual and well
    dressed.
g. What kind of car is that? Is it Polish? No,
    it's English.
h. My mother says that my father is too punctual.
i. In what are you interested?
j. I am interested in all sports, but I am not
    myself an athlete.
k. I don't know where my sister is now or whether
    she is happy.
l. I'm worried that they don't know where you live.
m. Are you surprised that I'm glad that you're
    bored?
n. He is asking whether you are having a good time.
o. With whom are you going to the concert?
p. I'm going by myself*
q. Do you know whether they have a car?
r. They do have a car, but it is not particularly
    new.
s. What kind of car do they have? I don't know.

19. Compose short sentences using the following verbs:
mieć, pyta.ć, rob.ić, wstydz.ić się, iść, dzięk.ow.ać,
wiedzieć, rozumieć, być.

---

* Idę sam/a *I'm going by myself*.

8

A.

—— Kto to jest<ta pani? *Who is that woman/man?*
          ten pan?

—— Ta pani   to<polska aktorka.   *That woman/that man*
   Ten pan   polski aktor.   *is a Polish actress/Polish actor.*

—— A<ten pan?   *And that man/that woman?*
     ta pani?

—— <Ten pan >to<jej przyjaciel. Przystojny,>co? *That*
    Ta pani   jego przyjaciółka. Ładna,
   man/that woman is her/his friend. Nice looking,
   what?

—— <Interesujący.> Czy<on >też jest<aktorem? *Interest-*
    Niezła.   ona   aktorką?
   ing/not bad. Is he/she also an actor/actress?

—— Nie,<on >jest<piosenkarzem. *No, he/she's a singer.*
        ona   piosenkarką.

—— Jak uważasz, czy możemy ich poprosić o autograf?
   What do you think, could we ask them for an
   autograph?

—— Czemu nie? *Why not?*

Narzeczeni

Warsaw street scene.

B.   Czy pan jest żonaty?

-- Czy<pan jest żonaty?   *Are you married?*
      <pani jest mężatką?

-- Nie,<jestem kawalerem,   >ale nie jestem<wolny.
       <nie jestem mężatką,   <wolna.

   Jestem<zaręczony.   *No, I am a bachelor/not mar-*
         <zaręczona.   *ried, but I am not free. I am engaged.*

-- A co robi<pana narzeczona?   *And what does your*
            <pani narzeczony?   *fiance(e) do?*

-- Jest<tancerką.   *She is a dancer.*
       <bokserem.   *He is a boxer.*

C. Uwagi.

przyjaciel, przyjaciółka *(close) friend.* When used of
   a person of the opposite sex, these terms are occasionally used in the sense of "lover." This is especially true of przyjaciółka. For this reason, unless
   a person is indeed really a good friend, and there is
   no chance for confusion, the terms znajomy, znajoma
   acquaintance or kolega, koleżanka *colleague, work-mate,*
   school-mate are usually used.

znajomy, znajoma *acquaintance.* Although these terms
   function as nouns, they are adjectival in form and
   take adjectival endings. For example, the Instrumental of mój dobry znajomy is moim dobrym znajomym.

żonaty *married (of a man).* This adjective is based on
   the word for wife and cannot correctly be applied to
   a woman.

mężatka *married woman.* This word is a noun and for this
   reason occurs in the Instrumental case when used as
   a predicate noun in the expression jestem mężatką

wolny *free.* This adjective can also be used in the
   meaning "single," as in the conversation.

narzeczony, narzeczona *fiance(e).* These are nouns
   that take adjective endings just as znajomy and
   znajoma.

D. Zapamiętaj!

ta pani *that lady, woman*
ten pan *that (gentle)man*
te panie *those ladies*
ci panowie *those gentlemen*
ci państwo *those men and women*
mężczyzna *(masc.) man*
kobieta *woman*
przyja.ciel/ciółka *friend*
znajom.y/a *acquaintance*
narzeczon.y/a *fiance(e)*
żonaty *married (of a man)*
mężatka *married woman*
zaręczony *engaged*
aktor/ka *actor/actress*
bokser *boxer*
tancerka *dancer (f.)*
piosen.karz/karka *singer*
listonosz *postman*
pielęgniarka *nurse (f.)*

jego *his (takes no endings)*
jej *her (takes no endings)*
ich *their (takes no endings)*

słynny *famous*
nieznany *unknown*
ładny *pretty*
przystojny *good-looking*
brzydki *ugly*
interesujący *interesting*
pracowity *hard-working*
leniwy *lazy*

dobry *good*
lepszy *better*
najlepszy *best*

zły *bad*
gorszy *worse*
najgorszy *worst*

jakiś jakaś jakieś *some
  kind of*

polski *Polish*
amerykański *American*
angielski *English*
francuski *French*
rosyjski *Russian*
kanadyjski *Canadian*

PREDICATE NOUNS EXPRESSED WITH to (jest)

As an alternative to using jest plus the Instrumental case for the expression of predicate nouns, one
may also use the expression to (jest) plus the Nominative case:

Ta pani to polska aktorka. *That woman's a Polish actress.*
Ten pan to polski piosenkarz. *That man's a Polish singer.*

In effect, one is saying "That woman, she's a Polish
actress"; "That man, he's a Polish singer." The two
constructions

Noun + jest + Noun in Instrumental
Noun + to (jest) + Noun in Nominative

are not exactly equivalent in meaning. The Instrumental construction expresses an attribute; the to jest
construction expresses an identity.   Compare:

Ten pan jest polskim aktorem. "That man's an actor
  in or from Poland; acting is what he does."
Ten pan to polski aktor. "That man is a Polish actor;
  that's who is is."

In practice, the Instrumental construction is by far
the more common and the more correct in most circumstances.

NOTES ON THE FUNCTIONS OF pan, pani, państwo

1. As titles, pan "Mr." and pani "Miss, Mrs., Ms."
may be used with either the first or the last name or
with both first and last name:

pani Maria *Miss Mary*; pani Jodłowska *Miss Jodlowska*;
pani Maria Jodłowska *Miss Mary Jodlowska*

pan Robert *Mr. Robert*; pan Cieszyński *Mr. Cieszynski*;
pan Robert Cieszyński *Mr. Robert Cieszynski.*

2. When used as pronouns in the meaning "you," pan,
pani, and państwo convey formality. These forms take
the 3rd person forms of the verb:

Czy pan pisze listy? *Are you (male, formal) writing
letters?*
Czy pani dużo podróżuje? *Do you (female, formal)
travel a lot?*
Czy państwo się śpieszą? *Are you (mixed male and
female) in a hurry?*

Using these forms is equivalent to addressing a person
as "sir," "madam."

3. When used in the meanings "gentleman," "lady,"
"ladies and gentlemen," pan, pani, and państwo are
usually preceded by the demonstrative pronouns ten, ta,
ci, respectively:

Ten pan jest przystojny. *That man is good-looking*

Ta pani jest sekretarką. *That woman is a secretary.*

Ci państwo mówią po polsku. *Those people speak Polish.*

4. The plural of pan is panowie "sirs, gentlemen"; of
pani, panie "ladies." The form państwo may refer either
to a conjunction of "panowie" and "panie" or it may refer to a "pan" and a "pani." In the latter instance,
państwo can carry the meaning "Mr. and Mrs.":

To są państwo Klimczakowie. *That's Mr. and Mrs.
Klimczak.*

5. The form państwo is often used with the 2nd person
plural form of the verb to connote slightly less formality. This use is particularly common when państwo is
used in the meaning "you" in reference to a couple:

Czy państwo macie dzieci? *Do you (two) have any children?*

VIII

F. Ćwiczenia

1. pan: ten pan jest przystojny.*
pani, aktorka, aktor, piosenkarka, mężczyzna, kobieta,
piosenkarz, lektor, nauczycielka, student.

2. aktorka: ta pani to polska aktorka.
studentka, piosenkarz, nauczycielka, aktor, lektor,
piosenkarka.

3. sister: twoja siostra jest dość miła.
brother, acquaintance (f.), colleague (f.), college
teacher (m.), mother, colleague (m.), friend (m.),
acquaintance (m.), father, friend (f.).

4. Polish actor: a. ten pan to polski aktor
                  b. ten pan jest polskim aktorem.
Polish singer (f.), American actor, Russian athlete,
French singer (m.), English actress, Polish student (m.)
American school-teacher (f.), Russian student (m.),
Canadian college-teacher (f.).

5. zły aktor: on jest złym aktorem, ale ona jest
               jeszcze gorszą aktorką.
dobry piosenkarz, zły mężczyzna, dobry student, zły
nauczyciel, dobry aktor, zły urzędnik.

6. happy brother: mój brat jest szczęśliwy, ale
                   moja siostra jest smutna.
energetic mother; good lecturer; sad colleague;
old uncle; lazy acquaintance.

7. brat, przyjaciel: a. to jest mój brat i jego
                          przyjaciel
                      b. to jest mój brat z jego
                          przyjacielem
siostra, koleżanka; matka, znajoma; znajomy, siostra;
kolega, matka; koleżanka, brat; przyjaciel, znajomy;
przyjaciółka, przyjaciel.

_____
* Choose between ładny and przystojny.

76

8. Follow the model, beginning your response with either kto to jest or kto to są, as appropriate:

   gentleman: kto to jest ten pan?

lady, man, woman, gentlemen, ladies, people (państwo), person.

9. Follow the model, choosing between to był or to była, as appropriate:

   colleague (m.): to był mój kolega.

friend (f.), acquaintance (m.), sister, brother, friend (m.), colleague (f.), acquaintance (f.).

10. aktor, przyjaciel: on jest dobrym aktorem, ale złym przyjacielem.

aktorka, przyjaciółka; piosenkarz, kolega; piosenkarka, koleżanka; student, aktor; studentka, aktorka; piosenkarz, przyjaciel; aktor, piosenkarz; tancerka, pielęgniarka; listonosz, bokser.

11. good friend, actor: on jest dobrym przyjacielem ale jeszcze lepszym aktorem.

bad colleague (m.), college teacher; bad friend (f.), student; good actress, singer; bad student (m.), boxer.

12. Russian singer (m.): to jest jakiś rosyjski piosenkarz.

Canadian actor, Polish student (f.), English manager, American singer (f.), French actress, Polish postman, Russian nurse.

13. przyjaciel: a. jesteś bardzo dobrym przyjacielem
                  b. jesteś najlepszym przyjacielem na świecie.*

aktor, listonosz, urzędniczka, dyrektor, osoba, przyjaciółka, kolega, pilot.

---

* świat *world*; na świecie *in the world.*

VIII

14. ta kobieta: czy ta kobieta jest mężatką?

ten mężczyzna, ta pani, twój kolega, twoja przyjaciółka, ten pan.

15. acquaintance (m.):   mój znajomy jest kawalerem.

acquaintance (f.), brother, aunt, colleague (f.),
friend (m.), colleague (m.).

16. sister: idzie moja siostra z narzeczonym.

brother, uncle, colleague (m.), acquaintance (f.),
acquaintance (m.), colleague (f.).

17. sister: a. czy twoja siostra jest wolna?
             b. nie, jest mężatką.

Use the vocabulary of Exercise 16.

18. Follow the model, using adjectives of your
    choice:

        boxer: mój narzeczony jest słynnym bokserem.

dancer (f.), journalist (m.), singer (f.), athlete (m.),
actress, nurse, postman, clerk (f.), pilot (pilot).

19. Translate:

a. That man is my good friend (2 ways).
b. That woman is pretty, but she is not nice.
c. That man is a good actor but an even better
   singer.
d. That lady is probably (chyba) the worst singer
   in the world.
e. He is a bad postman, but an even worse person.
f. Who was that man? That was the postman.
g. My fiance is a Canadian pilot.
h. My fiancee is a French nurse.
i. Is that good-looking young man your friend?
   No, he's only my brother.
j. Canadian vodka (wódka) is a lot better than
   Russian.
k. Polish vodka is the best vodka in the world.
l. His sister is a very hard-working nurse.
m. Her brother is some kind of actor.
n. Is that man their friend? (2 ways).
o. What do you think? Is that woman a dancer?

78

A.　　　　　Czy pani rozumie po polsku?

-- Czy<pan/i rozumie>po polsku? *Do you understand*
　　　<rozumiesz
　　　Polish?

-- Trochę tak, ale nie rozumiem, co mówią ci państwo.
　 *A lettle yes, but I don't understand what those
　 people are saying.*

-- Nic dziwnego, mówią po francusku. *No wonder,
　 they're speaking French.*

-- Przecież rozumiem po francusku. Mówią chyba po
　 rosyjsku. *But I understand French. They're
　 probably speaking Russian.*

B.　　　　　Jak to się mówi po polsku?

-- Jak to się mówi po polsku? *How does one say that
　 in Polish?*

-- Nie wiem. Trzeba zapytać profesora. *I don't
　 know. We should ask the professor.*

-- Już go pytał.em/am. On też nie wie. *I already
　 asked him. He doesn't know either.*

Muszę się uczyć.

Language lab.

-- Wiesz, wcale się nie dziwię. *You know, I'm not at all surprised.*

C.   Mówisz dobrze po polsku

-- Mówisz dobrze po polsku. *You speak Polish well.*
-- Dziękuję, ale rozumiem o wiele lepiej niż mówię.
   Thanks, but I understand a lot better than I speak.
-- Nie bądź ^{taki skromny,}/_{taka skromna,} >mówisz naprawdę dobrze.
   Don't be so modest -- you speak really well.

D. Uwagi

przecież translates the English "but" of protestation, used to correct information.

chyba is often used where English might use "I think," "I suppose," "I dare say."

trzeba zapytać: literally, "it is necessary to ask"

(za)pytałem, (za)pytałam: lst pers. sg. masc. and fem. past tense forms of (za)pytać *ask*. Do not be concerned at this point with the difference between prefixed and unprefixed forms of this verb.

bądź: the Imperative of być *be*.

E. Zapamiętaj!

SOME LANGUAGE ADJECTIVES AND ADVERBS

polski *Polish*
  po polsku *(in) Polish*
angielski *English*
  po angielsku *(in) English*
rosyjski *Russian*
  po rosyjsku *(in) Russian*
niemiecki *German*
  po niemiecku *(in) German*

francuski *French*
  po francusku *(in) French*
hiszpański *Spanish*
  po hiszpańsku *(in) Spanish*
włoski *Italian*
  po włosku *(in) Italian.*
chiński *Chinese*
  po chińsku *(in) Chinese*

VERBS USED WITH LANGUAGE ADVERBS

mów.ić *speak, say*   rozumieć *understand*

  mówię   mówimy   rozumiem   rozumiemy

  mówisz   mówicie   rozumiesz   rozumiecie

  mówi   mówią   rozumie   rozumieją

pis.ać *write*   czyta.ć *read*

  piszę   piszemy   czytam   czytamy

  piszesz   piszecie   czytasz   czytacie

  pisze   piszą   czyta   czytają

umieć *know how*   śpiewa.ć *sing*

  umiem   umiemy   śpiewam   śpiewamy

  umiesz   umiecie   śpiewasz   śpiewacie

  umie   umieją   śpiewa   śpiewają.

TWO VERBS OF PERCEPTION: widzi.eć *see*, słysz.eć *hear*

widzi.eć *see*   słysz.eć *hear*

  widzę   widzimy   słyszę   słyszymy

  widzisz   widzicie   słyszysz   słyszycie

  widzi   widzą   słyszy   słyszą.

VERBS OF KNOWING AND ABILITY

wiedzieć (wiem wiesz wie wiemy wiecie wiedzą) means
"to know information." This verb is most frequently
followed by subordinate clauses containing the known
information, although it may also be followed by to,
co, nic: Wiem, gdzie on jest. *I know where he is.*
Nic nie wiem. *I don't know anything.*

zna.ć (znam znasz zna znamy znacie znają) means "to
know a person, place, or thing." This verb usually
occurs with a specific direct object: Dobrze go znam.
I know him well.

umieć (umiem umiesz umie umiemy umiecie umieją) means
"know how." This verb is usually followed by an infinitive, although it may also be followed by to, co,
nic and by language adverbs: Nie umiem śpiewać. *I*

don't know how to sing. Co umiesz? *What do you know how to do?* Czy umiesz po francusku? *Do you know (how to speak) French?*

móc (mogę możesz może możemy możecie mogą) *can, may, be able* refers either to physical ability or permission. It is usually followed by the infinitive of a verb: Nie mogę rozumieć. *I can't understand.* Note: often the negated verb by itself is used to express lack of ability: Nie rozumiem. *I don't (can't) understand.*

'REMEMBER' AND 'FORGET'

pamięta.ć (pamiętam pamiętasz pamięta pamiętamy pamiętamy pamiętają) translates English remember. When negated, this verb often translates colloquial English "forget:" Czy pamiętasz, gdzie Jan mieszka? *Do you remember where Jan lives?* Nie, nie pamiętam. *No, I forget.*

IMPERSONAL VERBS FORMED WITH się

An impersonal verb may be created by combining the particle się with the 3rd person sg. form of almost any verb:

Jak to się robi? *How does one do that?*

Tak się nie mówi. *One doesn't speak that way.*

Tu się lepiej pracuje. *One works better here.*

SOME USEFUL ADVERBS AND THEIR COMPARATIVES

dobrze *well*
  lepiej *better*

źle *badly*
  gorzej *worse*

dużo *a lot*
  więcej *more**

mało *a little*
  mniej *less*

szybko *quickly, fast*
  szybciej *more quickly, faster*

wolno, powoli *slowly*
  wolniej *more slowly*

głośno *loudly*
  głośniej *more louder*

cicho *quietly*
  ciszej *more quietly*

inteligentnie *intelligently*
  inteligentniej *more intelligently*

głupio *stupidly*
  głupiej *more stupidly*

wyraźnie *clearly, distinctly*
  wyraźniej *more clearly, distinctly.*

---

* więcej *more (of amount)*, to be distinguished from bardziej *more (of degree)*.

IX

THE FORMATION OF THE IMPERATIVE OF THE VERB

The Imperative expresses an informal request or
exhortation. It has a 2nd person singular, 2nd person
plural, and 1st person plural form:

zapytaj!   zapytajcie!   zapytajmy!
(you sg.) ask!   *(you pl.) ask!*   *let's ask!*

For many of the verbs learned thus far, the negated
Imperative would be more frequent:

nie dziw się!   nie dziwcie się!   nie dziwmy się
don't be surprised! *don't be surprised!* *let's not be*
(sg.)   *(pl.)*   *surprised!*

A convenient rule of thumb for forming the Imperative
is to refer to the 3rd person singular form of the present tense. Verbs of Conjugation I add -j to form the
2nd pers. sg. form. Verbs of Conjugations II and III
drop the 3rd pers. sg. ending (-i~y) or -e:

pyta.ć (pytam pytasz pyta, etc.) *ask*
   Imperative: pytaj! pytajcie! pytajmy!

mów.ić (mówię mówisz mówi, etc.) *speak*
   Imperative: mów! mówcie! mówmy!

ciesz.yć się (cieszę się cieszysz się cieszy się, etc.) *be glad*
   Imperative: ciesz się! cieszcie się! cieszmy się!

iść (idę idziesz idzie, etc.) *ask*
   Imperative: idź! idźcie! idźmy!

prac.ow.ać (pracuję pracujesz pracuje, etc.) *work*
   Imperative: pracuj! pracujcie! pracujmy!

A formal Imperative is obtained by combining the exhortative particle niech "let" with pan, pani, and państwo:

Niech pan się nie dziwi! *Don't be surprised (sir)!*

Niech pani nie idzie! *Don't go (madam)!*

Niech państwo nie mówią! *Don't speak (ladies and*
                   gentlemen)!
To soften a request, an Imperative expression may be
preceded by proszę *please*:

Proszę nie pytaj! *Please don't ask!*

Proszę niech pan nie śpiewa! *Please don't sing (sir)!*

Note: the combination of proszę plus the infinitive is
considered less polite:

Proszę nie mówić! *Please be quiet!*

F. Ćwiczenia

In the exercises to follow, unless instructed otherwise,
follow the rules for the deletion of personal pronouns.
(In brief: delete ja, ty, my, wy; do not delete on,
ona, ono, oni, one, pan, pani, państwo.)

1. read: a. co czytasz?
             b. nic nie czytam.

write, understand, say, know how, see, hear, remember,
sing, know, have.

2. say: a. co mówi ten pan?
            b. co mówią ci państwo?

write, see, sing, know, know how, have, hear, remember.

3. ta pani, widzieć: ta pani nigdy nic nie widzi.

my, pisać; ty, rozumieć; ci panowie, czytać; wy,
mówić; oni, umieć; ten pan, pamiętać.

4. ty: czy rozumiesz po polsku?

wy, ja, oni, pan, państwo, on, my, one, ty, ona.

5. ja: trochę mówię po angielsku.

ona, ty, on, my, pan, wy, oni, ono, państwo.

6. wy (French): nie rozumiecie po francusku?

pani (Italian); oni (Russian); wy (English); ona
(Polish); ty (Spanish); my (German), państwo (Chinese).

7. on: on lepiej rozumie po polsku niż mówi.

ty, wy, my, one, pan, ja, państwo, oni, pani, ona.

8. ja, źle: czytam gorzej po angielsku niż piszę.*

pani, dobrze; oni, mało; my, dużo; ty, szybko; wy,
wolno.

---

* The pronouns of formal address will have to be re-
  preated twice in this exercise.

9. Do not delete pronouns in this exercise.

    ja—wolno—on: a. ja piszę wolniej niż on
                     b. on pisze szybciej niż ja.

ty—szybko—ona; wy—źle—my; państwo—dużo—oni; on—inteligentnie—ja *(in* b. *use* mniej inteligentnie *less intelligently)*; pani—wyraźnie—on *(use* mniej*)*.

10. slower: a. czytam wolniej po polsku niż po
                    angielsku
             b. czytam szybciej po angielsku niż
                    po polsku.

faster, better, more, worse, less.

11. write intelligently: a. pisz inteligentnie !
                             b. trzeba pisać inteli-
                                  gentniej.

remember well; sing loudly; speak softly; work fast.

12. fast: a. mów szybciej !
           b. niech pan nie mówi tak szybko.

slow, loud, soft, a lot.

13. oni, ty (French): oni nie rozumieją, kiedy
                         mówisz po francusku.

my, wy (Polish); ona, państwo (Russian); ja, oni
(English); ty, ja (Spanish); pan, on (Italian).

14. on, ja: on nie rozumie, co piszę.

oni, my; ona, pan; my, pani; państwo, on; ty, ona.

15. oni, my: a. oni nie słyszą, co mówimy
              b. nie słyszymy, co oni mówią.

ja, ty; wy, my; pani, oni; on, państwo.

16. pan, ja: czy pan wie, co śpiewam?

ty, oni; on, ona; wy, my; państwo, one.

17. my, rozumieć: a. nie rozumiemy
                  b. nie możemy rozumieć.

on, słyszeć; oni, widzieć; ja, pamiętać; wy, śpiewać.

18. Give the negated Imperative in the corresponding
personal form:

dziwisz się: nie dziw się!

cieszycie się, martwimy się, wstydzisz się, nudzimy się,
boicie się, śpieszysz się, martwisz się, boimy się, dzi-
wicie się, wstydzimy się, nudzisz się, śpieszycie się.

19. pracować: pracujmy!

pisać, czytać, pytać, dziękować, przepraszać, mówić,
śpiewać.

20. ja, on: a. nie widzę, co on pisze
              b. on nie widzi, co piszę.

oni, my; pani, ona; ty, ona; on, wy.

21. oni: oni nie pamiętają, co umieją.

ja, on, my, ty, państwo.*

22. Translate:
    a. I'm surprised that you speak Polish so (tak)
       well.
    b. No wonder; I'm Polish. *(Translate: "I'm a Pole")*
    c. I'm glad that one speaks English here, for I
       don't understand Italian.
    d. How does one say that in Russian? I don't
       know.
    e. You never know anything.
    f. It's necessary to ask the professor. No, he
       never knows anything either.*
    g. He's worried that they don't speak English.
    h. He reads more quickly than I, but he understands
       much less.
    i. I speak a little Russian but I speak French
       much better.
    j. Is that man reading Russian? I don't know;
       we should ask him.
    k. Why is she bored? She's bored because she
       doesn't understand anything.
    l. I don't know how to sing very (zbyt) well. Do
       you know how to sing? Yes, but only in Italian.

---

* Pronouns of formal address should be repeated twice.

** "either" is rendered by też placed before nie:
   On też nie wie. *He doesn't know either.*

m. I don't hear what they are saying.
n. Speak more clearly; I can't understand what you are saying.
o. Do you know where Karol lives? No, I forget.
p. Please don't write so quickly.
q. Don't be so modest.
r. He is a Spanish boxer.
s. Her friend is a French actor.
t. That man is some kind of Russian singer.
u. Who here is the worst dancer? Probably me (I).
v. How does one write that?
w. One doesn't do that here.
x. One works more slowly here.
y. How does one go there (tam)?
z. Don't be so hard-working!
α. Let's ask the professor. He surely (pewnie) knows.
β. Don't sing so loudly.

10

LEKCJA DZIESIĄTA

A.   Czyj to pies?

-- Czyj to pies? *Whose dog is that?*

-- Nasz. *Ours.*

-- Dlaczego tak < smutnie / śmiesznie > wygląda? *Why does it look so sad/funny?*

-- To < seter. / pudel.   Setery / Pudle > po prostu tak wyglądają. *It's a setter/poodle -- setters/poodles simply look that way.*

-- Jak wasz pies się nazywa? *What's your dog called?*

--< Cygan. *Gypsy.*
Pirat. *Pirate.*

Pies

A scholarly resident of Torun.

B.   Co to za pies?

-- Co to za pies? *What sort of dog is that?*

-- Który? *Which one?*

-- Ten$<$czarny.
       biały. *That black/white (one).*

-- To jest owczarek niemiecki, jeśli się nie mylę.
   That's a German shepherd, if I'm not mistaken.

-- Chyba żartujesz. Owczarki niemieckie mają$<$dłuższe$>$
                                              krótsze

   uszy, i poza tym nie są całe$<$czarne. *You must be*
                                  białe.
   joking. German shepherds have longer/shorter ears
   and besides that they're not all black/white.

-- Po co pytasz, skoro już wszystko wiesz? *Why are*
   you asking as long as you already know everything?

C.   Gospodarstwo

-- Państwo$<$mają $>$gospodarstwo? *You (people) have a farm?*
           macie

-- Mamy, ale to jest raczej nasze hobby niż prawdziwe
   gospodarstwo. *We do, but it's rather our hobby than*
   a real farm.

-- Jakie zwierzęta państwo$<$hodują?
                            hodujecie? *What kind of ani-*
   mals do you raise?

-- (Hodujemy) owce, krowy, konie, świnie, kaczki, gęsi
   i kury. *(We raise) sheep, cows, horses, pigs,*
   ducks, geese and chickens.

-- I to ma być hobby? *And that's supposed to be a hobby?*

-- Tak, bo to wszystko nie przynosi żadnych dochodów.
   Yes, because the whole thing doesn't bring in any
   income.

D.   Zoo

-- Czy macie tu dobre zoo? *Do you have a good zoo here?*

-- Zoo jest, ale nie wiem, czy dobre. *There's a zoo, but*
   I don't know whether it's good.

-- Jakie tam są zwierzęta? *What kind of animals are there?*

-- No wiesz: słonie, lwy, pawie, węże, różne. *Oh you*
   know: elephants, lions, peacocks, snakes, various.

X

E.   Uwagi

państwo mają, państwo macie: to connote a lesser degree
of formality, państwo may occur with the 2nd person pl.
form of the verb. This use is especially frequent
when addressing a man and wife.

zwierzę *(neut.)*, *pl.* zwierzęta *animal*

hobby *hobby*: a neuter noun that takes no case endings.

zoo *zoo*: pronounced with a long Polish o̲ sound (not
like English z̲o̲o̲).

co to *(jest)* za pies? *What kind of dog is that?* This
expression is roughly equivalent to the expression
jaki to *(jest)* pies? In this expression, the preposition za occurs with the Nominative case.

śmiesznie wygląda *looks funny:* literally, "looks fun-
nily." The verb takes the adverbial form of the adjective. Note that in Polish, as opposed to English,
manner adverbs tend to fall before the verb instead
of after the verb.

F.   Zapamiętaj!

ANIMAL NAMES
   Animal names are introduced in this lesson in connection with the formation of the plural of nouns (see
below).

pies *dog*	ptak *bird*
pudel *poodle*	kura *chicken*
kundel *mutt*	kaczka *duck*
seter *setter*	gęś *(f.) goose*
dog *Great Dane*	łabędź *swan*
owczarek niemiecki *Ger-*	orzeł orł- *eagle*
man Shepherd	paw paw'- *peacock*
koń *horse*	wąż węż- *snake*
krowa *cow*	słoń *elephant*
świnia *pig*	lew *lion*
owca *sheep*	krokodyl *crocodile*
kot *cat*	ryba *fish*

ADJECTIVES ENDING IN CONSONANT PLUS – ny
   These adjectives are introduced in connection with
the formation of the comparative and superlative of
adjectives and adverbs (see below).

ważny *important*	smutny *sad*
ładny *pretty*	śmieszny *funny*
wygodny *comfortable*	piękny *beautiful*
ambitny *ambitious*	skromny *modest*

92

inteligentny *intelligent*   zdolny *adept, talented*
dziwny *strange*   genialny *ingenious*
wybredny *refined, finicky*   popularny *popular*
grzeczny *polite*   okrutny *cruel*
sprawny *efficient*   trudny *difficult*

SUMMARY OF POSSESSIVE FORMS

Possessive Pronoun: Possessive of:

mój moja moje *my, mine*   ja
twój twoja twoje *your, yours*   ty
swój swoja swoje *one's own*   (see Lesson XIV)
nasz nasza nasze *our, ours*   my
wasz wasza wasze *your, yours*   wy
czyj czyja czyje *whose*   kto
jego *his*   on *or* ono
jej *her, hers*   ona
ich *their, theirs*   oni *or* one
pana *your, yours*   pan
pani *your, yours*   pani
państwa *your, yours*   państwo

Note: the possessive form państwa usually follows
the noun: pies państwa *your dog*. The other possessive
forms usually precede the noun.

"EACH", "EVERY", "ALL", "EVERYTHING", "NONE"

każdy *each, every*. Polish uses the same word to express
  English 'each,' 'every'. This word has no plural form.

wszystkie *(pl. adj.) all*. This word functions as the
  plural of każdy.

wszystko *(neut. adj.) everything*. Except for the Nominative singular form, this word takes regular neuter adjectival endings.

żadęn żadna żadne *none, no, not any*. This word is a negative polarity word in that it requires a negated verb:
  żadna dziewczyna nie jest popularna. *No girl is popular.*

THE INTENSIVE PRONOUN sam sama samo

The pronoun sam sama samo (pl. same) has three uses: a) as an intensifying pronoun following the word
intensified; b) as a modifying adjective, in the meaning
"the same"; c) in the meaning "alone, by oneself":

Jak on sam się nazywa? *What's he himself called?*
To jest ten sam pies. *That's that same dog.*
Czy pani mieszka sama? *Do you live alone?*

X

THE NOMINATIVE PLURAL OF NOUNS AND ADJECTIVES (EXCLUDING MASCULINE PERSONS)

The Nominative plural endings for nouns and adjectives are as follows:

Adjectives

all genders: -e

Nouns

masc. and fem.: -(y~i) or -e

neut.: -a

NOTES

a. Masculine and feminine hard-stem nouns (nouns with stems in p, b, f, w, m, t, d, s, z, n, ł, r, k, g, ch) form the Nominative plural in -y (-i after k and g):

zeszyt zeszyty *notebooks* lampa lampy *lamps*
pies psy *dogs* krowa krowy *cows*
ptak ptaki *birds* kaczka kaczki *ducks*.

b. Masculine and feminine soft-stem nouns (nouns with stems in p', b', f', w', m', ć, dź, ś, ź, ń, l, j, cz, dz, c, rz, sz, ż) usually form the Nominative plural in -e:

hotel hotele *hotels* lekcja lekcje *lessons*
koń konie *horses* świnia świnie *pigs*
wąż węże *snakes* owca owce *sheep*.

c. Feminine nouns with Nominative sg. in -Ø (zero) usually form the Nominative pl. in -e, although some, especially nouns ending in -ść, form the plural in (y~i):

twarz twarze *faces*
noc noce *nights*

gęś gęsi *geese*
odpowiedź odpowiedzi *answers*
powieść powieści *novels*.

d. Virtually all neuter nouns, regardless of type, form the Nominative plural in -a:

krzesło krzesła *chairs* zdanie zdania *opinions*
okno okna *windows* morze morza *seas*.

Special-type neuters:

imię imiona *first names* muzeum muzea *museums*
zwierzę zwierzęta *animals* radio radia *radios*.

e. The Nominative plural adjective endings for all genders other than masculine persons is -e:

ładne ptaki *pretty birds* piękne kobiety *beautiful women*
miłe zwierzęta *nice animals* moje kury *my chickens*
duże okna *large windows* nasze pudle *our poodles*.

X

EXAMPLES OF NOMINATIVE PLURAL NOUNS AND ADJECTIVES:

Sg.	Pl.

Masculine

zajęty stół	zajęte stoły
dobry długopis	dobre długopisy
ładny obraz	ładne obrazy
smutny film	smutne filmy
ciekawy koncert	ciekawe koncerty
stary ptak	stare ptaki
nowy czasownik	nowe czasowniki
mój pies	moje psy
duży orzeł	duże orły
drogi hotel	drogie hotele
zdolny słoń	zdolne słonie
długi wąż	długie węże
piękny paw (paw'-)	piękne pawie
okrutny krokodyl	okrutne krokodyle
jego koń	jego konie

Feminine

ta ściana	te ściany
nowa podłoga	nowe podłogi
ciekawa osoba	ciekawe osoby
jej córka	jej córki
wasza kaczka	wasze kaczki
każda ryba	wszystkie ryby
twoja szkoła	twoje szkoły
stara gęś	stare gęsi
czysta tablica	czyste tablice
nasza ciocia	nasze ciocie
czarna owca	czarne owce
ładna twarz	ładne twarze
jego odpowiedź	jego odpowiedzi
interesująca powieść	interesujące powieści

Neuter

moje pióro	moje pióra
warszawskie biuro	warszawskie biura
to okno	te okna
każde biurko	wszystkie biurka
wygodne krzesło	wygodne krzesła
jego zdanie	jego zdania
luksusowe mieszkanie	luksusowe mieszkania
miłe zwierzę	miłe zwierzęta
duże muzeum	duże muzea

X

ADJECTIVES ENDING IN CONSONANT PLUS -ny

A large number of adjectives end in a consonant plus -ny. Such adjectives usually form adverbs in -ie, comparative adverbs in -iej, and a comparative adjective in -iejszy. Superlative adverbs and adjectives are formed by prefixing naj- to the comparative forms:

Positive Degree	Comparative Degree	Superlative Degree
dziwny *strange*	dziwniejszy *stranger*	najdziwniejszy *strangest*
dziwnie *strangely*	dziwniej *more strangely*	najdziwniej *most strangely*

Similarly: wygodny *comfortable*, śmieszny *funny*, ambitny *ambitious*, słynny *famous*, zdolny *talented*, okrutny *cruel*, grzeczny *polite*, and many others.

Note: A few adjectives ending in consonant plus -ny form the adverb in -o, for example, ciemny *dark*, ciemno *darkly*. The formation of the other forms is not affected:

ciemny *dark*	ciemniejszy *darker*	najciemniejszy *darkest*
ciemno *darkly*	ciemniej *more darkly*	najciemniej *most dark*

The adverbial form of smutny *sad* is either smutno or smutnie.

SOME USES OF ADVERBS AND COMPARATIVES

a. One uses adverbial forms of the adjective following the verb wygląda.ć *look, appear*:

Twój pies dość dziwnie wygląda. *Your dog looks rather strange.*

b. One may use the comparative adjective following the verb rob.ić się *become*:

Twój pies robi się coraz dziwniejszy. *Your dog is getting stranger and stranger.*

c. The expression coraz *more and more* may be used with both adjectival and adverbial comparatives:

Twój pies wygląda coraz dziwniej. *Your dog is looking stranger and stranger.*

For more on the formation of the comparative and superlative of adjectives, see Lesson XIV.

G. Ćwiczenia

1. Use adjectives of your choice:

   lampa: to są nowe lampy.

sufit, krzesło, tablica, okno, obraz, ściana, szkoła,
uniwersytet, biuro, dom, hotel, osoba, mieszkanie,
sport, samochód, muzeum.

2. Use adjectives of your choice, taken from the list
   of adjectives in consonant plus -ny:

   pies: to są smutne psy.

ptak, pudel, seter, owczarek niemiecki, kot, koń, krowa,
lew, owca, kura, łabędź, świnia, słoń, paw, wąż, orzeł,
ryba, gęś, zwierzę.

3. dog: a. co to za pies?
            b. co to za psy?

chicken, pig, cow, horse, sheep, fish, cat, setter, snake,
animal, swan, bird.

4. duck: a. czyja to kaczka? -- nasza.
            b. czyje to kaczki? -- nasze.

horse, cow, chicken, goose, pig, sheep, fish.

5. Use adverbs of your choice:

   pies: a. ten pies wygląda dość inteligentnie
            b. te psy wyglądają coraz inteligentniej.

pudel, słoń, lew, paw, wąż, dog, ryba.

6. pies: twój pies robi się coraz inteligent-
               niejszy.

   (Use the vocabulary of Exercise 5.)

7. Use adjectives and adverbs of your choice:

   horse, cow: a. konie wyglądają inteligentniej
                  niż krowy.
               b. krowy są inteligentniejsze niż
                  konie.

dog, cat; fish, snake; pig, elephant; eagle, peacock;
goose, duck; poodle, setter; Great Dane, German
Shepherd.

X

8. intelligent cat: a. nie każdy kot jest tak
inteligentny, jak mój
b. nie wszystkie koty są tak
inteligentne, jak moje.

nice dog, finicky poodle, big German Shepherd, polite
setter, ingenious animal.

9. Use adjectives of your choice:

chair: a. to są wygodne krzesła
b. te krzesła są wygodne.

radio, apartment, office, pen, animal, museum, opinion
(zdanie).

10. modest: nie bądź taki skromny (taka skromna)!

sad, funny, finicky, strange, polite, ambitious, ordinary, cruel.

11. ty, dziwna wyobraźnia: twoja wyobraźnia jest
dość dziwna.

wy, interesujące mieszkanie; ty, ładny ptak; pani,
przystojny narzeczony; pan, inteligentna siostra;
państwo, wybredny pies; ja, ambitny brat; my, energiczna matka; on, słynny ojciec; ona, ważny brat;
oni, zdolny kot; one, skromna koleżanka.

12. Use adjectives of your choice:

fish: to jest moja najpiękniejsza ryba.

horse, friend (f.), student (m.), acquaintance (m.),
friend (m.), colleague (m.), animal.

13. Use adjectives of your choice:

koń: a. żaden koń nie jest dobry.
b. wszystkie konie są dobre.

owca, kura, krokodyl, krowa, wąż, paw, pies, kundel.

14. koń: a. to jest ten sam koń
b. to są te same konie.

Use the vocabulary of Exercise 13.

15. my new apartment: jak ci się podoba moje nowe
       mieszkanie?

our new dog, their animals, that Polish actress, those
Polish actresses, his new car, your (pl.) new radio,
her new pictures.

16. Translate:

   a. Why does you dog look so strange? I don't
      know. He just looks that way.
   b. Whose cat is that? -- Ours.
   c. We raise pigs, chickens, cows, sheep, and
      various other (use inny) animals.
   d. Why does your new cow look so sad?
   e. Not every dog is as intelligent as mine.
   f. What kind of dog is that?(two ways).
   g. German Shepherds look more intelligent than
      they are.
   h. Dogs look more intelligent than cats, but
      they say (delete oni) that cats are really
      (naprawdę) more intelligent.
   i. Is your friend (m.) married? No, he's too
      choosy.
   j. My brother is getting more and more famous.
   k. Don't be so lazy. -- Who's talking!
   l. I'm glad that you like my new Great Dane. He
      likes you too.
   m. I'm surprised that you don't like my new snake.
   n. You are looking prettier and prettier.
   o. My poodle is smarter than their German Shepherd.
   p. What is the most important Polish town?
   q. I don't know, but the largest Polish town is
      Warsaw.
   r. Every crocodile is cruel. All crocodiles are
      cruel.
   s. Everything is ready.
   t. Do you (f., formal) live alone? -- No, I live
      with my friend.
   u. Is that the same goose? -- No, it's a differ-
      ent (use inny) one. (Don't translate "one").
   v. Are you raising that pig yourself?

X

Leci pies przez owies

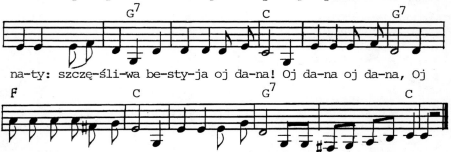

Le-ci pies przez o-wies o-go-nem wy-wi-ja: pe-wnie nie żo-
na-ty: szczę-śli-wa be-sty-ja oj da-na! Oj da-na oj da-na, Oj
da-na da-na oj da-na, Oj da-na oj da-na, Oj da da-na da-na u-cha!

1   Leci pies przez owies, ogonem wywija:
    Pewnie nie żonaty, szczęśliwa bestyja,
    Oj dana!

    Ref.:   Oj dana oj dana, oj dana dana oj dana,
            Oj dana oj dana, oj da dana dana ucha!

2   Leci pies przez owies, ogon ma spuszczony:
    Pewnie już żonaty albo narzeczony,
    Oj dana!

    Ref.

3   Leci pies przez owies, całkiem bez ogona:
    Pewnie mu odgryzła jego własna żona,
    Oj dana!

    Ref.

11

A.   Pani Jolanta Szymanowska

    Pani Jolanta Szymanowska jest ładną i inteligentną
dziewczyną z dobrą figurą i interesującą twarzą. Jest
zawsze dobrze ubrana. Pani Szymanowska jest sekretarką
w biurze w Warszawie. Jest dobrą stenotypistką i praco-
witą dziewczyną.
    Jola lubi muzykę popularną i filmy. Regularnie
chodzi do kina i chciałaby być gwiazdą filmową. Ma adapter i dużą kolekcję płyt gramofonowych z piosenkami.
Ma też w domu telewizor. Jola chciałaby podróżować.
Chciałaby zwiedzić Paryż i Hollywood.

dziewczyna *girl*
figura *figure*
interesujący *interesting*
twarz *(fem.) face*
sekretarka *secretary*
stenotypistka *stenographer*
pracowity *hard-working*
Jola *(short form of Jolanta)*
lub.ić *like*
muzyka *music*
popularny *popular*
film *film, movie*
regularny *regular*
chodz.ić *go (habitually)*
do kina *to the movies*

chciał(a)by *he (she) would like*
gwiazda *star*
filmowy *film- movie-*
adapter *record player*
kolekcja *collection*
płyta *record*; płyt gramofonowych *of phonograph records*
piosenka *song*
dom *house, home*; w domu *at home*
podróż.ow.ać *travel*
zwiedz.ić *visit*
Paryż *Paris*
telewizor *television set*

Interesująca twarz

B. Pytania

1. Czy pani Jolanta Szymanowska jest ważną osobą?
     Dlaczego?
2. Co ona robi i gdzie?
3. Jak pani Szymanowska wygląda?
4. Czy jest dobrą sekretarką?
5. Co lubi?
6. Gdzie regularnie chodzi?
7. Czym chciałaby być?
8. Co Jola ma w domu?
9. Czy lubi oglądać telewizję?
10. Czy chciałaby podróżować?
11. Jakie miasta chciałaby zwiedzić?
12. Czy pani Szymanowska jest marzycielką? Dlaczego?
13. Czy ona jest trochę naiwna? W czym?

czym *Inst. of* co *what*   telewizja *television*
wygląda.ć *look, appear*   naiwny *naive*
ogląda.ć *look at, watch,*   w czym *in what?*
     view

C. Gramatyka

1. THE ACCUSATIVE CASE
     The Accusative is the case of the *direct object*.
You may remember from school grammar that the direct
object is the noun in a sentence that "receives the
action" of the verb. For example, in the sentence
John loves Mary, it is **Mary** that "receives the action"
of the verb and which is, therefore, the direct object.
The word "Mary" would be in the Accusative case in the
Polish version of this sentence: **Jan kocha Marię.**
In Polish, the vast majority of verbs taking noun
complements in the predicate require that the noun
complement be in the Accusative case.
     In the singular, only feminine nouns ending in -a
and masculine animate nouns (nouns referring to animals
and persons) have special Accusative endings, different
from the Nominative:

103

Accusative Singular Endings

	Adjective	Noun
Feminine:	-ą	-ę
Masc. Anim.:	-ego	-a
All others:	like Nom.	like Nom.

EXAMPLES:

dobra kolekcja:	Mam dobrą kolekcję.
miły brat:	Mam miłego brata.
ładny pies:	Mam ładnego psa.
nowy dom:	Mam nowy dom.
duże mieszkanie:	Mam duże mieszkanie.

In the plural, only masculine personal nouns (nouns referring to male persons) have special Accusative endings, different from the Nominative:

Accusative Plural Endings

	Adjective	Noun
Masc. Persons:	-(y∿i)ch	-ów or -(y∿i)
All others:	like Nom. pl.	like Nom. pl.

Hard-stem masculine personal nouns take Accusative plural in -ów; soft stems (nouns with stems in ć, dź, ś, ź, ń, l, j, p′, b′, f′, w′, cz, ż, sz, rz) usually take -(y∿i), spelled y after cz, ż, sz, rz, otherwise i.

EXAMPLES OF ACCUSATIVE PLURALS:

Masculine persons:

dobry aktor:	Lubię dobrych aktorów.
dobry piosenkarz:	Lubię dobrych piosenkarzy

Others:

ładna aktorka:	Lubię ładne aktorki.
miły pies:	Lubię miłe psy.
stare miasto:	Lubię stare miasta.
stary dom:	Lubię stare domy.

NOTES ON THE ACCUSATIVE

a. Feminine nouns ending in a consonant (for example, **twarz**) take no ending in the Accusative; however, a modifying adjective will take the Accusative ending:

ładna twarz: Ona ma ładną twarz.

b. Masculine personal nouns ending in -a take feminine endings in the singular but masculine adjective agreement:

dobry kolega: Mam dobrego kolegę.

c. Adjectives that function as nouns take adjectival endings:

dobra znajoma: Mam dobrą znajomą.
dobry znajomy: Mam dobrego znajomego.
dobre znajome: Mam dobre znajome.
dobrzy znajomi:*   Mam dobrych znajomych.

d. The Accusative form of **ta** is **tę**, often colloquially pronounced "tą."

ta nowa piosenka: Lubię tę nową piosenkę.

e. Last names ending in -ski, -ska take adjectival endings:

pan Orłowski: Znam pana Orłowskiego.
pani Szymanowska: Znam panią Szymanowską.

Last names ending in a consonant take noun endings when referring to a man. When referring to a woman, such last names do not take endings:

pan Kowalczyk: Znam pana Kowalczyka.
pani Klimczak: Znam panią Klimczak.

f. The Accusative Case Forms of Personal Pronouns:

ja:	mnie	on:	go	pan:	pana
ty:	cię	ona:	ją	pani:	panią
my:	nas	ono:	je	panowie:	panów
wy:	was	oni:	ich	panie:	panie
kto:	kogo	one:	je	państwo:	państwa

When used as the direct object, the Accusative of the personal pronoun will typically be placed before the verb:

Ja cię kocham, ale ty mnie nie kochasz. *I love you, but you don't love me.*

---

* The Nominative plural of masculine personal nouns is described in Lesson XIX.

2. THE CONDITIONAL MOOD OF chcieć AND woleć

The verb chcieć *want* belongs to Conjugation III:

chcieć *want* :   chcę   chcemy

chcesz   chcecie

chce   chcą .

The conditional mood of the verb chcieć is often used in the meaning "I would like," "I would want." Its singular forms are as follows:

	masculine		feminine	
1.p.	chciałbym	*I would like*	chciałabym	*I would like*
2.p.	chciałbyś	*you would like*	chciałabyś	*you would like*
3.p.	chciałby	*he would like*	chciałaby	*she would like*

Chciałbym podróżować. *I'd like to travel.*
On chciałby być aktorem. *He'd like to be an actor.*
Co chciałabyś robić? *What would you like to do?*

The verb wol.eć *prefer* is a regular verb of Conjugation II:

woleć *prefer*:   wolę   wolimy

wolisz   wolicie

woli   wolą .

The conditional mood of woleć is formed similarly to the conditional of chcieć, and its forms are similarly useful:

1.p.	wolałbym	*I'd prefer*	wolałabym	
2.p.	wolałbyś	*you'd prefer*	wolałabyś	*you'd prefer*
3.p.	wolałby	*he'd prefer*	wolałaby	*she'd prefer* .

Co wolałbyś robić: oglądać telewizję czy robić zakupy? *What would you prefer to do: watch television or go shopping?*
Wolałbym być albo aktorem albo piosenkarzem. *I'd prefer to be either an actor or a singer.*

The conditional mood is discussed at greater length in Lesson XXVIII.

D. Ćwiczenia

1. Use adjectives of your choice:
   lampa: a. mam nową lampę
            b. mam nowe lampy.
tablica, sufit, krzesło, stół, zeszyt, płyta, mieszkanie.

2. seter: a. chcę kupić setera
            b. bardzo lubię setery.
pies, pudel, świnia, ptak, koń, krowa, ryba, gęś, łabędź, wąż.

3. record player: chcę kupić nowy adapter.
tape recorder, radio, phonograph record, car, television set.

4. Use adjectives of your choice:
   collection: a. jaką ona ma kolekcję?
                 b. interesującą.
apartment, house, imagination, face, character, personality (osobowość).

5. Use adjectives of your choice:
   kobieta: a. czy znasz tę ładną kobietę?
              b. czy znasz te ładne kobiety?
osoba, aktor, aktorka, mężczyzna, pani, pan, studentka, nauczyciel, piosenkarka, lektor.

6. siostra: a. czy znasz moją siostrę?
              b. tak, dobrze ją znam.
brat, matka, ojciec, przyjaciel, znajomy, kolega, znajoma, koleżanka, przyjaciółka, ciocia, wujek.

7. pan: a. czy znasz tego pana?
          b. nie, ale chciał(a)bym go poznać.*
człowiek, sekretarka, osoba, urzędnik, pani, aktor, stenotypistka, dyrektor, mężczyzna, kobieta.

---

* poznać *meet*

8. Jan: a. czy pamiętasz Jana?
              b. tak, dobrze go pamiętam.

Ewa, Maria, Janusz, Karol, Jola, Andrzej, Krysia, Marek.

9. pan: a. czy znasz tych panów?
              b. nie, ale chciał(a)bym ich poznać.

Use the vocabulary of Exercise 7.

10. ona, interesująca twarz: a. ona ma interesującą
                                 twarz
                              b. jej twarz jest in-
                                 teresująca.

on, ładne mieszkanie; pani, dobra wyobraźnia; oni,
duża kolekcja płyt; my, stary samochód; państwo, zepsuty adapter; wy, dziwna kolekcja; pan, piękny koń.

11. Use adjectives of your choice:

      actor: a. znam przystojnego aktora
              b. znam przystojnych aktorów
              c. znam ładną aktorkę
              d. znam ładne aktorki.

singer, clerk, school-teacher, lecturer, student,
boxer/dancer.

12. actor: a. on chciałby być aktorem
            b. on chciałby poznać tego aktora
            c. ona chciałaby być aktorką
            d. ona chciałaby poznać tę aktorkę.

Use the vocabulary of Exercise 11.

13. pani Jolanta Szymanowska: dobrze pamiętam panią
                                 Jolantę Szymanowską.

pan Józef Kowalczyk, pan Wiktor Orłowski, pani Ewa
Kwiatkowska, pan Karol Karłowicz, pani Marta Klimczak.

14. ona, my: a. ona nas pamięta
              b. my ją pamiętamy.

ona, on; my, one; oni, wy; pan, ona; pani, my;
ty, ja; one, państwo.

15. ja, kot, pies: wolał(a)bym mieć kota niż psa.

on, koń, krowa; ona, pies, samochód; ty, dom, mieszkanie; ja, krokodyl, wąż.

16. my: Oglądamy telewizję, ale nie wiemy, dla-
           czego.
ja, wy, one, ty, my, on.

17. wy: Nie pamiętacie, gdzie macie te zeszyty.
my, ona, ja, one, ty, pan.

18. wy: Często podróżujecie, ale nie lubicie
           podróżować.
ty, on, my, ja, ona, oni, państwo.

19. ja, ty: Nie rozumiem, dlaczego mnie lubisz.
ty, on; ona, my; my, wy; wy, oni; one, ja.

20. ja: Nie wiem, dlaczego tu jestem.
my, ty, pan, oni, on, wy, państwo.

21. Compose sentences, using each of the following
verbs in a separate sentence. Use as many different
pronouns as subjects of the verbs as you can.

a.	chcieć	i.	ciesz.yć się
b.	mieć	j.	mów.ić
c.	być	k.	interes.ow.ać się
d.	rozumieć	l.	podróż.ow.ać
e.	wiedzieć	m.	mieszka.ć
f.	lub.ić	n.	chodz.ić
g.	zna.ć	o.	iść
h.	pyta.ć	p.	ogląda.ć

22. Identify grammatically and explain the case form
of the underlined words, taken from the text. Follow
the example:

       Pani Szymanowska jest ładną dziewczyną.
          dziewczyną: Inst. of pred. noun.
          ładną: Inst., agrees with dziewczyną.

a. ... z dobrą figurą
b. Jest zawsze dobrze ubrana.
c. Lubi muzykę popularną i filmy.
d. Chciałaby być gwiazdą filmową.
e. Ma dobrą kolekcję płyt z piosenkami.
f. Chciałaby zwiedzić Paryż.

23. travel: chciał(a)bym podróżować.

work, visit Warsaw, watch television, go (iść) to the movies.

24. Translate:

a. What kind of music does he like? -- Popular.
b. He would like to be a manager, but unfortunately he doesn't like to work.
c. He has a new secretary, but she is not particularly hard-working.
d. She would like to visit Warsaw and Krakow.
e. Miss Szymanowska likes films and goes regularly to the movies.
f. Although she is only a secretary, she is always very well dressed.
g. Would you like to have a new television set. -- Yes, but I would prefer a new car.
h. I like German Shepherds. I'd like to have a German Shepherd.
i. I'd prefer to have a Great Dane than a poodle.
j. Do you like (use podobają się) English actresses.
k. Yes, but I prefer Polish actors.
l. Do you know that man? -- No, but I'd like to meet him?
m. I don't understand why you like me. -- Neither do I.
n. Here is my most difficult song.

Fish Central

12

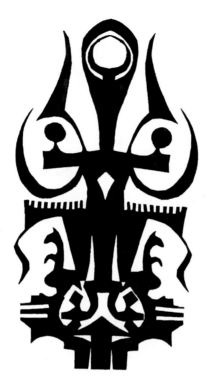

A.   Trzeba się śpieszyć!

--   Przepraszam<pana/panią>-- która godzina? *Excuse me,
    sir/madam -- what time (is it)?*

--   Za pięć minut trzecia. *In five minutes, three
    (o'clock).*

--   Ojej! Muszę być w domu o trzeciej! *Oh dear! I
    have to be at home at three.*

           powinien pan
--   No to<powinna pani> się śpieszyć! *Well then you
        trzeba   ought to hurry!*

B.   O której?

--   O której się spotykamy? *(At) what time are we
    meeting?*

--   To zależy. O której film się zaczyna? *That de-
    pends. (At) what time does the film begin?*

--   <Pierwszy/Ostatni>seans jest o wpół do dziewiątej. *The first/
            last show is at 8:30.*

Która godzina?

Castle Square in Warsaw.

-- No to spotkamy się przed kinem kwadrans po ósmej.
Well then we'll meet at 8:15 in front of the movie theater.

C.   W kinie

-- Czy są jeszcze bilety na < Rzekę bez powrotu? / Gwiezdne wojny? *Are there still tickets to "River of No Return"/"Star Wars"?*

-- Na którą? *For what time?*

-- Na ósmą trzydzieści. *For eight-thirty.*

-- Są. *There are.*

-- To proszę dwa bilety na ósmą trzydzieści. *Then I'd like two tickets for eight-thirty.*

D.   Gdzie byłeś?

-- Gdzie < byłeś / byłaś > wczoraj? *Where were you yesterday?*

-- Jak to, gdzie < byłem? / byłam? > *What do you mean where was I?*

-- < Czekałem / Czekałam > na ciebie całą godzinę przed kasą do kina.

   < Kupiłem / Kupiłam > nawet dwa bilety. *I waited for you an entire hour in front of the ticket counter to the movies. I even bought two tickets.*

-- Ale ja < myślałem, / myślałam, > że ten film miał być dzisiaj. *But I thought that film was supposed to be today.*

-- < Pomyliłeś / Pomyliłaś > się. *You were wrong.*

-- Bardzo przepraszam. *I'm very sorry.*

E. Uwagi

Rzeka bez powrotu *River of No Return*, Gwiezdne wojny *Star Wars:* note that Polish capitalizes only the first letter of the first word of titles.

ten film miał być dzisiaj *that film was supposed to be today.* The word mieć *have* is often used in the sense of English "have to," "supposed to".

całą godzinę *for an entire hour:* the Accusative of extent of time.

113

F. Zapamiętaj!

CARDINAL AND ORDINAL NUMERALS 1-12

1	jeden jedna jedno		1st	pierwszy
2	dwa *(m. & n.)* dwie *(f.)*		2nd	drugi
3	trzy		3rd	trzeci -cia -cie
4	cztery		4th	czwarty
5	pięć		5th	piąty
6	sześć		6th	szósty
7	siedem		7th	siódmy
8	osiem		8th	ósmy
9	dziewięć		9th	dziewiąty
10	dziesięć		10th	dziesiąty
11	jedenaście		11th	jedenasty
12	dwanaście		12th	dwunasty

NOTES ON THE NUMBERS 1, 2, 3, 4

a. The number jeden jedna jedno *1* takes regular adjectival endings: Mam jedną siostrę. *I have one sister*

b. The numbers dwa/dwie, trzy, cztery take the Nominative plural of the quantified noun: dwa stoły *2 tables,* dwie ściany *2 walls.* Numbers 5 and above take the Genitive plural (Lesson XV).

EXPRESSIONS FOR TELLING TIME

a. Która (jest) godzina? *What time is it? (literally, "What is the hour?")*

b. Jest (godzina) pierwsza (druga, trzecia, *etc.)* *It is one (two, three, etc.) o'clock.*

c. o pierwszej, o drugiej, o trzeciej, *etc. at one, two, three, etc. o'clock* (o + Locative)

d. po pierwszej, po drugiej, po trzeciej, *etc. after one, two, three etc. o'clock* (po + Locative)

e. przed pierwszą, przed drugą, przed trzecią, *etc. before one, two, three, etc. o'clock* (przed + Instr.)

f. na pierwszą, na drugą, na trzecią, *etc. for one, two, three etc. o'clock* (na + Accusative)

g. za pięć pierwsza, za dziesięć pierwsza, za kwadrans pierwsza, *etc. five, till one, ten till one, quarter till one, etc.*

h. wpół do pierwszej, wpół do drugiej, wpół do trzeciej, *etc. 12:30, 1:30, 2:30, etc.* (wpół do + Gen.) .

HOUR, MINUTE, SECOND

godzina *hour*
  za godzinę *in an hour*

minuta *minute*
  za minutę *in a minute*

sekunda *second*
  za sekundę *in a second*

kwadrans *quarter hour*
  za kwadrans *in a quarter hour*

EXPRESSIONS OF OBLIGATION, NECESSITY, INTENT

musi.eć *must, have to*

muszę	musimy
musisz	musicie
musi	muszą

will, to be going to

będę	będziemy
będziesz	będziecie
będzie	będą

powinienem *I ought (masc.)*	powinnam *I ought (fem.)*
powinieneś *you ought (m.)*	powinnaś *you ought (fem.)*
powinien *he ought*	powinna *she ought*

trzeba *it is necessary, one must, one ought, one should*

NOTES

a. All the above words can combine with the infinitive form of the verb:

  Muszę się śpieszyć *I must hurry.*
  Będę się śpieszyć *I am going to hurry.*
  Powinnam się śpieszyć *I ought to hurry.*
  Trzeba się śpieszyć *One must hurry.*

b. The forms of będę do not combine with all infinitives, but they do combine with most infinitives met thus far. Specifically, the forms of będę do not combine with "Perfective" verbs (Lessons XIV and XXIV).

THE QUESTION WORD który AS OPPOSED TO jaki.

As a question word, który -a -e means "which (specific) one, which one out of a limited range of choices." The question word jaki -a -ie means "what (sort of, kind of)?":

  Który telewizor będzie dobry? *"Which one of these television sets here would be good?"*
  Jaki telewizor będzie dobry? *"What sort of television set would be good?"*

In general, in colloquial speech, jaki is used more frequently than który.

XII

THE PAST TENSE OF VERBS (PREVIEW)

For verbs whose infinitive ends in a vowel plus the infinitive ending -ć, the past tense is formed by replacing -ć with -ł- and adding the past endings. The singular past-tense endings are as follows:

	masculine	feminine	neuter
1st pers.	-em	-am	
2nd pers.	-eś	-aś	
3rd pers.	-ø	-a	-o .

The verb pytać *ask* may serve as an example:

(ja) pytałem (pytałam) *I asked, was asking*

(ty) pytałeś (pytałaś) *you (sg.) asked, were asking*

(on) pytał, (ona) pytała, (ono) pytało *he, she, it asked, was asking.*

If the infinitive ends in -eć, the -e- will be replaced by -a- in the singular; for example, the past tense sg. forms of mieć *have* are:

(ja) miałem (miałam) *I had*

(ty) miałeś (miałaś) *you (sg.) had*

(on) miał, (ona) miała, (ono) miało *he, she, it had.*

The formation of the past tense is covered more fully in Lesson XVIII.

THE FUTURE TENSE OF VERBS (PREVIEW)

The future tense of most verbs met thus far (Imperfective verbs) is formed by combining będę *I will, am going* with either the infinitive of the verb or, more frequently, with the 3rd pers. past form of the verb, in agreement with the subject:

(ja) będę pytać (pytał, pytała) *I am going to ask*

(ty) będziesz pytać (pytał, pytała) *you are going to ask*

(on) będzie pytać (pytał), (ona) będzie pytać (pytała), ono będzie pytać (pytało) *he, she, it is going to ask.*

The future tense of verbs is covered more fully in Lessons XIV and XXIV.

G. Ćwiczenia

1.   1:   a. jeden
               b. pierwszy.

2, 5, 4, 7, 6, 8, 9, 11, 12, 10, 3.

2.   1+3:   jeden i trzy jest cztery.

2+3, 4+5, 6+1, 8+3, 7+5, 6+5, 9+1, 3+7, 11+1,
10+2.

3. dog: a. tu jest jeden pies
              b. tu są dwa psy.

cat, bird, fish, horse, eagle, elephant, lion, poodle,
cow, animal, German shepherd, snake, goose, chicken,
duck.

4. 10:   jest godzina dziesiąta.

6, 4, 3, 1, 7, 11, 9, 8, 12, 5, 2.

              a. będę w domu przed dziesiątą
5. 10:   b. muszę być w domu o dziesiątej.

2, 5, 12, 8, 9, 11, 7, 1, 3, 4, 6.

6.   7:   a. jest kwadrans po siódmej
              b. jest za kwadrans siódma.

6, 8, 9, 10, 11, 4, 3, 2, 5, 1

7. 5, 7:   a. jest pięć po siódmej
              b. jest za pięć siódma.

7, 5;   12, 8;   8, 10;   6, 11;   9, 11;   10, 9;   8, 6;
11, 4;   5, 3.

8. ja, 2:   a. muszę być w domu o drugiej
               b. będę w domu po drugiej.

my, 8;   pani, 3;   państwo, 6;   ty, 11;   on, 4;   one, 10;
ja, 1;   wy, 9;   pan, 2;   oni, 7;   ona, 5.

9. ja, Warszawa, 8: a. był.em/am w Warszawie przed ósmą
                     b. muszę być w Warszawie o ósmej
                     c. będę w Warszawie po ósmej.

my, Kraków, 3;   ty, szkoła, 12;   państwo, dom, 4;   wy,
biuro, 9;   ona, uniwersytet, 6;   pan, gabinet, 11.

XII

10. 6:07:   już jest siedem po szóstej.

5:45,   2:54,   7:12,   10:15,   11:10,   12:50,   3:55,
2:08,   1:11,   4:52,   9:06,   8:48.

11. ty: powinieneś (powinnaś) się śpieszyć.

pan, ja, pani, on, ty, ona.

12. worry: nie powinieneś (powinnaś) się martwić.*

be bored, be surprised, be glad, be afraid, be embarrassed.

13. work better: trzeba lepiej pracować.

speak more slowly,   understand more, ask less,   work more
quickly,   write more slowly,   read more,   travel less,
remember more,   sing faster.

14. 5th car: a.   który to jest samochód?
               b.   to jest już piąty samochód.

6th television set;   9th apartment;   4th secretary;
2nd office;   11th hotel;   8th fiancee,   9th table;
3rd wife;   12th husband;   7th school;   10th goose.

15. minute: a.   będę woln.y/a za minutę
              b.   będę woln.y/a za dwie minuty.

hour, second.

16. want: teraz nie chcę, ale jutro będę chcieć/
            chciał/chciała.

watch, know, work, speak, love, remember, understand,
ask, hurry.

17. ty, dziwić się: jeśli teraz się nie dziwisz,
                      będziesz się dziwić/dziwił/
                      dziwiła potem.**

pan, cieszyć się;   on, martwić się;   pani, bać się;
ona, wstydzić się,   ja, nudzić się.

18. 4, gabinet: tu są cztery gabinety.

3, gęś;   1, ściana;   2, kot;   4, muzeum;   2, zwierzę;
1, ołówek;   2, zeszyt;   4, wąż;   3, bilet.

---

* The infinitives of these verbs end in either -ić or
-yć, except for bać się *be afraid*.
** potem *later*.   118

18. lekcja, 12:30: lekcja się zaczyna wpół do pierwszej.

film, 3:30; przedstawienie, 5:30; zajęcia *(pl.)*,
7:30; koncert, 9:30.

19. If necessary, check the infinitive form of the
following verbs in the glossary.

pytasz: a. będziesz pytał (pytała)
          b. pytałeś (pytałaś)

robię, masz, śpieszy się, pracuję, umiesz, widzę, wie,
słyszy, pamiętasz, cieszę się, jesteś, chce, boisz się.

20. Translate:
a. Excuse me, do you (m. formal) know where the
   Hotel Victoria is? No, I don't.
b. We have to hurry; it's already 10 till 4.
c. It's a quarter to three; we have to be at home
   at three thirty.
d. In an hour it will be 8 o'clock. In two hours
   it will be nine.
e. You ought to speak Polish more slowly with that
   man. He doesn't understand Polish very well.
f. I am going to watch television tonight. There
   (don't translate there) is going to be a very
   interesting English film at 11:00.
g. I have to be at the university in four minutes.
   Well then, you'd better hurry.
h. He has to be at the office at 8:00 in the morning. That's nothing. I have to be at the
   office at 7:00.
i. In order (żeby) to watch television regularly,
   it's necessary to have a television set that
   (use który) works.
j. I will be free in two minutes; now I am working.
k. After 7:00 I will be too busy to watch that film.
l. We should ask that man what time it is.
m. Here are three fish, two snakes, two pigs, and
   one very sick cow.
n. How do you like my four new cats? I like them,
   but why do they look so unhappy?
o. If you are going to work, I am going to go to
   the movies with my friend.
p. I waited for you an entire hour in front of the
   museum. In front of what museum?
q. The concert is already beginning.
r. I asked the professor when the lesson begins,
   but he didn't know. -- I'm not surprised.
s. I was very surprised.
t. Where are you going to live in Warsaw?

XII

Jak szybko mijają chwile

Jak szy-bko mi-ja-ją chwi-le, jak szy-bko pły-nie czas;

za rok, za dzień, za chwi-lę   ra-zem nie bę-dzie nas.

1   Jak szybko mijają chwile
    Jak szybko płynie czas
    Za rok, za dzień, za chwilę
    Razem nie będzie nas. /2x/

2   I nasze młode lata
    Popłyną szybko w dal,
    A w sercu pozostanie
    Tęsknota, smutek, żal. /2x/

13

A.   Chyba tak

-- Czy$<^{\text{ma pan/i}}_{\text{masz}}>$rodzeństwo? *Do you have any brothers or sisters?*

-- Mam młodszego brata i starszą siostrę. *I have an older brother and a younger sister.*

-- Jak mają na imię? *What are their (first) names?*

-- Brat ma na imię Jan, a siostra Karolina. *My brother's name is Jan and my sister's Karolina.*

-- Co oni robią? *What do they do?*

-- Brat jeszcze studiuje, a siostra już pracuje. *My brother is still studying, but my sister is already working.*

-- Czy (ona) ma dobrą pracę? *Does she have a good job?*

-- Chyba tak. Jest dziennikarką. *I suppose so. She is a journalist.*

Lody

Ice-cream

B. Bardzo źle wyglądasz

-- Co ty dzisiaj tak źle wyglądasz? *Why do you look so bad today?*

-- Jestem chory. Bardzo źle się czuję. *I'm sick. I feel very bad.*

-- (Czy) masz temperaturę? *Do you have a temperature?*

-- Nie wiem, chyba mam. *I don't know. Probably I have.*

-- (Czy) bierzesz jakieś lekarstwa? *Are you taking any medicines?*

-- Biorę tylko aspirynę. *I'm only taking aspirin.*

C. Chcę kupić psa

-- Chcę kupić < psa. / samochód. *I want to buy a dog/car.*

-- Jakiego psa / Jaki samochód > chcesz kupić? *What kind of dog/car do you want to buy?*

-- Nie wiem, chyba kupię sobie < dużego setera. / małego fiata. *I don't know, I'll probably buy myself a large setter/ a small fiat.*

D. Już nie mam ochoty

-- Czy znasz < tego mężczyznę? / tę kobietę? *Do you know that man/ that woman?*

-- Nie, ale chciał(a)bym < go / ją > poznać. *No, but I'd like to meet him/her.*

-- Zaraz cię przedstawię. *I'll introduce you right away.*

-- Dziękuję, już nie mam ochoty. *Thanks (just the same), I don't feel like it any more.*

XIII

E. Uwagi

rodzeństwo: a collective noun meaning "brothers and sisters".

chcę kupić fiata: note that automobile brand names take the animate Accusative ending.

nie mam ochoty: literally, "I don't have the desire."

F. Zapamiętaj!

rodzina *family*
żona *wife*
mąż męż- pl. mężowie
  husband
syn pl. synowie *son*
córka *daughter*
dziecko pl. dzieci I pl.
  dziećmi *child*
brat pl. bracia A pl.
  braci I pl. braćmi
  brother
dziewczyna *girl*
chłopiec pl. chłopcy
  A pl. chłopców *boy*
dziadek pl. dziadkowie
  grandfather
babcia *grandmother*
rodzice *(masc. pers. pl.)*

dziennikarz *(fem.* dzien-
  nikarka*)journalist*

brać *take*

biorę	bierzemy
bierzesz	bierzecie
bierze	biorą

chory *sick*
zdrowy *well, healthy*

czysty *clean*
brudny *dirty*

trudny *difficult*
łatwy *easy*

słaby *weak*
silny *strong*

bogaty *rich*
biedny *poor*

grzeczny *polite*
niegrzeczny *impolite*

łagodny *mild, easy-going*
uparty *stubborn*

okropny *terrible*
wspaniały *wonderful*

dobrze wychowany *well
  brought-up*
zepsuty *spoiled*

czu.ć się *feel*

czuję się	czujemy się
czujesz się	czujecie się
czuje się	czują się.

Note: czu.ć się *feel* may take either adverbial or adjectival complements, often depending on idiomatic usage:

  Dobrze się czuję. *I feel well (adverb).*
  Czuję się chora. *I feel sick (adjective).*

MASCULINE PERSONAL FORMS OF POSSESSIVE PRONOUNS

mój:	moi	moi synowie *my sons*
twój:	twoi	twoi chłopcy *your boys*
wasz:	wasi	wasi mężowie *your husbands*
nasz:	nasi	nasi rodzice *our parents*
czyj:	czyi	czyi bracia *whose brothers.*

124

THE FORMATION OF ADVERBS FROM ADJECTIVES (SUMMARY)

Adverbs are formed from adjectives with the endings
-o or -'e:

1. The ending -o occurs with

a. Soft-stem adjectives (soft consonants include
p', b', f', w', m', ć, dź, ś, ź, ń, l, j, cz, ż, sz,
rz, dz, c):

duży *big, large*   dużo *largely, a lot*
głupi (stem głup'-) *stupid*   głupio *stupidly*
tani (stem tań-) *cheap*   tanio *cheaply*

b. Velar-stem adjectives (stems in k, g, ch):

drogi *expensive*   drogo *expensively*
krótki *short*   krótko *shortly*
suchy *dry*   sucho *drily.*

c. Adjectives with stems in p, b, s, d and most
adjectives with stems ending in a single consonant
other than ł:

młody *young*   młodo *young-like*
słaby *weak*   słabo *weakly*
bogaty *rich*   bogato *richly*
zdrowy *healthy*   zdrowo *healthily.*

2. The ending -'e occurs with most other adjectival
stem-types. Before the ending -'e, consonants soften;
most frequently, ł goes to l, r goes to rz, and n goes
to ń:

miły *kind, nice*   mile *nicely, kindly*
zły *bad*   źle *badly*
dobry *good*   dobrze *well*
ładny *pretty*   ładnie *prettily.*

A number of adjectives exceptionally form adverbs in
-o, for example:

czysty *clean*   czysto *cleanly*
trudny *difficult*   trudno *"difficultly"*
ciemny *dark*   ciemno *darkly*

It should be noted that the Polish adverbial form
serves as an adverb of time, place, or manner (the
English adverb in -ly is primarily an adverb of manner);
hence wysoko, from wysoki *high*, means either "highly"
or "up high".

Bardzo źle się czuję.

G. Ćwiczenia

Note: Exercises 1-16 review past grammatical material, in particular, the Accusative case.

1. brother: a. czy masz brata?
               b. mam jednego brata.
sister, son, daughter, child, girl(friend)*, boy(friend)*.

2. Use adjectives of your choice:
   horse: a. czy on ma konia?
               b. ma bardzo inteligentnego konia.
dog, cat, bird, fish, snake, cow, goose, eagle, pig, sheep.

3. pen: a. czy masz moje pióro?
               b. nie, mam własne. **
table, chair, notebook, pencil, television set, car, record player, phonograph record.

4. pan, żona: a. pan ma miłą żonę
               b. pana żona jest miła.
pani, mąż; ona, przyjaciel; państwo, znajoma; wy, znajomy; on, kolega; oni, syn; pan, córka; my, dziecko.

5. Use adjective opposites of your choice:
   pig: a. masz bardzo brudną świnię
               b. twoja świnia nie jest zbyt czysta.
poodle, swan, lion, chicken, German shepherd, mutt, duck.

6. Repeat Exercise 5 using the plural.

7. rich family: on ma biedną rodzinę.

---

* The words chłopiec and dziewczyna may be used in the meanings "boyfriend," "girlfriend."

** własny *own*.

strong grandfather; well brought-up wife; polite
child; spoiled daughter; sick grandmother; poor
fiancee; energetic son; beautiful colleague (f.).

8. wife: a. czy pan/i zna moją żonę?
          b. nie, ale chciał(a)bym ją poznać.

son, husband, daughter, colleague (m.), brother, sister, grandfather, grandmother, aunt, uncle, girl(friend),
boy(friend).

9. actor: a. on chciałby być aktorem
          b. on chciałby poznać tego aktora
          c. ona chciałaby być aktorką
          d. ona chciałaby poznać tę aktorkę.

journalist, clerk, singer, boxer/dancer.

10. actor: a. chciał(a)bym poznać tych aktorów
           b. chciał(a)bym poznać te aktorki.

Use the vocabulary of Exercise 9.

11. fish: a. chcę kupić tę rybę.
          b. gdzie idziesz z tą rybą?

snake, peacock, crocodile, Great Dane, bird, pig.

12. fish: a. chcemy kupić te ryby
          b. gdzie idziecie z tymi rybami?

Use the vocabulary of Exercise 11.

13. actress, daughter: a. ta słynna aktorka to
                          moja córka
                       b. moja córką jest słynną
                          aktorką.

journalist, son; singer, husband; journalist, sister;
singer, aunt; actor, brother.

14. son, father: a. syn kocha ojca
                 b. ojciec kocha syna.

mother, daughter; boy, girl; husband, wife; brother,
sister; man, woman; Jan, Janina; Karol, Karolina.

15. ja, on: a. ja go kocham *
                    b. on mnie kocha.

my, oni; ty, ona; ona, ja; my, wy; ja, ty; wy, one.

16. read, work, do, take, watch, travel, love, have,
want, understand, write, hear, see, like, be glad.

Use each of the above verbs in the model with
each of the prompt pronouns:

    on: a. on czyta
                 b. on czytał
                 c. on będzie czytać/czytał.

ona, ty, pani, pan, ja.

17. our parents: gdzie są nasi rodzice?

your (pl.) husbands; my sons; your (sg.) boys; our
grandfathers; my brothers.

18. our boys: czy to są nasi chłopcy?

my brothers; their husbands; our sons; your (pl.)
parents; his daughters; her acquaintances (f.).

19. daughter/son: a. czy to są wasze córki?
                    b. czy to są wasi synowie?

grandmother/grandfather; sister/brother; wife/husband.

20. chłopiec: a. kto to jest ten chłopiec?
                     b. kto to są ci chłopcy?

pan, pani, osoba, dziewczyna.

21. If necessary, check the glossary for the correct
     adverbial form:

     dobry: dobrze.

zły, młody, stary, bogaty, biedny, chory, zdrowy,
czysty, szczęśliwy, szybki, głupi, mądry, ładny.

22. 7:15:   spotykamy się kwadrans po siódmej.

8:30, 4:45, 11:05, 3:55, 6:10, 1:50, 12:30, 5:00.

---

* kocha.ć *love*.

23. Translate:

a. Whose spoiled child is that?
b. Your (fem. formal) daughter is very well brought up.
c. Why are you taking aspirin?
d. I'm sick. I feel very bad.
e. Do you (informal) know my son? -- No, but I'd like to meet him.
f. She would like to be an actress; I would just (po prostu) like to meet an actress.
g. My son is a boring person but an interesting actor.
h. I have one dog, two horses, one television set, three pigs, one car, and two daughters.
i. Your family must be very rich (bogaty).
j. My brother is still studying, but my sisters are already working.
k. Are those your (informal) your brothers? No, those are my sons.
l. Who are those boys?
m. That well-dressed man is my father (2 ways).
n. You ought to buy a dog. A dog is a good friend.
o. I already have a good friend.
p. What do his parents do? I don't know. We should ask him.
q. Whose parents are those?
r. You look very good today.
s. Do you have any brothers-and-sisters?
t. I have a younger brother and an older sister.
u. We are meeting in front of the movies at a quarter till six.
v. The last show begins at 10:30.
w. At what time do you have to be at home? -- At 2:45.
x. Are there any tickets for the first show?
y. I thought that concert was supposed to be tomorrow. -- You were wrong.
z. I waited for you an entire hour in front of the movie-house.
α. Where were you yesterday afternoon?
β. What do you mean where was I? I was at home.
γ. What kind of television set would be (będzie) g(
δ. That depends.
ε. You ought to work more.

14

A.   Co robisz?

-- Co robisz? *What are you doing?*

-- Czytam gazetę i czekam. *I'm reading the paper and waiting.*

-- Na kogo czekasz? *Who are you waiting for?*

-- Czekam na <Marię / Jana> -- (czy) znasz <ją? / go?> *I'm waiting for Maria/Jan -- do you know her/him?*

-- Oczywiście, to <moja dobra znajoma. / mój dobry znajomy.> *Of course, that's my good acquaintance.*

B.   Niespecjalnie

-- Prenumerujesz jakieś <gazety? / czasopisma?> *Do you subscribe to any magazines/newspapers?*

-- Nie, jestem zbyt zajęt.y/a, żeby czytać <gazety. / czasopisma.> *No, I'm too busy to read magazines/newspapers.*

Co możesz mi polecić do czytania?

Outdoor book stall.

-- Nie<interesuje cię, <br> jesteś ciekaw.y/a, >co się dzieje na świecie?
 Doesn't it interest you/aren't you curious what's going on in the world?

-- Niespecjalnie. *Not especially.*

-- A więc jesteś nawet nudniejszy, niż myślał.em/am.
 Well then you're even more boring than I thought.

C.   Co polecasz?

-- Co możesz mi polecić do czytania? *What can you recommend (to) me to read?*

-- Tu są dwie książki, które warto przeczytać. *Here are two books which are worth reading.*

-- Która twoim zdaniem jest bardziej interesująca? *Which in your opinion is the more interesting?*

-- Obydwie są jednakowo ciekawe, ale ta cieńsza może będzie dla ciebie ciekawsza. *Both are equally interesting, but this thin one maybe will be more interesting for you.*

D. Uwagi

świat *world*, na świecie *on (in) the world (Locative)*

interes.ow.ać *to interest (Transitive)*

twoim zdaniem *in your opinion*; moim zdaniem *in my opinion*.

E. Zapamiętaj!

gazeta *newspaper*	poczta *mail; post-office*
czasopismo *magazine*	kart|ka pocztowa *postcard*
tekst *text*	pocztów|ka (= kartka pocz-
podręcznik -a *textbook*	towa)
powieść f. *novel* .	wiadomości *pl. news*
list *letter*	obydwa obydwie *(like* dwa
broszur|ka *brochure*	dwie) *both*
ogłoszenie *advertisement*	warto *(+ Infinitive) it is*
książ|ka *book*	*worthwhile*
czeka.ć na + Acc. *wait for*	rozmawia.ć z + I *converse with*

XIV

THE RELATIVE PRONOUNS jaki AND który

jaki as a question word means "what (kind of)":

  Jaka książka będzie dobra? *What (sort of) book*
  would be good?

  As a relative pronoun, jaki usually translates English
  "that":

  To jest najciekawsza książka, jaką mam. *That's the*
  most interesting book that I have.

który as a question word means "which (of several)":

  Która książka będzie dobra? *Which book would be*
  good?

  As a relative pronoun, który usually translates English "which, who(m)":

  Gdzie jest ta książka, którą czytam? *Where is that*
  book which I was reading?
  Kto to jest ta osoba, z którą rozmawiałeś? *Who is*
  that person with whom you were talking?

THE REFLEXIVE POSSESSIVE PRONOUN swój swoja swoje

  The reflexive pronoun swój swoja swoje usually
translates "his, her, its, their" when reference is to
the subject of the sentence:

  On czeka na swoją koleżankę. *He is waiting for his*
  colleague (f.).
  Gdzie ona idzie ze swoim synem? *Where is she going*
  with her son?

The use of jego *his* and jej *her* in the above sentences
would be incorrect unless reference were to a person
other than that appearing in subject position.

  The pronoun swój swoja swoje may also translate
"my, your, our" when reference is to the subject of
the sentence, but it is not incorrect to use mój, twój,
wasz, nasz instead:

  Czekam na swoją *(or* moją*)* matkę. *I'm waiting for*
  my mother.
  Czytam swój *(or* mój*)* artykuł. *I'm reading my*
  article.
  Bawimy się ze swoimi *(or* naszymi*)* psami. *We're*
  playing with our dogs.

  In order to emphasize the notion of "one's own,"
the adjective własny *own* may be used, either with or
without swój swoja swoje:

134

Mam *(swoją)* własną gazetę. *I have my own*
  newpaper.
On ma *(swój)* własny samochód. *He has his own*
  automobile.

VERBAL ASPECT (PREVIEW)

Most Polish verbs have two forms, an Imperfective
form and a Perfective form. Most verbs met thus far
have been Imperfective. Imperfective verbs usually
refer to on-going or habitual action in present, past,
or future time: czytam *I am reading, I (often) read.*

Perfective verbs are used to refer to accomplish-
ments in either past or future time. The present-tense
form of a Perfective verb has future meaning:

Przeczytam tę książkę. *I'll read that book.*
Zapytam profesora. *I'll ask the professor.*
Polecę ci książkę. *I'll recommend you a book.*

Following are some Imperfective-Perfective verb pairs
for use in the exercises to this lesson. The subject
of verbal aspect is discussed in greater detail in
Lesson XXIV.

Imperfective	Perfective
czyta.ć *read*	przeczyta.ć
pis.ać *write*	napis.ać
śpiewa.ć *sing*	zaśpiewa.ć
pyta.ć *ask*	zapyta.ć
rob.ić *do, make*	zrob.ić
kup.ić *buy*	kup.ow.ać
zwiedza.ć *visit*	zwiedz.ić
poleca.ć *recommend*	polec.ić
mów.ić *say*	powiedzieć *(-wiem -wiedzą)*

COMPOUND SUBJECTS OF THE TYPE Jan z bratem, my z Marią

The two terms of a compound subject will often be con-
nected with z *with* + Inst. instead of by i *and.* The
verb may be either singular or plural, usually depending on its position:

Idzie Jan z bratem. *Here*   Jan z bratem idą do kina.
comes Jan and his brother.   *Jan and his brother are going*
                                 to the movies.
When one of the members of the compound is ja *I,* ja
may be replaced by my:

Ja z Marią idziemy do kina.
My z Marią idziemy do kina. *Maria and I are going to the*
                             movies.

THE COMPARISON OF ADJECTIVES (SUMMARY)

a. Adjectives with stems ending in consonant plus n, ł, r, or w form comparatives in -niejszy, -lejszy, -rzejszy, -wiejszy, respectively. Superlatives add naj-:

trudny *difficult* trudniejszy *more* najtrudniejszy *most*
                    difficult   *difficult*
łatwy *easy*   łatwiejszy *easi-*   najłatwiejszy *eas-*
                    er   *iest.*

b. Most basic adjectives (adjectives not derived from nouns or verbs) form comparatives in -szy, to which the superlative adds naj-:

młody *young*   młodszy *younger*   najmłodszy *young-*
                                         est
ciekawy *curious*   ciekawszy *more*   najciekawszy *most*
                    curious   *curious.*

Before -szy, adjectival suffixes -ki, -eki, and -oki will drop; ł will go to l, n to ń, g to ż, and s to ż:

miły *nice*   milszy *nicer*   najmilszy *nicest*

drogi *expensive*   droższy *more ex-*   najdroższy *most*
                    pensive   *expensive*
cienki *thin*   cieńszy *thinner*   najcieńszy *thin-*
                                         est
krótki *short*   krótszy *shorter*   najkrótszy *short-*
                                         est
daleki *far*   dalszy *farther*   najdalszy *farthest*

wysoki *tall*   wyższy *taller*   najwyższy *tallest.*

c. Adjectives derived from nouns and verbs, as well as a few basic adjectives, form comparatives with bardziej *more*, najbardziej *most*:

wymagający   bardziej wymaga-   najbardziej wymaga-
  demanding   jący *more dem.*   jący *most dem.*
słony *salty*   bardziej słony   najbardziej słony
                      saltier   *saltiest*
chory *sick*   bardziej chory   najbardziej chory
                      sicker   *sickest.*

d. Irregular:

dobry *good*   lepszy *better*   najlepszy *best*
zły *bad*   gorszy *worse*   najgorszy *worst*
wielki *great*   większy *greater*   największy *greatest*
duży *big*   " "   *bigger*   " "   *biggest*
mały *small*   mniejszy *smaller* najmniejszy *smallest*
gorący *hot*   gorętszy *hotter*   najgorętszy *hottest.*

D. Ćwiczenia

  1. gazeta: a. czytam interesującą gazetę
                 b. czytam interesujące gazety.

tekst, książka, list, powieść, podręcznik, ogłoszenie, artykuł, broszurka, czasopismo.

  2. ty, list: a. piszesz list
                b. piszesz listy.

my, książka; on, powieść; ja, artykuł; wy, broszurka; ona, ogłoszenie.

  3. my: oglądamy telewizję i czekamy na pocztę.

wy, ja, ty, oni, ona.

  4. ja, matka: czekam na swoją matkę.

on, brat; ona, ojciec; ty, siostra; my, syn; pan, córka; wy, kolega; wy, koleżanka; państwo, przyjaciel; pani, znajoma; oni, przyjaciółka; ja, znajomy.

  5. Jan, znajomy: czekamy na Jana i jego znajomego.

Maria, ojciec; Józef, brat; Ewa, siostra; Marek, syn; Zofia, córka; Karol, kolega; Julian, koleżanka; Marta, przyjaciel; Zenon, znajoma; Jola, znajomy.

  6. ja, gazeta, Jan: czytam gazetę i czekam na Jana.

on, list, Maria; my, czasopismo, Karol; ty, Życie Warszawy, Jola; ja, książka, Ewa; oni, powieść, znajomy; pan, poczta, przyjaciel; państwo, wiadomości, kolega; ja, artykuł, ojciec.

  7. newspaper: a. znam tę gazetę; jest interesująca
                 b. znam te gazety; są interesujące.

text, book, magazine, textbook, novel, article, advertisement.

  8. newspaper: a. tu są dwie ciekawe gazety
                 b. obydwie gazety są jednakowo ciekawe.

(Same vocabulary as for Exercise 7).

9.   book: tu jest książka, którą warto przeczytać.

article, brochure, novel, advertisement, text.

10. newspaper: a. gdzie jest ta gazeta, którą
                  czytam?
               b. gdzie są te gazety, które czytamy?

Use the vocabulary of Exercise 7. Add: postcard.

11. read magazines: jestem zbyt zajęt.y/a, żeby
                     czytać czasopisma.

write articles, read books, write novels, read advertise-
ments, write brochures, read letters, write postcards.

12. woman: a. czy znasz kobietę, na którą czekam?
            b. kto to była ta kobieta, z którą
               rozmawiał.eś/aś?

man, boy, girl, person, gentleman, lady, child.

13. expensive book: a. ta książka jest droga, ale
                        tamta jest jeszcze droższa
                     b. ta książka jest droższa, niż
                        myślał.em/am
                     c. to jest najdroższa książka,
                        jaką mam.*

thick (gruby) magazine, long novel, nice person, healthy
bird, young actress, old house, short article, busy
professor, satisfied reader, interesting newspaper,
pretty   postcard, demanding college-teacher (m.),
good textbook, bad student, large apartment, small dog.

14. ojciec, matka,   a. twój ojciec jest starszy, niż
    stary: myślał.em/am.
                      b. twoja matka jest młodsza, niż
                         myślał.em/am.

brat, siostra, miły; Ryszard, Anna, wymagający; syn,
córka, wysoki; chłopiec, dziewczyna, chory; mąż, żona,
ciekawy; ciocia, wujek, inteligentny; lektor, lektorka,
łatwy; pudel, seter, smutny; krokodyl, lew, okrutny.

---

* Use either mam or znam, as appropriate.

15. Look up the adjective in the glossary, if necessary:

   gruby: grubszy, najgrubszy.

młody, zdrowy, zajęty, zły, zadowolony, gorący, drogi,
cienki, daleki, wysoki, ostry, łatwy, słodki, kwaśny.

16. Use the Perfective:
   robić: trzeba to zrobić.

kupować, pisać, czytać, śpiewać, zwiedzać, mówić.

17. read: a. już to czytał.em/am*
               b. zaraz to przeczytam.

write, say, visit, recommend, ask, do, sing, buy.

18. read: a. jeszcze to czytam
               b. już to przeczytał.em/am.

Use the vocabulary of Exercise 17.

19. kupię: będę kupował/a.*

zwiedzę, powiem, polecę, zrobię, zapytam, napiszę,
przeczytam, zaśpiewam.

20. Janek, Jola: a. idzie Janek z Jolą
                 b. Janek z Jolą idą.

Krzyś, Krysia; Marta, Marian; Dorota, Tadeusz;
Leszek, Lidia; Maria, ojciec; Józef, brat; Marta,
kolega; Marek, syn; Jola, przyjaciel.

21. Klara: a. idę do kina z Klarą.
                b. my z Klarą idziemy do kina.

Rysiek, Ania, Wiesław, Olga, Krzystof, Maciej, Grażyna.

22. Translate:
   a. Where are the letters which you are writing?
   b. Who are you waiting for (= for whom are you
      waiting)? I'm waiting for my wife.
   c. His father is interesting, but his mother
      is even more interesting.
   d. That woman is more interesting than her
      husband.

---

* The Imperfective past and future often mean "at some
indefinite time" -- as opposed to the Perfective past
and future, which means "at a definite point in time."

XIV

e. I have a younger brother and two older sisters.
f. Who is that person with whom you were talking?
g. I'm too tired to write that article.
h. Which book do you recommend?
i. I don't know. Both books are equally boring.
j. Here is a short novel which is worth reading.
k. I'll read your article right away.
l. Ewa and I are going to an interesting film this evening?
m. What's the film called? -- "River of No Return."
n. That is the worst article that I have ever (kiedykolwiek) read (use Imperfective).
o. Do you have my notebook? -- No, I have my own notebook.
p. I'm waiting for my colleague (m).
q. We're waiting for Adam and his girlfriend.
r. I'm handsomer than I thought.
s. Their house is much older than I thought.
t. Their pig is much fatter than I remembered.
u. Our dog is much more intelligent than theirs.
v. I'm still reading that book.
w. It's necessary to ask the (school)teacher (f.).
x. Read this article (use Perfective); it's interesting.
y. Let's read this new book; it's not too long (długi).
z. He writes much better than he speaks.

15

A.   Życie geniusz<u>a</u> w biurze*

    Pan Józef Kowalczyk jest dyrektorem duż<u>ego</u> war-
szawsk<u>iego</u> biur<u>a</u> podróż<u>y</u>. Pan Wiktor Orłowski i pani
Jolanta Szymanowska są pracownikami t<u>ego</u> przedsiębior-
stw<u>a</u>. Pani Szymanowska jest sekretarką pan<u>a</u> Kowalczy-
k<u>a</u>, a pan Orłowski jest urzędnikiem w dzial<u>e</u> reklam<u>y</u>.

    Pan Orłowski chciałby pracować jako specjalista
od reklam<u>y</u> i komponować dla przedsiębiorstw<u>a</u> poetyckie
ogłoszenia. Ma sporo próbn<u>ych</u> ogłoszeń w domu. Niestety, pan Kowalczyk jest zdani<u>a</u>, że ogłoszenia pan<u>a</u>
Orłowsk<u>iego</u> są zbyt melancholijne, jak na potrzeby
handl<u>u</u>. Życie pan<u>a</u> Orłowsk<u>iego</u> nie jest łatwe. Jest
to życie geniusz<u>a</u> w biurze.

warszawski *Warsaw (adj.)*	reklama *advertising*
podróż *(f.) travel, journey*	jako *as*
pracownik *worker*	specjalista od + Gen.
przedsiębiorstwo *enter-*	*specialist in*
prise, company	kompon.ow.ać *compose*
dział *department*; w dzia-	poetycki *poetic*
le *in the department*	dla + Gen. *for*

---

* Underlined endings are Genitive case endings, discussed in this lesson. Most may be translated as "of."

Biuro podróży

ORBIS: *Polish foreign travel agency.*

ogłoszenie *advertisement*	jak na + Acc. *for (in the narrow sense illustrated here)*
sporo *a (considerable)*	
number of + Gen. *pl.*	potrzeba *need*
niestety *unfortunately*	handel *trade, business*
melancholijny *melancholy*	życie *life*
próbny *trial (adj.)*	geniusz *genius*

B. Pytania

1. Dyrektorem jakiego przedsiębiorstwa jest pan Kowalczyk?

2. Kto jest pracownikiem tego przedsiębiorstwa?

3. Czyją sekretarką jest pani Szymanowska?

4. W którym dziale pracuje pan Orłowski?

5. Co chciałby robić pan Orłowski?

6. Jakie jest zdanie pana Kowalczyka o poetyckich próbach pana Orłowskiego?

7. Czy pan Orłowski jest szczęśliwy w swojej pracy? Dlaczego?

o + Loc. *about*	praca *work;* w swojej pracy
próba *attempt*	*in his work (Locative)*

C. Gramatyka

1. THE GENITIVE CASE

a. The basic, and the most frequent, use of the Genitive case is its so-called adnominal use, that is, its occurrence next to another noun in the meaning "of":

dom ojca *father's house (literally, "house of father")*
dyrektor przedsiębiorstwa *director of an enterprise*
życie sekretarki *the life of a secretary*
potrzeby handlu *the needs of trade*
zdanie pana Kowalczyka *Mr. Kowalczyk's opinion.*

b. In addition to its basic use, the Genitive has many other subsidiary uses. Most importantly, the Genitive case is required after a number of prepositions, including dla *for*, do *to*, od *from*, bez *without*, u *at (someone's)*:

dla pana Orłowskiego *for Mr. Orłowski*
do Warszawy *to Warsaw*
od pani Jolanty Szymanowskiej *from Ms. Jolanta Szymanowska*
u pana Kowalczyka *at Mr. Kowalczyk's*
bez sekretarki *without a secretary.*

XV

c. The Genitive plural is required after many quantifiers and after numbers 5 and above. When the subject
of a sentence, such expressions take singular verb
agreement:

Tu jest pięć telewizorów. *Here "is" five televisions.*
Tu jest sporo książek. *Here "is" a number of books.*

2. FORMATION OF THE GENITIVE CASE

The Genitive case endings are as follows:

Singular
feminine:	adjective:	-ej	noun:	-(y/i)	
masculine:		-ego		-u or -a	
neuter:		-ego		-a	

Plural
feminine:	-(y/i)ch	-Ø	(y/i)	
masculine:	"	-ów	(y/i)	
neuter:	"	-Ø	(y/i)	

NOTES

a. Before -ej, -ego a preceding k, g go to k', g'
respectively, spelled ki-, gi-: wielk-ej -> wielkiej;
drog-ego -> drogiego.

b. Masculine animate nouns (masculine nouns referring to animate beings including people) take Genitive
singular in -a. Most inanimate masculine nouns take
Genitive singular in -u:

Animate:
urzędnik urzędnika   koń konia
marzyciel marzyciela   ptak ptaka
pan pana   pies psa
brat brata   seter setera.

It will be noted that this is the same ending as the
masculine animate Accusative.

Inanimate:
dom domu   hotel hotelu
samochód samochodu   list listu
zeszyt zeszytu   dział działu
stół stołu   długopis długopisu.

A number of inanimate masculine nouns take Genitive
singular in -a, for example:

144

```
telewizor telewizora        podręcznik podręcznika
adapter adaptera            ser sera.
```

The Genitive of such nouns must be given in the vocabulary entry, for example: telewizor telewizora.

    c. The usual feminine and neuter Genitive plural ending is -∅ (zero, or no ending). In these forms, the bare stem appears. In general, the stem is obtained by subtracting the endings -a, -o, or -e from the Nominative sg. form, retracing, if necessary, the rules for the spelling of "kreska" consonants (ć, ś, ź, dź, ń):

```
figura        Gen. pl. figur
gwiazda       Gen. pl. gwiazd
płyta         Gen. pl. płyt
pani          Gen. pl. pań

biuro         Gen. pl. biur
pióro         Gen. pl. piór
życie         Gen. pl. żyć
ogłoszenie    Gen. pl. ogłoszeń.
```

Before the zero ending, o and ę in the final syllable of a stem often go to ó, ą, respectively:

```
ręka          Gen. pl. rąk
osoba         Gen. pl. osób.
```

Two consonants at the end of a stem are often separated by e or 'e before the zero ending. Feminine and neuter nouns exhibiting mobile e or 'e in the Genitive plural will henceforth be indicated in the vocabulary by placing a slash between the two consonants where the mobile vowel appears:

```
biur|ko       Gen. pl. biurek
ok|no         Gen. pl. okien
sekretar|ka   Gen. pl. sekretarek
książ|ka      Gen. pl. książek.
```

    d. The ending -(y⌣i) occurs as an exceptional Genitive plural ending in all three genders. Nouns taking -(y⌣i) in the Genitive plural include above all:

    i. most masculine soft-stem nouns (stems in ć, ś ź, dź, ń, l, cz, sz, rz; not usually j, dz, c):

```
marzyciel     Gen. pl. marzycieli
koń           Gen. pl. koni
geniusz       Gen. pl. geniuszy
piosenkarz    Gen. pl. piosenkarzy
```

ii. feminine nouns in -∅, -cja, -sja, -zja:

podróż	Gen. pl.	podróży
twarz	Gen. pl.	twarzy
kolecja	Gen. pl.	kolekcji
osobowość	Gen. pl.	osobowości.

e. Except for mężczyzna, whose Genitive plural is mężczyzn, masculine personal nouns in -a take Genitive plural in -ów:

służbista	Gen. pl.	służbistów
specjalista	Gen. pl.	specjalistów
kolega	Gen. pl.	kolegów.

3. EXAMPLES OF GENITIVE CASE FORMS

Nom. sg.	Gen. sg.	Gen. pl.
masculine		
nowy długopis	nowego długopisu	nowych długopisów
drogi hotel	drogiego hotelu	drogich hoteli
stary koń	starego konia	starych koni
mój telewizor	mojego telewizora	moich telewizorów
czarny kot	czarnego kota	czarnych kotów
smutny pies	smutnego psa	smutnych psów
miły ojciec	miłego ojca	miłych ojców
ten mężczyzna	tego mężczyzny	tych mężczyzn
jej kolega	jej kolegi	jej kolegów
ten pan	tego pana	tych panów
pan Kowalczyk	pana Kowalczyka	
pan Orłowski	pana Orłowskiego	
neuter		
to okno	tego okna	tych okien
ważne biuro	ważnego biura	ważnych biur
duże krzesło	dużego krzesła	dużych krzeseł
smutne życie	smutnego życia	smutnych żyć
feminine		
ładna kobieta	ładnej kobiety	ładnych kobiet
nasza lampa	naszej lampy	naszych lamp
nudna książka	nudnej książki	nudnych książek
stara osoba	starej osoby	starych osób
piękna twarz	pięknej twarzy	pięknych twarzy
ta miła pani	tej miłej pani	tych miłych pań
moja ciocia	mojej cioci	moich cioć
pani Jolanta	pani Jolanty	
pani Wolska	pani Wolskiej	
pani Szydlak	pani Szydlak	

irregular:

dziecko	dziecka	<u>dzieci</u>
przyjaciel	przyjaciela	<u>przyjaciół</u>
człowiek	człowieka	<u>ludzi</u>
brat	brata	<u>braci</u>

4. THE (y~i) SPELLING RULE

Many grammatical endings either consist of or begin with the vowel y or i. The letter i is written after (underlying) b', p', f', w', m', ć, dź, ź, ś, ń, l, j, k, g. Otherwise one writes y. Examples:

```
drog-(y~i)ch  ->  drogich
wyobraźń-(y~i)  ->  wyobraźni
koń-(y~i)  ->  koni
hotel-(y~i)  ->  hoteli
książk-(y~i)  ->  książki

twarz-(y~i)  ->  twarzy
geniusz-(y~i)  ->  geniuszy
tablic-(y~i)  ->  tablicy
lamp-(y~i)  ->  lampy
płyt-(y~i)  ->  płyty .
```

For feminine nouns ending in -ia, the question occasionally arises whether to write one or two is: Gen. sg. Marii, but cioci. One writes one i when the stem ends in an underlying kreska consonant (ś, ć, dź, ź, ń), hence cioć-(y~i) -> cioci. In words like Maria (note that there is no such thing as a kreska r), the stem consonant is actually j, spelled i: "Marja," and the word obeys the same rule as other words with stem in consonant plus j, for example kolekcja: Marj-(y~i) -> "Marji," spelled Marii.

Below are some exercises practicing the (y~i) spelling rule:

b + y~i -> by	ź + y~i ->	r + y~i ->
ś + y~i -> si	l + y~i ->	zj + y~i ->
c + y~i ->	ł + y~i ->	p' + y~i ->
k + y~i ->	g + y~i ->	cz + y~i ->
dź + y~i ->	ch + y~i ->	ń + y~i ->
b' + y~i ->	m' + y~i ->	w + y~i ->
cj + y~i ->	sz + y~i ->	ż + y~i ->
z + y~i ->	ć + y~i ->	dz + y~i ->
d + y~i ->	rz + y~i ->	s + y~i -> .

Note: the letter j disappears after a vowel before i:

moj-(y~i)ch -> moj-ich -> moich.

Pan Orłowski i pani Szymanowska są pracownikami.

Życie geniusza w biurze nie jest łatwe.

D. Ćwiczenia

1. praca: jestem bez pracy.

dom, mieszkanie, przyjaciel, mąż, żona, pies, telewizor, samochód.

2. matka: idę do swojej matki.

ojciec, babcia, wujek, ciocia, brat, siostra, znajoma, znajomy, kolega.

3. szkoła: wracam ze* szkoły.

uniwersytet, dom, praca, biuro, hotel, mieszkanie,

4. son: tu jest prezent dla naszego syna.

daughter, brother, father, uncle, family, sister, aunt, grandmother, grandfather

5. friend: a. tu jest list od mojego dobrego przy-
               jaciela
            b. tu jest list od mojej dobrej przy-
               jaciółki.

colleague, acquaintance.

6. pan Kowalczyk: a. idę do pana Kowalczyka
                   b. jestem u pana Kowalczyka
                   c. wracam od pana Kowalczyka.**

pan Orłowski, pani Szymanowska, pan Urbanowicz, pani Urbanowicz.

7. dyrektor, duże biuro: to jest dyrektor dużego
                          biura.

pracownik, ważne przedsiębiorstwo; dział, reklama; zdanie, pan Kowalczyk; życie, zwykła sekretarka; biuro, podróż; twarz, pani Jolanta Szymanowska; pra-ca, pan Wiktor Orłowski; biuro, pan Józef Kowalczyk; dom, geniusz; mieszkanie, słynna gwiazda filmowa; ar-tykuł, nieznany profesor; córka, moja siostra.

---

* wraca.ć *return*   z + Gen. *from* (ze before szkoła)

** do pana Kowalczyka *to Mr. Kowalczyk's*; u pana Kowal-czyka *at Mr. Kowalczyk's*; od pana Kowalczyka *from Mr. Kowalczyk's*.

8. kolega: a. idę do kolegi
            b. idę do kolegów.

koleżanka, znajomy, przyjaciółka, przyjaciel, znajoma.

9. ważna osoba: tu jest sporo ważnych osób.

zwykły urzędnik, rygorystyczny dyrektor, ładne mieszkanie, drogi samochód, zapalony czytelnik, szczęśliwy
pies, energiczna kobieta, dobry sportowiec, nowy hotel,
dobra płyta gramofonowa, interesująca kolekcja, orygi-
nalna osobowość, piękna twarz, dobrze ubrana sekretarka, pracowita stenotypistka, wygodne krzesło, duży dom,
nudna książka, ważny człowiek.

10. men: tu jest sporo interesujących mężczyzn.

women, actors, actesses, gentlemen, ladies, boys, girls.

magazines, newspapers, textbooks, films, articles, letters, brochures, novels.

11. cat: a. tu jest jeden kot
          b. tu są dwa koty
          c. tu jest pięć kotów.

fish, cow, horse, dog, poodle, sheep, eagle, crocodile,
pig, bird, peacock, snake, chicken.

12. Review of the Accusative singular:

    man: znam tego mężczyznę.

woman, manager, secretary, worker, lady, gentleman,
actor, journalist (f.), singer (m.).

    dog: chcę kupić psa.

horse, cat, bird, cow, pig, snake, elephant, lion.
car, house, record player, radio, table, record, desk.

13. I am working: pracuję.

we are traveling, they thank, he studies, you (sg.)
compose, we are working, he is interested, you (pl.)
travel, I study, we thank, they are working, I am traveling, she is composing, you (sg.) are interested.

14. REVIEW OF EXPRESSIONS FROM CONVERSATION LESSONS

1. How are you (formal and informal)?
2. What are you doing?
3. I'm doing some shopping.
4. Excuse me, I'm busy.
5. Why are you in a hurry?
6. So long.
7. What's new? Nothing, what's new with you?
8. Where are you going? I'm going to class.
9. What's your (first) name?
10. Why are you asking where I live?
11. I'm merely curious.
12. I'm not going anywhere.
13. My brother is a clerk in an office in Krakow.
14. He is not very happy.
15. He says, that he has too little work.
16. As far as I know, that tape recorder works perfectly well.
17. My car is a lot newer than yours. Yes, my car is old and broken.
18. Are you free this evening? No, I'm already engaged.
19. Are you ready yet? What for? For the concert.
20. I'm probably too tired to go to the concert today.
21. When will you be ready? Maybe today, maybe tomorrow.
22. What do you think: is that man bored? I don't know; we should ask him.
23. How do you like Poland. I like it, but I'm homesick. Don't worry -- it'll pass. I doubt it very much.
24. I'm surprised that you're having such a good time.   Don't be surprised.
25. Who is that woman with whom that man is speaking? She's a Polish singer.
26. Is your sister married? No, but she's engaged.
27. Here comes my brother and (with) his fiancee.
28. Do you speak French. No, but I speak Italian and Spanish.
29. No wonder that I don't understand what that couple (ci państwo) is saying: they're speaking Russian.
30. Don't be so modest.
31. I understand Polish better than I speak (it).
32. Speak more slowly.
33. I (can't) hear what that man is saying. He's not speaking -- he's singing.

34. It's necessary to write more clearly.
35. Whose animal is that. I don't know. What kind of animal is it?
36. What kind of animals do you raise? I raise pigs, cows, and sheep.
37. I see lions, elephants, crocodiles and snakes.
38. Sheep are a lot more intelligent than chickens.
39. How do you like my new fish (sg.)?
40. I like it, but why does it look so strange?
41. I have to be at home at three o'clock.
42. Then you'd better hurry.
43. I have one cat, two dogs, and five birds.
44. Which car is that? That's already the eleventh.
45. I'll be ready in a minute.
46. Do you have brothers and sisters?
47. I have a younger brother and two older sisters.
48. Are you sick or do you simply look that way?
49. Do you have a temperature?
50. What kind of dog do you want to buy?
51. What kind of car do you prefer?
52. I'd like to meet that man.
53. I'll introduce you right away.
54. Thanks, I don't feel like it any longer.
55. Whose parents are those? Ours.
56. I'm waitng for Ewa -- do you know her?
57. Of course. That's my good friend.
58. Do you subscribe to any magazines?
59. I am too busy to read magazines.
60. What can you advise me to read?
61. Both of these books are equally interesting.
62. Who are you waiting for. Mary.
63. Here is an article that is worth reading.
64. That person is not as nice as it seems.

.Morze.Bałtyckie.

Gdynia

Koszalin Gdańsk

Olsztyn

Szczecin

Bydgoszcz

Toruń

Białystok

NRD

Poznań

Wisła

Warszawa

ZSRR

Zielona Góra

Łódź

Śląsk

Wrocław

Kielce

Lublin

Opole

Katowice

Kraków

Rzeszów

Czechosłowacja

E. Lektura uzupełniająca

W Polsce

Polska leży nad Morzem Bałtyckim między NRD a
Związkiem Radzieckim. Najważniejszą rzeką Polski jest
Wisła. Nad Wisłą leżą: Kraków, Warszawa, Toruń i
Gdańsk. Centrum polskiego przemysłu okrętowego znajduje się w Gdańsku, włókienniczego - w Łodzi, samochodo-
wego - w Warszawie. Największe huty w Polsce znajdują
się na Śląsku i w okolicach Krakowa.

leż.eć *lie (here:) be sit-*
  uated
nad + Inst. *over, above;*
  on (bodiess of water)
między + Inst. *between*
Związek Radziecki *The*
  Soviet Union
rzeka *river*
Wisła *The Vistula (river)*
centrum *(neut.) center*
przemysł *industry*
okręt *ship*

okrętowy *ship- (adj.)*
samochodowy *automobile (adj.)*
włókienniczy *textile (adj.)*
huta *(steel) mill*
znajd.ow.ać się *be located*
okolica *neighborhood*, pl.
  okolice *vicinity, environs*
Śląsk *Silesia*, na Śląsku
  in Silesia

153

Opole

Wrocław

Orly

Town crests

Uwagi

między NRD a̲ Związkiem Radzieckim: note that the conjunction u̅sed after między is a.

w okolicach Krakowa̲:   the Genitive case ending for
most masculine-ge̅nder Polish town names is -a.

THE LOCATIVE CASE (PREVIEW)

   The Locative case is required after the preposition
w in the meaning "in, at" and after the preposition na
in the meaning "on, at".*   The formation of the Locative
is covered fully in Lesson XX. Here we will learn
enough to form the Locative of most nouns, but in particular, the names of Polish towns:

   a. Soft-stem feminine nouns take -(yᴧi): Gdynia,
w Gdyni; Łódź, w Łodzi; Bydgoszcz, w Bydgoszczy.

   b. Soft- and velar (k, g, ch)-stem masculine and
neuter nouns take -u: Wrocław (Wrocław'-), we Wro-
cławiu; Toruń, w Toruniu; Opole, w Opolu; G̅dańsk,
w Gdańsku.

   c. Hard-stem nouns of all genders (excluding masculine and neuter velar stems) take -'e, that is, -e preceded by a softened consonant. Most softened consonants are indicated by an added i: Warszawa, w War-
szawi̲e; Szczecin, w Szczecini̲e. Besides this, r goes
to rz̲, ł goes to l, k goes to c̅, g goes to dz, and ch
goes to sz: Polska, w Polsc̲e; Zielona Góra, w Zie-
lonej Gór̲ze. See Lesson XX for full details.

   d. The plural locative ending for all nouns is -ach:
Kielce, w Kielcach.

   e. The Locative adjective endings are: -ej for feminine, -ym (-̲im) for masculine and neuter, and -ych (-̲ich)
for the plural: Zielona Góra, w Zielone̲j Górze;
Białystok, w Białymstoku; Nowy Jork *New York*, w Nowy̲m
Jorku; w ty̲ch oko̅licach *in this vicinity*.

Ćwiczenia

   Note: two expressions frequently occurring with
town names are:

pochodz.ić z + Gen. *to "come from" (a place)*
urodz.ić się w + Loc. *to be born in.*

---

* Note that na in the meanings "to, for" takes the
Accusative.

155

1. Kraków: a. pochodzę z Krakowa*
                 b. urodził.em/am się w Krakowie.

Gdynia, Koszalin, Białystok, Gdańsk, Poznań, Katowice,
Wrocław, Związek Radziecki, Nowy Jork, Polska.

2. Using the map, follow the model:

    Łódź: Łódź leży między Kielcami a Poznaniem.

Opole, Kielce, Polska, Kraków, Poznań, Olsztyn, Toruń.

3. Kraków: a. w Krakowie
                 b. w okolicach Krakowa.

Opole, Zielona Góra, Rzeszów, Lublin, Bydgoszcz, Szczecin
Białystok, Kielce, Łódź, Wrocław.

4. Say where it is located, relying on the text:

    shipbuilding industry, textile industry, automo-
    bile industry, largest steel mills.

5. Translate:
    a. I was born in Gdansk but I live in Wroclaw.
    b. My father comes from Lublin and my mother
        comes from Rzeszow.
    c. My family lives in Torun.
    d. Poland is situated on the Baltic Sea.
    e. Warsaw is the center of the Polish automobile
        industry.
    f. My wife was born in the vicinity of Bialystok.
    g. The center of the textile industry is located
        in Lodz.
    h. What is located in Poznan?
    i. Does Kielce lie on the Vistula?
    j. From what town do you come?

---

* The Genitive for Polish masc. town names is -a;
exception: Białystok Białegostoku. The Genitive of pl.
nouns in -ce is -c: Kielce Kielc.

16

A.   W aptece

-- Proszę? *Yes?*

-- Czy dostanę coś na kaszel? *Can I get soomething for a cough?*

-- Są krople, ale wątpię, czy są skuteczne. *There are drops, but I doubt whether they're effective.*

-- (Czy) nie ma czegoś lepszego? *Isn't there anything better?*

-- Owszem, ale na to potrzebna jest recepta. *Of course, but for that a prescription is necessary.*

B.   W barze mlecznym

-- Słucham<pana?/panią? *May I help you?*

-- Proszę herbatę z cytryną. *I'd like tea with lemon.*

-- I co jeszcze? *And what else?*

-- Proszę jeszcze chleb, trochę masła i jedno jajko. *I'd also like bread, a little butter and one egg.*

Apteka

Village pharmacy.

-- Czy to wszystko? *Is that all?*

-- Tak, dziękuję. Ile płacę? *Yes thanks, How much do I pay?*

-- Płaci<pan/pani>trzydzieści złotych i pięćdziesiąt groszy.
  You pay 30 zlotys and 50 groszy.

C.   W sklepie spożywczym

-- Słucham? *Yes?*

-- Czy jest szynka? *Is there (any) ham?*

-- Nie, dzisiaj nie ma. Jest bardzo dobra kiełbasa.
  No, today there isn't. There is some very good sausage.

-- To proszę zamiast szynki pół kilo tej kiełbasy. *Then instead of ham I'd like half a kilo of that sausage.*

-- I co jeszcze? *And what else?*

-- Kostę masła, dziesieć deka białego sera i spory kawałek tego żółtego sera. *A cake of butter, ten deca(grams) of white cheese, and a good-sized piece of that yellow cheese.*

-- Czy jeszcze coś?

-- Dziękuję, to wszystko.

-- Płaci<pan/pani>dwieście trzynaście złotych. *You pay 213 zlotys.*

D.   Jak ci smakuje?

-- Jak ci smakuje ta zupa? *How does this soup taste to you?*

-- Jest za słona. *It's too salty.*

-- <Głupi/Głupia>jesteś. Wcale nie<używałem/używałam>soli. *You're silly. I didn't use any salt at all.*

-- Właśnie<chciałem/chciałam>powiedzieć: jest niedosolona. *That's just what I wanted to say: it's under-salted.*

E. Uwagi

słucham pana/panią *may I help you? (literally, "I attend you")*: This expresseion is often heard in "store" situations. The verb **słuchać** *listen to* usually takes the Genitive case, not the Accusative as in this use.

proszę herbatę *I'd like some tea:* The verb **proszę** *ask* + Accusative is often used in "store" situations instead of the more usual and literary **proszę o** *ask for* + Accusative.

trochę masła *a little butter: literally, "a little of butter"*

trzydzieści złotych i pięćdziesiąt groszy *30 zlotys and 50 groszy:* The standard unit of Polish currency is the **złoty**. There are 100 groszy to a zloty, but the value of a **grosz** is so small that prices are usually only cited in 20 or 50-groszy increments.

czy jest szynka? *is there ham?* This is the usual way of asking "do you have any ___?" in a store.

nie ma *there isn't any.* This expression takes the Genitive case: **nie ma szynki** *there isn't any ham.* It must be stressed that the phrase !nie jest! is unacceptable in this meaning.

dziękuję *thank you:* Unless qualified by "yes," **dziękuję** by itself often means "no thank you":
-- Chcesz herbatę? *Do you want tea?*
-- Dziękuję. *No thanks.*

F. Zapamiętaj!

FOOD AND DRINK

herbata *tea*
kawa *coffee*
woda *water*
woda sodowa *soda water*
wódka *vodka*
wódka wyborowa *select vodka*
wino *wine*
białe wino *white wine*
czerwone wino *red wine*
piwo *beer*
jasne piwo *light beer*
ciemne piwo *dark beer*
koniak *brandy*
mleko *milk*
zupa *soup*

sok *juice*
sok jabłkowy *apple juice*
sok pomidorowy *tomato juice*
chleb -a *bread*
ser -a *cheese*
cukier cukru *sugar*
cytryna *lemon*
masło *butter*
miód miod- *honey*
dżem *jam*
mięso *meat*
kiełbasa *sausage*
szynka *ham*
kapusta *cabbage*
jaj|ko *egg*

FOOD ADJECTIVES

słony *salty* bardziej słony

gorący *hot* gorętszy
zimny *cold*
mocny *strong*
słaby *weak*
smaczny *tasty*

kwaśny *sour*
słodki *sweet*
gorzki *bitter* bardziej gorzki
ostry *sharp*
świeży *fresh*

LIQUID CONTAINERS

butel|ka *bottle*
szklan|ka *glass*
filiżan|ka *cup*
lamp|ka *wine glass*

kieliszek *shot-glass*
kubek -a *mug*
kufel -a *(beer) mug, stein*
termos *thermos*

OTHER WORDS AND EXPRESSIONS

dużo + G *a lot (of)*
trochę + G *a little (of)*
jeszcze + G *some more (of)*
nie ma + G *there isn't any (of)*

proszę + A *I'd like*
dziękuję za + A *(no) thanks for*
przepada.ć za + I *be crazy about*

móc *can, be able*

mogę	możemy
możesz	możecie
może	mogą

pi.ć *drink*

piję	pijemy
pijesz	pijecie
pije	piją

jeść *eat*

jem	jemy
jesz	jecie
je	jedzą

wątp.ić (w + A) *doubt*

wątpię	wątpimy
wątpisz	wątpicie
wątpi	wątpią

GENITIVE CASE FORMS OF PRONOUNS

ja:	mnie	oni:	nich, ich
ty:	ciebie, cię	one:	nich, ich
my:	nas	pan:	pana
wy:	was	pani:	pani
on:	niego, go	państwo:	państwa
ono:	niego, go	co:	czego
ona:	niej, jej	kto:	kogo

Note: where there is a choice, the long forms are used after pronouns; the short forms are used after verbs.

XVI

POSITIVE AND NEGATIVE EXISTENTIALS

Existentials refer to the presence or absence of something or someone.

a. The positive existential is expressed by forms of the verb być *be*:

Czy jest ser? *Is there (any) cheese?*

Czy był ser? *Was there (any) cheese?*

Czy będzie ser? *Will there be (any) cheese?*

Czy jest Ewa? *Is Ewa here/there?*

Czy była Ewa? *Was Ewa here/there?*

Czy będzie Ewa? *Will Ewa be here/there?*

b. The negative existential is expressed by nie ma *there isn't (any)*; nie było *there wasn't (any)*; nie będzie *there won't be (any)*. All these negative existential expressions take the Genitive case:

Nie ma sera. *There isn't (any) cheese*

Nie było sera. *There wasn't (any) cheese*

Nie będzie sera. *There won't be (any) cheese*

Nie ma Ewy. *Ewa isn't here/there.*

Nie było Ewy *Ewa wasn't here/there*

Nie będzie Ewy. *Ewa won't be here/there.*

Note: depending on the sense, the noun after a negated existential may occur in either Genitive singular or plural: Nie ma telewizora. *There isn't a television.* Nie ma telewizorów. *There aren't any televisions.*

THE GENITIVE AFTER NEGATED VERBS

A verb that normally takes the Accusative case takes the Genitive case when either the verb or its auxiliary is negated:

Piję mleko. *I'm drinking milk.*

Lubię kawę. *I like coffee.*

Jem ser. *I'm eating cheese.*

Nie piję mleka. *I don't drink milk.*

Nie lubię kawy. *I don't like coffee.*

Nie mogę jeść sera. *I can't eat cheese.*

THE PREPOSITION u + Genitive "at," "with"

The preposition u + Gen. is most frequently used in the meaning "at" a person's place. Sometimes this meaning is translated in English by <u>with</u>:

Jestem u Jana. *I am at Jan's (house).*

Mieszkam u rodziców. *I live with my parents.*

THE PREPOSITION od + Genitive IN COMPARISONS

It is usual to replace the comparative conjunction niż *than* with od + Gen. when the standard of comparison is a noun:

On jest starszy od brata. *He is older than his brother*

Ten chleb jest świeższy od tamtego. *This bread is fresher than that.*

When the standard of comparison is a verb, the conjunction niż is obligatory:

On czyta lepiej niż mówi. *He reads better than he speaks.*

THE VERB smak.ow.ać "to taste (good)"

The verb smak.ow.ać *to taste (good)* is used when discussing the liking of food in a specific situation. The use of smak.ow.ać is analogous to the use of podoba.ć się *be pleasing* (Lesson VI). Like podoba.ć się, smak.ow.ać takes the Dative form of the pronoun:

-- Jak ci smakuje ten chleb? *How do you like this bread? (literally, "How does it taste to you?")*
-- Bardzo mi smakuje. *I like it very much (literally, "It tastes very good to me").*

Pięć centów

Coupon used in Polish hard-currency stores.

Bar mleczny

G. Ćwiczenia

1. szynka: a. czy ta szynka jest świeża?
            b. wątpię, czy jest świeża.

kawa, chleb, masło, mięso, kiełbasa, piwo, ser, kapusta, sok.

2. wódka: ta wódka jest trochę za mocna.*

herbata, kapusta, chleb, piwo, ser, wino, koniak, cytryna, sok, miód, mięso.

3. bread: a. czy jest chleb?
           b. czy dostanę chleb?

sausage, cheese, butter, coffee, meat, sugar, cabbage, honey, ham.

4. cukier: a. proszę cukier
            b. proszę trochę cukru.

chleb, kiełbasa, ser, masło, miód, szynka, mięso, kapusta.

5. mleko: a. proszę mleko
           b. proszę butelkę mleka.**

wódka, wino, koniak, sok, jasne piwo, sok jabłkowy, woda sodowa, czerwone wino.

6. kawa, herbata: proszę zamiast kawy szklankę
                   herbaty.**

mleko, herbata; herbata, kawa; kawa, sok; sok, wino; jasne piwo; białe wino; białe wino, wódka; wódka, ciemne piwo; koniak, wódka wyborowa.

7. cukier, chleb: proszę zamiast cukru kilogram
                   chleba.

chleb, ser; ser, masło; masło, kiełbasa; kiełbasa, mięso; mięso, chleb; biały ser, żółty ser; miód, kapusta.

---

* Use various appropriate adjectives.

** Use various appropriate containers.

8. water: a. proszę wodę
             b. proszę trochę wody.

milk, honey, coffee, juice, vodka, tea, wine, cabbage,
apple juice, white wine,light beer, bread, butter,
ham, meat, sausage, sugar.

9. water: a. lubię wodę
             b. nie lubię wody.*

(same vocabulary as 8.)

                a. tu jest za dużo chleba
10. bread: b. tu w ogóle nie ma chleba.

cheese, butter, ham, meat, sausage, milk, wine, cabbage.

11. bread: a. chcę kupić chleb
             b. nie chcę kupić chleba.*

(same vocabulary as 10).

                a. czy jesz kiełbasę?
12. ty, kiełbasa: b. czy chcesz jeść kiełbasę?

wy, jajko; my, ser; oni, kapusta; ja, mięso; pan,
chleb; państwo,miód; ona, cytryna.

13. ja, wódka: a. piję wódkę
                b. nie piję wódki.*

ty, sok; my, woda sodowa; oni, kawa; pani, mleko;
wy, herbata; on, jasne piwo; ja, sok jabłkowy.

14. butter: a. jem chleb z masłem
              b. nie lubię chleba* z masłem.

honey, jam, cabbage, egg.

15. kawa, mleko: a. piję kawę z mlekiem
                  b. nie lubię kawy z mlekiem.*

herbata, cytryna; kawa, cukier; woda sodowa, sok;
herbata, miód; wino, woda sodowa; piwo, sok; herbata,
wódka.

---

* The Genitive after a negated verb. Note that the
Genitive is required even when it is not the main verb,
but another verb followed by the main verb, that is
negated: Nie lubię jeść szynki *I don't like to eat ham.*

16. tea, bread: dziękuję za herbatę i chleb.

soda water, ham; beer, sausage; lemon, honey; coffee, cheese; vodka, beer.

17. sugar: a. czy dostanę cukier?
b. nie ma dzisiaj cukru.

butter, cheese, ham, sausage, bread, milk, tea, cold
beer, hot coffee, fresh meat, strong tea, select
vodka, sour milk.

18. beer: a. czy będzie piwo?
b. nie ma piwa.

juice, apple juice, wine, white wine, milk, hot milk,
water, soda water, beer, dark beer.

19. beer: a. czy było piwo?
b. nie było piwa.

Use the vocabulary of Exercise 18.

20. Ewa: a. Czy Ewa już jest?
b. Ewy jeszcze nie ma.

Jan, Karol, Zosia, Zofia, Marek, Marta, Janusz, Krzyś.

21. Ewa: a. Czy będzie Ewa?
b. Ewy nie będzie.

Use the vocabulary of Exercise 20.

22. matka: on mieszka u matki.

ojciec, siostra, brat, przyjaciel, rodzice, babia.

23. on, ja: a. on często bywa u mnie*
b. często bywam u niego.

ona, oni; my, ty; pan, one; wy, ja; pani, on.

24. ja, piwo: a. nie mogę pić piwa
b. muszę pić piwo.

ty, wódka; on, koniak; wy, mleko; my, sok pomidorowy;
pani, mocna kawa; oni, czerwone wino.

---

* często *often, frequently.* bywa.ć *be (often)*

25. on, młody, pani: a. on jest młodszy od pani
                      b. pani jest młodsza od niego.

ona, my, zdrowy; ja, zajęty, ona; pan, zły*, on; ty,
gruby, ja; ja, zadowolony, ty.

26. ojciec, matka, stary: a. ojciec jest starszy
                               od matki
                           b. matka jest młodsza
                               od ojca.

brat, siostra, miły; Ryszard, Anna, wymagający; syn,
córka, wysoki; chłopiec, dziewczyna, chory; mąż, żona,
ciekawy; kobieta, mężczyzna, inteligentny; lektor,
lektorka, leniwy; pudel, kundel, smutny; krokodyl,
lew, okrutny.

27. salty meat: a. to mięso jest bardziej słone
                     niż tamto **
                 b. to mięso jest bardziej słone
                     od tamtego.

fresh bread, weak coffee, sharp cheese, sour milk,
bitter lemon, tasty sausage, cold beer, strong brandy,
sweet tea, hot soup.

28. salty meat: a. jak ci smakuje to mięso?
                 b. jest za słone.
Use the vocabulary of Exercise 27.

29. Use different food items:
    ty: jak ci smakuje ta kapusta?
pan, on, ona, pani, państwo (D. -u).

30. bread: a. jest chleb
              b. nie ma chleba
              c. przepadam za chlebem
              d. dziękuję za chleb.

coffee, beer, juice, honey, ham, butter, sugar, brandy,
red wine, sour milk, cheese. tomato juice, select vodka.

---

* Note: zły will form the comparative differently according to its meaning: gorszy *worse*, bardziej zły *more
angry*.
** Note: construction a. is generally preferred with
the analytic comparative employing bardziej.

31. Translate:

a. I'd like coffee with milk and (some) bread.
b. I can't eat bread with honey; I have to eat bread without honey.
c. What else (jeszcze) are you eating besides (oprócz) meat?
d. Instead of white cheese I'd like half a kilo of butter and a fair-sized piece (spory kawałek) of ham.
e. I doubt whether that ham is very (zbyt) fresh.
f. Why do you say that?
g. This coffee is a little too strong; I'd like some milk and sugar.
h. I'd like a bottle of apple juice.
i. What do you prefer, sausage or ham? I prefer ham.
j. I doubt whether there is (any) ham.
k. There won't be (any) ham tomorrow either.*
l. Thanks for the soda water, but I prefer brandy.
m. Instead of juice I'd like a bottle of red wine and a mug of light beer.
n. There isn't any cabbage today, there wasn't any cabbage yesterday, and there won't be any cabbage tomorrow.
o. This meat is very tasty. What is it? -- You wouldn't want to know.
p. I don't like milk; what else is there?
q. Can I get something for a cough? Yes, but I doubt whether it will be very effective.
r. We don't want to buy any more cheese.
s. Do you still live with your parents?
t. No, I live by myself (sam) now.
u. I am often at Janina's, but I don't live with her.
v. Why are you eating without us?
w. My brother is older than I, but I am smarter than he.
x. How do you like the soup? -- I like it a lot.
y. I'm crazy about fresh bread. -- Me too. (ja też).
z. I'd like some black coffee and white bread.
α. Do you like to listen to popular music? (use słuchać + Gen.).
β. No, I prefer classical music (muzyka klasyczna).

---

* Translate "either" as też.

REVIEW, LESSONS X-XVI. *Fill in the blank with a single appropriate form.*

1. Czyje to ___?
2. Co to za ___?
3. Setery mają ___ uszy.
4. Nie ___ taki ___!
5. Te ___ są za ___.
6. Żaden ___ jest ___.
7. Wszystkie ___ są ___.
8. Chcę kupić nowego ___.
9. Czy znasz ___ panią?
10. Chciałbym ___ poznać.
11. Bardzo lubię ___.
12. Jak ___ się podoba ten ___.
13. To są ___ lwy.
14. Wolałbym ___ krowę niż ___.
15. Nie wiem, dlaczego mnie ___.
16. Trzeba się ___.
17. O ___ ___ spotykamy?
18. Będę gotowa za ___.
19. Kupiłem dwie ___.
20. ___ na ciebie godzinę.
21. Bilety są na godzinę ___.
22. Musisz być bardzo ___.
23. Czekam na moją ___.
24. Będziesz się ___.
25. Mam starszego ___.
26. Gdzie brat ___?
27. Bardzo źle ___.
28. Jakiego ___ chcesz ___?
29. Chcę poznać ___ męża.
30. Masz wspaniałą ___.
31. Nie znam tych ___.
32. Gdzie idziesz z tymi ___?
33. Gdzie są nasi ___?
34. Na kogo ___?
35. Obydwie ___ są ___.
36. Jakie ___ lubisz?
37. Zaraz cię ___.
38. Warto ___ tę ___.
39. Jesteś ___, niż ___.
40. Zaraz to ___.
42. Idę do swojej ___.
43. Tu jest sporo ___ płyt.
44. Czy znasz tych ___?
45. Pochodzę ___ Gdańska.
46. Urodziłem się w ___.
47. Nie ma lepszego ___.
48. Czy ta ___ jest ___?
49. Proszę ___ z ___.
50. Wolisz ___ czy ___?
51. Proszę trochę ___.
52. Dziękuję za ___ i ___.
53. Jak ___ smakuje ten ___.
54. To ___ jest za ___.
55. Zamiast ___ wolałbym ___.
56. Jem ___ z ___.
57. Piję ___ bez ___.
58. Ile ___?
59. Proszę ___ soku.
60. Ja nic nie ___.
61. Nie było ___ dzisiaj.
62. Czy dostanę ___?
63. Nie lubię pić ___.
64. Nie mogę ___ sera.
65. ___ dzisiaj nie będzie.
66. Muszę ___ mleko.
67. Mieszkam ___ matki.
68. Jestem ___ od siostry.
69. Jak ci smakuje to ___?
70. Ta kawa jest ___ mocna.
71. Pan ___ kupić ten sweter.
72. Czy są jeszcze ___?
73. Jest wpół do ___.
74. Muszę być w ___ o ___.
75. Bardzo źle się ___.
76. Jaką ___ czytasz?
77. Trzeba to ___.
78. Tu jest pięć ___.
79. Nie ___ pracować bez ___.
80. Czy to są wasze ___?
81. Nie będę tego ___.
82. Ojciec kocha ___.
83. Masz bardzo brudnego ___.
84. Jakie ___ hodujecie?
85. Chciałbym ___ tych ___.
86. Mam coś ___ ciebie.
87. Kto to są ci ___?
88. Nie ___ tak głupio!
89. ___ inteligentniej!
90. Nie dziw ___!
91. To jest moja ___ kaczka.

170

17

A.   Czy pani tu pracuje?

-- Czy pan/i tu pracuje? *Do you work here?*

-- Nie, dlaczego pan/i pyta? *No, why do you ask?*

-- Pytam, bo szukam prezentu dla<znajomej. *I'm asking*
                                 znajomego.
   because I'm looking for a present for a friend.

-- Czy to<dobra znajoma? *Is it a good friend?*
          dobry znajomy?

-- Chyba tak. *Probably so.*

-- To niech pan/i<jej >kupi ten sweter. Jest i ładny, i
                 mu
   praktyczny. *Then why don't you buy her/him this*
   sweater? It's both good-looking and practical.

-- Dziękuję za radę. *Thanks for the advice.*

-- Nie ma za co. *Don't mention it.*

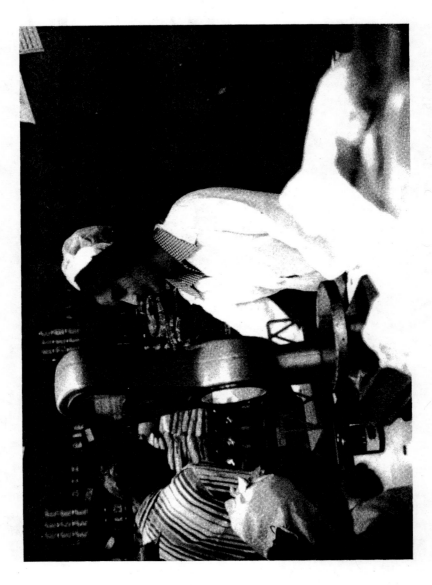

Słucham?

172

B.   Zdrowe śniadanie

-- Co jesz na śniadanie? *What do you eat for breakfast?*

-- Zwykle jem chleb z masłem, jajko, i piję dużą fili-
   żankę kawy. *I usually eat bread with butter, an
   egg, and drink a large cup of coffee.*

-- Ja jem zwykle płatki$<$kukurydziane$>$z mlekiem i
   $\qquad\qquad\qquad\quad$owsiane
   cukrem. *I usually eat corn flakes/oatmeal with
   milk and sugar.*

-- To nie jest bardzo zdrowe śniadanie. *That's not a
   very healthy breakfast.*

C.   Jestem głodny

-- $<$Jestem głodn.y/a.
   $\quad$Chce mi się pić. *I'm hungry / I'm thirsty.*

-- To$<$zjedz coś.
   $\qquad$napij się czegoś. *So eat something / have a
   drink of something.*

-- Ale$<$co? $\qquad$ $>$Czy w ogóle jest tu coś do$<$jedzenia? *But*
   $\qquad$czego? $\qquad\qquad\qquad\qquad\qquad\qquad\quad$picia?
   what? Is there anything at all to eat/drink?

-- Jak widzisz: nie ma nic. *As you see: there isn't
   anything.*

D. Uwagi

chce mi się pić: literally, "it wants to me
   to drink."

zjedz!: the Imperative of zjeść *eat up.*

napij się!: the Imperative of napić się + Gen. *have a
   drink of*

do jedzenia, do picia: literally, "for eating," "for
   drinking."

w ogóle: literally, "in general"; often used in the
   sense "at all". Stress in this expression falls exceptionally on the initial syllable: W Ogóle.

E. Zapamiętaj!

prezent *present*
portfel *billfold*
wazon *vase*
zegar -a *clock*
zegarek -a *watch*
sweter -a *sweater*
pierścionek -a *ring*
toreb|ka *handbag*
zabaw|ka *toy*
lal|ka *doll*
pił|ka *ball*
tecz|ka *briefcase*

szuka.ć + Gen. *look for*
zapros.ić *(pf.)* zaprasza.ć
 (impf.) invite

śniadanie *breakfast*
 na śniadanie *for breakfast*
obiad *dinner*
 na obiad *for dinner*
kolacja *supper*
 na kolację *for supper*

sól soli *salt*
pieprz *pepper*
chrzan *horseradish*

i.. i.. *both.. and..*
albo.. albo.. *either.. or..*
ani.. ani.. *neither.. nor..*

NUMBERS 5-100

5 pięć pięciu
6 sześć sześciu
7 siedem siedmiu
8 osiem ośmiu
9 dziewięć dziewięciu
10 dziesięć dziesięciu
11 jedenaście jedenastu
12 dwanaście dwunastu
13 trzynaście trzynastu
14 czternaście czternastu
15 piętnaście piętnastu
16 szesnaście szesnastu
17 siedemnaście -nastu
18 osiemnaście -nastu
19 dziewiętnaście -nastu

20 dwadzieścia dwudziestu
30 trzydzieści trzydziestu
40 czterdzieści czterdziestu
50 pięćdziesiąt -dziesięciu
60 sześćdziesiąt -dziesięciu
70 siedemdziesiąt -dziesięciu
80 osiemdziesiąt -dziesięciu
90 dziewięćdziesiąt dziesięciu
100 sto stu

NOTES ON NUMBERS 5-100

a. Numbers 5 and above take the Genitive plural of
the quantified noun:

    pięć kotów *five cats*
    sześć mieszkań *six apartments*
    siedem książek *seven books.*

b. Compound numbers ending in 2, 3, 4 take the Nominative plural; compound numbers ending in 5, 6, 7, 8, 9
take the Genitive plural:

    dwadzieścia dwa koty *22 cats*
    trzydzieści trzy mieszkania *33 apartments*
    czterdzieści cztery książki *44 books*

dwadzieścia pięć kotów *25 cats*
trzydzieści sześć mieszkań *36 apartments*
czterdzieści siedem książek *47 books.*

c. Compound numbers ending with 1 are formed with jeden, which never changes in form; the expression takes the Genitive plural:

dwadzieścia jeden kotów *21 cats*
trzydzieści jeden mieszkań *31 apartments*
czterdzieści jeden książek *41 books.*

d. Numeral expressions that take the Genitive plural take neuter singular verb agreement; numeral expressions that take the Nominative plural take plural verb agreement:

tu jest pięć kotów *here are five cats*
tu było sześć mieszkań *here are six apartments*
tu będzie siedem książek *here will be seven books*

tu są dwa koty *here are two cats*
tu były trzy hotele *here were three hotels*
tu będą cztery książki *here will be four books.*

e. The ending -u is used in combination with masculine persons:

tu jest pięciu chłopców *here are five boys*
tu było sześciu panów *here were six gentlemen*
tu będzie siedmiu nauczycieli *here will be seven teachers.*

f. The ending -u is also the Genitive, Dative, and Locative case ending of the numeral; the Instrumental ending is -oma:

bez pięciu kotów *without five cats (Genitive)*
z pięcioma kotami *with five cats (Instrumental).*

RULE OF THUMB FOR FORMING THE GENITIVE PLURAL OF NOUNS

If the noun ends in a vowel in the Nom. sg., the Gen. pl. will usually drop the vowel. If the noun ends in a consonant in the Nom. Sg., the G pl. will usually be formed in -ów for hard stems and in -y~i for soft stems:

kobieta, G pl. kobiet   miasto, G pl. miast
świnia, G pl. świń   zdanie, G pl. zdań
adapter, G pl. adapterów   koń, G pl. koni
ptak, G pl. ptaków   twarz *(f.)* G pl. twarzy.

Unloading cabbage at a rural purchase depot.

Kapusta

F. Ćwiczenia

1. szynka: szukam dobrej szynki.

masło, ser, chleb, piwo, kapusta, sok jabłkowy, kiełbasa, czerwone wino.

2. prezent, znajoma: szukam prezentu dla znajomej.

portfel, narzeczony; lalka, córka; książka, kolega; zegarek, żona; wazon, ciocia; butelka wina, przyjaciel; teczka, koleżanka; zegar, ojciec; piłka, syn; pierścionek, narzeczona.

3. 5, briefcase: tu jest pięć teczek.

7, present; 11 ball; 17, toy; 8, ring; 19, doll; 6, clock; 13, magazine; 15, newspaper; 20, novel; 12, vase; 9, watch; 18, handbag; 14, article.

4. 21, 22, 25 zeszyt: a. tu było dwadzieścia jeden
                              zeszytów
                       b. tu były dwadzieścia dwa
                              zeszyty
                       c. tu było dwadzieścia pięć
                              zeszytów.

31, 33, 36 tablica; 41, 44, 47 pióro; 51, 52, 58 koń; 61, 63, 69 pies; 71, 74, 78 ryba; 81, 82, 87 obraz; 91, 93, 96 ptak.

5. 5, student: a. tu będzie pięciu studentów
                b. tu będzie pięć studentek.

7, lecturer; 9, school-teacher; 11 singer; 6, journalist; 16 man/woman; 8, boy/girl; 14 gentleman/lady.

6. my, prezent: a. chcemy kupić prezent
                 b. nie chcemy kupić prezentu
                 c. chcemy kupić prezenty
                 d. nie chcemy kupić prezentów.

ja, piłka; oni, pióro; wy, portfel; on, teczka; pani, wazon; ona, torebka; państwo, zegarek.

my, pies; ja, ryba; oni, koń; wy, kot; on, wąż; pani, świnia; ona, ptak; państwo, krowa.*

---

* krowa G pl. krów.

7. 10, portfel, nauczyciel: a. tu jest dziesięć
                                  portfeli
                               b. tu jest dziesięciu
                                  nauczycieli.

20, prezent, student; 30, dziewczyna, mężczyzna;
40, telewizor, dyrektor; 50, list, służbista; 60,
twarz, piosenkarz; 70, bokser, sweter; 80, stolik*,
urzędnik; 90, ołówek, wujek.

8. briefcase: a. tu jest jedna teczka
                b. tu są dwie teczki
                c. tu jest pięć teczek.

record player, record, car, radio,** book, doll, vase,
television set, lesson, song, pig, tape recorder.

9. Janek, Janka, obiad: a. Janek zaprasza Jankę
                             na obiad.
                          b. Janka zaprasza Janka
                             na obiad.

Karol, Maria, kolacja; Robert, Ewa, obiad; Andrzej,
Marta, śniadanie.

10. Janek, Janka, obiad: zaprosimy albo Janka albo
                           Jankę na obiad.
Use the vocabulary of Exercise 9.

11. invite: a. zapraszam
              b. zaproszę.
ask, write, read, sing, visit, buy, do, recommend, do.

12. invite: a. zapraszamy
              b. zaprosimy.
Use the vocabulary of Exercise 11.

13. my, chleb, masło: a. wolimy chleb z masłem
                        b. wolimy chleb bez masła.
ja, chleb, miód; on, jajko, sól; oni, szynka, chrzan;
wy, płatki kukurydziane, cukier; my, kiełbasa, pieprz;
państwo, płatki owsiane, mleko.

---

* stolik -a *little table*

** radio N pl. radia G pl. radiów.

13. wine, beer: a. jest i wino i sok
                 b. nie ma ani wina ani soku.

coffee, tea; vodka, brandy; milk, juice; bread, cheese; sugar, salt; horseradish, pepper; butter, honey; milk, lemon.

14. 5, watch: a. bez pięciu zegarków
               b. z pięcioma zegarkami.

6, bottle; 7, mug; 8, horse; 9, cup; 10, poodle; 11, chicken; 12, goose; 13, billfold.

15. Translate, using Perfective imperatives:

    eat that: zjedz to.

ask him, invite her, sing that song, visit Warsaw, eat that, have a drink of water, recommend a book.

16. Translate:
    a. I'm looking for a good white wine.
    b. I'm inviting a very important person for dinner tomorrow night at eight o'clock.
    c. Why don't you buy this wine? It's both good and not very expensive.
    d. Are Jan and Dorota here yet? No, not yet.
    e. I usually drink coffee without sugar, but today I will drink it with both sugar and milk.
    f. We always eat ham with horseradish, but today there isn't any horseradish.
    g. He wants to buy a briefcase for his colleague (m.), but he doesn't want to buy an expensive briefcase.
    h. Today there is neither salt nor pepper. Never mind (to nic). I prefer ham without salt and pepper.
    i. I usually eat cornflakes for breakfast, but today instead of cornflakes I am eating bread and (with) butter.
    j. I'm hungry. Well then eat something.
    k. I'm thirsty. Well then have something to drink.
    l. There's nothing either (ani) to drink or (ani) to eat, as usual.
    m. I'm looking for a ring for my wife. Buy her this one. No, I prefer that other one.
    n. Here are two horses and twenty-five cows.
    o. We are waiting for our six acquaintances (m.).
    p. My watch is a lot more expensive than yours.
    q. Let's invite Lola for supper. (Use the 1st pers. pl. imperative).

Czarny chleb i czarna kawa

Czar-ny chleb i czarna ka-wa o-pę-ta-ni sa-mo-tno-ścią my-ślą

swą szu-ka-ją szczę-ścia, któ-re zwie się wol-no-ścią. W do-le

1   Czarny chleb i czarna kawa
    Opętani samotnością
    Myślą swą szukają szczęścia,
    Które zwie się wolnością

2   W dole jaśmin cudnie pachnie
    A na niebie słońce lśni:
    To świadomość mej rozpaczy,
    To świadomość, żem jest nikt.

3   Zrozumiałem to, co miałem,
    Zrozumiałem to, co wiem;
    Ona wtedy zapłakała,
    Zrozumiałem wtedy, że:

4   Czarny chleb i czarna kawa, ...

opętani *(those who are)*
  frenzied
samotność *f. solitude*
myśl *f. thought*
swą = swoją
szczęście *happiness*
zwie się = nazywa się
wolność *f. freedom*
w dole *down below*
jaśmin *jasmine*

cudnie *wonderfully*
pachn.ąć *be fragrant*
niebo *sky*
słońce *sun*
lśn.ić *glisten*
świadomość *f. consciousness*
rozpacz *f. despair*
mej = mojej
żem = że jestem
wtedy *then*
zapłak.ać *burst out crying*

*Note: the first verse may also be sung between verses
    2 and 3.*

180

18

A.   Życiorys pana Kowalczyka

Józef Kowalczyk urodził się w Warszawie. Jego rodzina nie była bogata. Ojciec Józefa był murarzem, a
jego matka zajmowała się domem. Oprócz Józefa w domu
był starszy brat Wojciech i dwie młodsze siostry --
Wioletta i Rozalia.

Mały Józef chodził do miejscowej szkoły podstawo-
wej i średniej. Był przeciętnym uczniem. Miał dość
dobre oceny z matematyki i innych przedmiotów ścisłych,
natomiast znacznie słabsze z języka polskiego.

Po ukończeniu szkoły średniej Józef został powo-
łany do wojska, gdzie służył dwa lata. Po wojsku dostał pracę w wytwórni wód gazowanych w dziale kontroli
jakości. Równocześnie podjął wieczorowe studia z eko-
nomii. Nieoczekiwanie okazał się zdolnym ekonomistą.

Kiedy pan Kowalczyk ukończył studia, otrzymał
pracę w biurze podróży "Zefir", gdzie pracuje do dziś.
Zrobił błyskawiczną karierę, kilkakrotnie zmieniając
stanowisko wewnątrz firmy. Już osiem lat pracuje jako
dyrektor całego przedsiębiorstwa.

życiorys *biography*   zajm.ow.ać się + Inst. *be*
urodz.ić się (pf.) *be born*   *busy with, occupy self with*
prosty *simple*   oprócz + Gen. *besides*
murarz *bricklayer*   miejscowy *local*

Żołnierz

Uniform of the Podhale Brigade

podstawowy *elementary*
szkoła p. *grade school*
średni *middle*
szkoła ś. *high school*
przeciętny *average*
uczeń, pl. uczniowie
  pupil
ocena *(here:) grade*
przedmiot *subject*
ścisły *exact*
natomiast *on the other hand*
znaczny *significant*
(język) polski *Polish lang.*
po_ukończeniu *after finishing*
został_powołany *was drafted*
  (zostać zostanę zostanie)
wojsko *army*
służ.yć *serve*
rok *year*   pl. lata
  G pl. lat
po_wojsku *after the army*
dostać dostanę dostanie
  (pf.) get

wytwórnia *(here:) factory*
woda gazowana *carbonated water*
  (here:) soda pop
kontrola *control*
jakość *(f.) quality*
równocześnie *simultaneously*
podjąć *(podejmę podejmiesz)*
  (pf.) undertake
wieczorowy *(adj.) evening*
ekonomia *economics*
nieoczekiwany *unexpected*
okaz.ać się *(pf.) turn out to be*
ekonomista *(m.) economist*
ukończ.yć *(pf.) complete*
otrzyma.ć *(pf.) receive*
zefir *zephyr*
błyskawiczny *lightning fast*
kariera *career*
kilkakrotnie *several times*
zmieniając *changing*
stanowisko *position, job*
wewnątrz + Gen. *within*
firma *firm, company*
cały *whole, entire*

B. Pytania

1. Gdzie urodził się Józef Kowalczyk?
2. Czy jego rodzina była bogata?
3. Czym był ojciec Józefa? Matka?
4. Czy Józef miał rodzeństwo?
5. Jakim był uczniem?
6. Z jakich przedmiotów był mocny, a z jakich słaby?
7. Co robił po ukończeniu szkoły średniej?
8. Czy pan Kowalczyk ukończył wyższe studia? Jakie?
9. Gdzie dostał pierwszą pracę?
10. Jak się nazywa biuro podróży, w którym pan Kowalczyk jest dyrektorem?
11. Czy on zawsze był dyrektorem tej firmy?
12. Czy jest zdolnym dyrektorem?
13. Jak długo pan Kowalczyk jest dyrektorem tego przedsiębiorstwa?

mocny *strong (here:) good*   wyższe studia *higher (advanced) studies*

XVIII

C. Gramatyka

  1. THE PAST TENSE OF VERBS

    Verbs whose infinitive ends in a vowel plus -ć
form the past tense by dropping the -ć and adding the
past-tense endings:

    Singular

	masculine	feminine	neuter
1st pers.	-łem	-łam	-
2nd pers.	-łeś	-łaś	-
3rd pers.	-ł	-ła	-ło

    Plural

	masculine persons	all others
1st pers.	-liśmy	-łyśmy
2nd pers.	-liście	-łyście
3rd pers.	-li	-ły

Verbs in -eć change the -e- to -a- everywhere except
in the masculine personal plural. Illustrations:

pyta.ć *ask*

pytałem	pytałam	-	pytaliśmy	pytałyśmy
pytałeś	pytałaś	-	pytaliście	pytałyście
pytał	pytała	pytało	pytali	pytały

rob.ić *do*

robiłem	robiłam	-	robiliśmy	robiłyśmy
robiłeś	robiłaś	-	robiliście	robiłyście
robił	robiła	robiło	robili	robiły

mieć *have*

miałem	miałam	-	mieliśmy	miałyśmy
miałeś	miałaś	-	mieliście	miałyście
miał	miała	miało	mieli	miały

For the past tense of verbs with infinitives in -ąć,
-ść, -źć, see Lesson XX.C.4.

EXCEPTIONAL PAST TENSE FORMATIONS

a. The past tense of the verb **móc** *be able* is formed
by adding the past endings to the underlying stem **mog-**:

Singular   Plural

masc.	fem.	neut.	masc. p.	other
mogłem	mogłam		mogliśmy	mogłyśmy
mogłeś	mogłaś		mogliście	mogłyście
mógł	mogła	mogło	mogli	mogły .

b. The past tense of **jeść** *eat* is formed on the stem
jad-:

jadłem	jadłam		jedliśmy	jadłyśmy
jadłeś	jadłaś		jedliście	jadłyście
jadł	jadła	jadło	jedli	jadły .

c. The past tense of **iść** *go* is as follows:

szedłem	szłam		szliśmy	szłyśmy
szedłeś	szłaś		szliście	szłyście
szedł	szła	szło	szli	szły .

2. PARTICIPLES AND VERBAL NOUNS (INTRODUCTION)

a. Verbal participle in -ąc

A verbal participle in the meaning "while ...-ing"
may be formed by what amounts to adding **-c** to the 3rd
person plural present form of the verb:

robić *do*	robiąc *(while) doing*
pytać *ask*	pytając *(while) asking*
dziękować *thank*	dziękując *(while) thanking*
iść *go*	idąc *(while) going*
chcieć *want*	chcąc *(while) wanting*

and so on. The implied subject of the verbal participle must be the same as the subject of the main verb
in the sentence:

Przebywając w wojsku, pan Kowalczyk uczęszczał na
różne kursy. *While staying in the army, Mr.
Kowalczyk attended various courses.*

185

XVIII

b. Adjectival Participle in -ący

An adjectival participle may be formed by adding adjectival endings to the verbal participle:

robić *do*	robiący *doing*
pytać *ask*	pytający *asking*
dziękować *thank*	dziękujący *thanking*
iść *go*	idący *going*
chcieć *want*	chcący *wanting*

and so on. The use of the adjectival participle is by and large restricted to writing. Examples:

Człowiek tam idący to mój znajomy. *The man walking over there is my acquaintance.*
Nie znam człowieka pracującego w tym biurze. *I don't know the man who works in that office.*

Often the adjectival participle will be used by itself in the meaning "one who":

Mówiący ciągle zmieniał temat. *The speaker constantly changed the subject.*

Many independent adjectives are adjectival participles by origin: **wymagający** *demanding* (from **wymagać**), inter-esujący *interesting* (from interesować), and so on.

c. Verbal Noun in -nie

Verbs of Conjugation I and II, and verbs of Conjugation III ending in -ać, can form a noun of neuter gender by dropping -ć from the infinitive and adding -nie. Verbs of Conjugation II in -(y∿i) change (y ∿ i) to e and form the verbal noun on a stem similar to the 1st pers. sg. present:

robić robię *do*	robienie *(the) doing*
zwiedzić zwiedzę *visit*	zwiedzenie *(the) visiting*
czytać *read*	czytanie *(the) reading*
pisać *write*	pisanie *(the) writing.*

Verbal nouns are often followed by nouns in the Genitive case: czytanie książki *the reading of the book,* pisanie artykułu *the writing of the article,* and so on.

3. SOME NOUNS WITH IRREGULAR OR SUPPLETIVE PLURALS

brat *brother*; pl. bracia GA braci I braćmi

człowiek *man*; pl. ludzie GA ludzi I ludźmi

dziecko *child*; pl. dzieci GA dzieci I dziećmi

przyjaciel *friend*; pl. przyjaciele GA przyjaciół I przyjaciółmi

rok *year*; pl. lata G lat I laty *or* latami.

REVIEW OF THE MOST IMPORTANT VERBS IN LESSONS I-XVIII

In this list, as in the vocabulary at the end of
the book, if the Perfective verb is formed from the Imperfective by prefixation, the Imperfective form is giv-
en first, followed by the perfectivizing prefix. If
the Imperfective is formed from the Perfective by suffix-
ation, the Perfective form is given first, followed by
the Imperfective form. Verbs cited alone are Imperfective unless otherwise indicated (by a following *pf.*)

bać się boję boisz + G
  fear be afraid of
baw.ić się *play*
brać biorę bierzesz *take*
być jestem jesteś *be*
chcieć chcę chcesz *want*
chodz.ić *go (often)*
ciesz.yć się z+G *be glad*
czeka.ć na+A za- *wait for*
czyta.ć prze- *read*
dostać -stanę staniesz
  pf. get
dzięk.ow.ać *thank*
dziw.ić się *be surprised*
interes.ow.ać się + I
  be interested in
iść idę idziesz *be going*
jeść jem jesz jedzą z- *eat*
kocha.ć *love*
kompon.ow.ać *compose*
kup.ić kup.ow.ać *buy*
lub.ić *like*
martw.ić się o+A *worry about*
mieć mam masz *have*
mieszka.ć *live (reside)*
móc mogę możesz *be able*
mów.ić *(pf.* powiedzieć)
  say, speak, talk
musi.eć *must, have to*
nazywa.ć się *be called*
nudz.ić się *be bored*
ogląda.ć *(pf.* obejrz.eć)
  watch, look at
okaz.ać się *pf. turn out*
pamięta.ć *remember*
pi.ć wy- *drink*
pis.ać na- *write*
płac.ić za- *pay*
podoba.ć się *be pleasing*
podróż.ow.ać *travel*
polec.ić poleca.ć *recommend*

powiedzieć powiem powiesz
  powiedzą *pf. say, tell*
pozna.ć *pf. meet*
prac.ow.ać *work*
pros.ić po- *request, ask*
przebywa.ć *stay*
przeprasza.ć *beg pardon*
przedstaw.ić *pf. present*
pyta.ć za- *ask (a question)*
rob.ić z- *do*
rozumieć -em -esz z- *understand*
słuchać +G *listen to*
spędza.ć *spend (time)*
studi.ow.ać *study*
stworz.yć *pf. create*
śpiesz.yć się *hurry*
szuka.ć + G *look for*
śpiewa.ć za- *sing*
tęskn.ić za+I *long for*
tkw.ić *stick*
uczęszcza.ć na+A *attend*
ucz.yć się + G *study*
umieć -em -esz *know how*
urodz.ić się *pf. be born*
uważa.ć za+A *consider*
wątp.ić w+A *doubt (in)*
widzi.eć *(pf.* zobacz.yć) *see*
wiedzieć wiem wiesz wiedzą
  know
wol.eć *prefer*
wstąp.ić do + G *pf. join*
wstydz.ić się *be embarrassed*
wygląda.ć *look (appear)*
zajm.ow.ać się + I *be busy
  with*
zapros.ić zaprasza.ć *invite*
zmien.ić zmienia.ć *change*
zna.ć *know*
zwiedz.ić zwiedza.ć *visit*

XVIII

D. Ćwiczenia

1. prosić: a. prosiłem, prosiłam
            b. prosiliśmy, prosiłyśmy.

kochać, umieć, zapraszać, móc, płacić, cieszyć się,
dziękować, iść.

2. czytać: a. co czytasz?
            b. co czytałeś, co czytałaś?
            c. co czytaliście, co czytałyście?

robić, mieć, woleć, rozumieć, brać, studiować, lubić.

3. śpiewać: a. oni nic nie śpiewają
             b. oni nic nie śpiewali
             c. one nic nie śpiewały.

widzieć, pisać, polecać, potrafić, jeść, czytać, hodować, mówić, pić, słyszeć.

4. study: a. studiuję
           b. studiowałem, studiowałam.

be afraid, play, want, be, go (regularly), wait, be
surprised, be interested, be embarrassed.

5. compose: a. on/a komponuje
             b. on komponował, ona komponowała.

be worried, live, be bored, remember, travel, advise,
stay, be in a hurry, attend.

6. Make simple sentences using the indicated verbs
   and a form of the pronoun co: NA co G czego,
   I czym. Check the verb first in the review list.

      cieszyć się: z czego się cieszysz?

uczyć się, zajmować się, uczęszczać, wątpić, bać się,
szukać, interesować się, tęsknić, słuchać, czekać, martwić się.

7. reading that a. stracił.em/am za dużo czasu
   book: czytając tę książkę*
                 b. stracił.em/am za dużo czasu
                    na czytanie tej książki.

---

* stracić czas *waste time*.

watching that film, writing that article, studying that book, singing that song, asking those questions, working in the office, raising those animals, waiting for Ewa, occupying myself with the house, playing with your children.

8. mam: miałem, miałam.

boi się, bawimy się, chcą, dziękujecie, kochasz, nudzą się, pijemy, piszecie, podróżuję, mogę, jesz, robią, przebywamy, widzi, wolę, śpieszycie się, biorę, rozumiem, muszą.

9. Use the two words in some simple sentence, not necessarily following the model:

    rich family: nasza rodzina nie jest zbyt bogata.

simple bricklayer, older brother, younger sister, local elementary school, free time, ingenious economist, lightning-quick career, entire enterprise, exact subjects.

10. Józef, Wojciech: oprócz Józefa był też Wojciech.

Wojciech, Rozalia; Rozalia, Marcin; Marcin, Ela; Ela, Zbigniew; Zbigniew, Wacław; Wacław, Ewa.

11. job: zajmuję się pracą.

home, family, brothers-and-sisters, army, school, office.

12. singing: on zajmuje się śpiewaniem.

writing, reading, playing, worrying, traveling; watching television, listening to music, composing music.

13. brother, actor: jego brat okazał się zdolnym
                        aktorem.

uncle, manager; aunt, actress; daughter, dancer; mother, journalist; colleague (m.), boxer; son, bricklayer; father, economist; friend (m.), singer.

14. firm: wewnątrz firmy.

enterprise, school, army, office, university.

15. 5:   już pięć lat jest dyrektorem.

2, 7, 1, 6, 3, 8, 9, 4, 11, 22, 55.

XVIII

16. bać się: bojąc się.
pracować, pytać, tkwić, uważać, woleć, zmieniać, komponować, nazywać się, pić, chodzić, iść, lubić, mieszkać.

17. chodzić: chodzenie.
czytać, hodować, uczyć się, stworzyć, zwiedzić, szukać,
polecić, prosić, czekać, oglądać, urodzić, mówić.

18. brat: a. bez brata
                   b. bez braci
                   c. z bratem
                   d. z braćmi.

przyjaciel, znajomy*, kolega, dziecko, człowiek.

19. człowiek pracuje w biurze: ...człowiek pracujący
                                        w biurze...
kobieta śpieszy się do pracy; chłopiec interesuje się
muzyką; dzieci hodują zwierzęta; dziewczyna ogląda
telewizję; dziecko śpiewa piosenkę.

20. oglądać telewizję, a. oglądając telewizję,
       studiować: studiuję
                        b. studiując, oglądam
                               telewizję.

śpieszyć się do pracy, śpiewać piosenkę; uczyć się,
martwić się o stopnie**; czekać na przyjaciela, czytać
gazetę; nudzić się, szukać prezentów dla dzieci.

21. Translate:
    a. His father is a bricklayer, and his mother
        takes care of the house.
    b. After finishing the university, he was drafted
        into the army for (na + Acc.) two years.
    c. After the army, Mr. Kowalczyk got a job in a
        soda water factory, where he took care of
        (use zajmować się) quality control.
    d. He got the job in the travel office through
        (przez + Acc.) a good friend.
    e. Mr. Kowalczyk was quite good at (z + Gen.)
        mathematics, but much weaker in other subjects.
    f. Besides his younger brother Wojciech, there
        were two younger sisters at home.
    g. Mr. Kowalczyk turned out to be a talented
        manager.

---

* ze znajomym.   ** stopień *grade*.

190

E. Lektura uzupełniająca

Pan Julian Czyż

Pan Julian Czyż jest malarzem abstrakcyjnym. Ma
głośne nazwisko jako abstrakcjonista i ma też bardzo
długą brodę. Broda jest czarna i sztuczna. Jest to
broda abstrakcyjna.

Pan Julian jest ogromnie popularny. Zdaniem kry-
tyków sztuki, sekret jego popularności tkwi w intelektu-
alnym ładunku jego malarstwa. Pan Julian jest zdumiewająco płodnym artystą. Trudno jest zrozumieć, w jaki
sposób potrafi stworzyć tyle wybitnych dzieł sztuki
w tak zdumiewająco krótkim czasie. Rzecz jasna, że
pan Julian Czyż jest nie tylko wyjątkowo płodnym artystą, lecz również bardzo bogatym człowiekiem.

malarz *painter*
abstrakcyjny *abstract*
głośny *(here:) famous*
nazwisko *(last) name*
abstrakcjonista *(masc.)*
  abstractionist
długi *long*
broda *beard*
sztuczny *artificial*
ogromny *tremendous*
zdanie *opinion*
  zdaniem *in the opinion*
krytyk *critic*
sztuka *art*
sekret *secret*
popularność *(f.) popularity*
tkw.ić *stick; (here:)*
  consist in
intelektualny *intellectual*
ładunęk *load (here:)*
  content
malarstwo *painting (in general)*

zdumiewająco *amazingly*
płodny *fruitful*
artysta *(masc.) artist*
trudny *difficult;* trudno
  jest *it is difficult*
zrozumieć *pf. understand*
sposób *manner;* w jaki sposób *in what manner, way*
potraf.ić *manage*
stworz.yć *pf. create*
tyle + Gen. pl. *so many*
wybitny *outstanding*
dzieło *work (of art)*
krótki *short*
czas *time;* w krótkim czasie
  in a short time
rzecz *(fem.) thing;* rzecz
  jasna *it is clear*
jasny *clear, bright, light*
wyjątkowo *exceptionally*
lecz *but (literary)*
również *also, likewise*

Exercises:

1. Write at least eight questions based on the above
    text and write answers to them.

2. Find in the above vocabulary ten nouns that
    can logically occur in the Genitive plural
    (they must be countable), and use them in the
    frame: tyle + Gen. pl. Example:

    malarz: tyle malarzy.

Pan Julian Czyż jest malarzem abstrakcyjnym.

19

A.   Mylisz się

-- Kto to są ci ludzie? *Who are those people?*

-- Jacy ludzie? *What people?*

-- Ten pan z<broda̦ / wa̦sami >i ta pani z<krótkimi / długimi >włosami.
    *That man with the beard/mustache and that woman
    with the short/long hair.*

-- Aha. To są państwo<Zielińscy, / Klimczakowie, >nasi dobrzy
    znajomi. *Oh. That's Mr. and Mrs. Zielinski/
    Klimczak, our good acquaintances.*

-- Wydaje mi się, że są dość dziwni. *It seems to me
    that they're rather strange.*

-- Nie, mylisz się. Oni są naprawdę bardzo mili.
    Przekonasz się o tym, kiedy ich bliżej poznasz.
    *No, you're mistaken. They're really very nice.
    You'll find (that) out when you get to know them
    better.*

Summer in Gdansk.

B.   Bez przesady

-- Czy twoi sąsiedzi zawsze są tacy hałaśliwi? *Are
   your neighbors always so noisy?*

-- Nie zawsze. Widocznie obchodzą dziś czyjeś imieniny.
   *Not always. Evidently they're observing some-
   body's name day today.*

-- Nie uważasz, że powinni mieć trochę taktu wobec sąsiadów? *Don't you think they should have a little
   respect for their neighbors?*

-- Bez przesady. Imieniny przypadają tylko raz w roku,
   i trzeba je obchodzić. *Don't exaggerate. A name
   day comes only once a year, and you have to cele-
   brate it.*

C.   Bardzo się zestarzałeś

-- Czy wszyscy twoi koledzy są tacy młodzi? *Are all
   of your friends so young?*

-- Czego się spodziewasz? To są studenci. Jedni
   są młodsi, a inni starsi. *What do you expect.
   They're students. Some are younger, others are
   older.*

-- Może ja po prostu jestem zbyt star.y/a. *Maybe I am
   simply too old.*

-- Może tak. Bardzo się zestarzał.eś/aś ostatnio. *Maybe
   so. You've grown a lot older lately.*

D. Uwagi

imieniny *name day:*   a plural form. A name day is
   the day of the saint for whom one is named. Poles
   tend to make more of one's name day than one's
   birthday.

bez przesady: literally, "without exaggeration."

spodziewa.ć się + Gen. *expect.*

wobec + Gen. *in regard to*

włosy *hair,* wąsy *mustache:* note that these words occur
   in the plural (unless referring to a single hair or
   a single side of a mustache).

jedni... inni *some... others.*

195

E. Zapamiętaj!

SOME MASCULINE PERSONAL NOUNS

murarz *bricklayer*
lekarz *doctor*
pisarz *writer*
żołnierz *soldier*
listonosz *mailman*
kelner *waiter*
fryzjer *barber*
autor *author*
inżynier *engineer*
okulista *(m.) oculist*
dentysta *(m.) dentist*
adwokat *lawyer*

student *student*
milicjant *policeman*
pilot *pilot*
klient *customer*
ekspedient *salesperson*
biolog *biologist*
elektryk *electrician*
hydraulik *plumber*
księgowy *(adj. noun) book-keeper*
sąsiad *pl.* sąsiedzi G sąsiadów *neighbor*

SOME SUBJECTS OF STUDY

muzyka *music*
śpiew *singing*
taniec *dance, dancing*
historia *history*
biologia *biology*

matematyka *mathematics*
fizyka *physics*
chemia *chemistry*
księgowość *book-keeping*
pielęgniarstwo *nursing*

SOME LANGUAGES

język -a *tongue, language*
  (język) polski *Polish (language)*
rosyjski *Russian*
angielski *English*
chiński *Chinese*

francuski *French*
niemiecki *German*
hiszpański *Spanish*
włoski *Italian*
japoński *Japanese*
łaciński *Latin*

OTHER EXPRESSIONS

zarabia.ć *earn*
ciężko *(ciężej)* pracować
  work hard (harder)
ucz.yć się + Gen. *study*
ucz.yć + Acc. + Gen. *teach*
  Uczę się niemieckiego.
  I'm studying German
  Uczę ją muzyki.
  I'm teaching her music

zajm.ow.ać się + Inst.
  be busy, occupied with
sympatyczny *nice, sympathetic*
zarozumiały *conceited*
niegrzeczny *impolite, rude*
fachowy *expert, professional*
niekompetentny *incompetent*
chciwy *greedy*
hałaśliwy *noisy*

Nasz klient -- nasz pan! *Our customer: our master! (Polish version of "The customer is always right")*

THE NOMINATIVE PLURAL OF MASCULINE PERSONAL NOUNS

The category of "masculine persons" refers either to all-male or to mixed male and female groups. In general, nouns referring to males in the singular become masculine personal nouns in the plural.

a. Hard-stem masculine personal nouns (nouns with stems in p, b, f, w, m, t, d, s, z, n, ł, r, k, g, ch) soften the stem consonant before the ending -(y/i). Stems that are already soft take the regular ending -e:

hard	student *student*	Nom. pl.	studenci
	kolega *colleague*	Nom. pl.	koledzy
	aktor *actor*	Nom. pl.	aktorzy
soft	listonosz *mailman*	Nom. pl.	listonosze
	piosenkarz *singer*	Nom. pl.	piosenkarze
	nauczyciel *teacher*	Nom. pl.	nauczyciele

Chart of Consonant Softenings:

Hard C	p	b	f	w	m	t	d	s	z	n
Soft C'	p'	b'	f'	w'	m'	ć	dź	ś	ź	ń
C'+(y/i)	pi	bi	fi	wi	mi	ci	dzi	si	zi	ni

ł	r	k	g	ch	st	zd	sn	zn	sł	zł
l	rz	c	dz	ś	ść	źdź	śń	źń	śl	źl
li	rzy	cy	dzy	si	ści	ździ	śni	źni	śli	źli

b. Adjectives agreeing with masculine personal nouns in the Nominative plural take the ending -(y/i) and soften the stem consonant as described above. In addition, stem-final sz goes to ś. Adjectives ending in -ony change this to -eni:

dobry student	dobrzy studenci
polski sąsiad	polscy sąsiedzi
miły kolega	mili koledzy
angielski specjalista	angielscy specjaliści
zwykły urzędnik	zwykli urzędnicy
zły aktor	źli aktorzy
młody piosenkarz	młodzi piosenkarze
wielki geniusz	wielcy geniusze
stary przyjaciel	starzy przyjaciele
zapalony czytelnik	zapaleni czytelnicy
zmęczony murarz	zmęczeni murarze
starszy mężczyzna	starsi mężczyźni.

c. Names for male relations and titles, most of which take Nom. pl. in -owie, also take masculine personal adjectival agreement in the plural:

młody mąż	młodzi mężowie
stary pan	starzy panowie
miły brat	mili bracia
starszy syn	starsi synowie
twój wujek	twoi wujkowie
wasz ojciec	wasi ojcowie.

d. The plural forms ludzie *people*, rodzice *parents*, and the masculine personal pronoun of polite address państwo also take masculine personal adjectival agreement:

ci mili ludzie *those nice people*
moi starzy rodzice *my old parents*
ci dziwni państwo *that strange couple* .

e. Last names ending in -ski are treated as adjectives and are softened accordingly in the plural. Last names in a consonant are treated as nouns and take the ending -owie:

państwo Kowalscy *Mr. and Mrs. Kowalski*
państwo Kowalczykowie *Mr. and Mr. Kowalczyk* .

f. The numbers 2, 3, 4 have special masculine personal forms: dwaj, trzej, czterej.

Tu są dwaj studenci. *There are two students here.*
Tam są czterej milicjanci. *There are four policmen there.*

The numerals dwaj, trzej, and czterej imply that the group is all-male. For a mixed sex group, one uses the forms dwoje, troje, and czworo plus the Genitive:

Tu jest czworo studentów. *There are four students (of possibly mixed sex) here.*

Fryzjer

Women's/men's hairdresser.

XIX

F. Ćwiczenia

1. pan: kto to są ci panowie?

pani, osoba, student, chłopiec,* człowiek, kobieta, mężczyzna.

2. Klimczak: to są państwo Klimczakowie.

Głowacki, Szydlak, Żurawski, Szulc, Krylski, Szajdler, Polakiewicz, Rurawski.

3. Kowalski, nowy   to są państwo Kowalscy, nasi
   sąsiad: nowi sąsiedzi.

Rylski, dobry znajomy; Janczak, stary kolega; Kulewicz, drogi przyjaciel; Pietrzak, polski sąsiad.

4. młody lekarz: a. czy każdy lekarz jest taki
                       młody?
                    b. czy wszyscy lekarze są tacy
                       młodzi?

dobry autor, drogi okulista, zdolny elektryk, wymagający** klient, hałaśliwy sąsiad, młody żołnierz, stary listonosz, szybki pilot, zajęty dentysta, zarozumiały pisarz, uparty kelner, grzeczny ekspedient, inteligentny student, pracowity murarz, dobrze ubrany księgowy, leniwy inżynier, gruby milicjant, sprawny urzędnik, chciwy hydraulik, dziwny czytelnik.

5. Give your opinion as to which works harder and
   as to which makes more money:

   lekarz, hydraulik: a. lekarze zarabiają lepiej
                           niż hydraulicy.
                       b. hydraulicy pracują cię-
                           żej niż lekarze.

lekarz, murarz; dentysta, okulista; pilot, adwokat; kelner, fryzjer; milicjant, student; elektryk, urzędnik; listonosz, księgowy.

6. Put the nationality adjectives in whichever order
   you prefer:

   Russian, Polish,   polscy dentyści są lepsi niż
   dentist: rosyjscy.

_____
* pl. chłopcy   ** masc. pers. pl. wymagający

English, French, lawyer; Japanese, Chinese, hairdresser; Spanish, Italian, biologist; French, German, soldier; Russian, Polish, waiter; Canadian, American, mailman.

7. demanding school-   nasi nauczyciele są bardzo
   teacher (m.)   wymagający.

interesting writer; busy student; modest neighbor; efficient mailman; hard-working policeman; polite waiter; finicky customer; conceited college teacher (m.); satisfied brick-layer.

8. Derive the female variant on the basis of words you already know:

okulista: okulistka.

dentysta, lekarz, autor, klient, sąsiad, pisarz, kelner, ekspedient, milicjant, księgowy, pilot, adwokat.

9. oculist: a. to są dobrzy okuliści
               b. to są dobre okulistki.

dentist, author, writer, waiter, doctor, customer, neighbor, policeman, book-keeper, salesperson.

   oculist: a. chciał(a)bym poznać tych okulistów
               b. chciał(a)bym poznać te okulistki.

Use the vocabulary of Exercise 9.

10. 4 oculists: a. tam są czterej okuliści
                   b. tam są cztery okulistki
                   c. tam jest czworo okulistów.

3 policemen; 2 customers; 4 waiters; 3 neighbors; 2 students; 4 singers.

11. 3, 5, waiters: a. tam są trzej kelnerzy
                      b. tam jest pięciu kelnerów.

2, 7, doctors; 3, 6, soldiers; 4, 8, mailmen; 4, 13, college teachers; 3, 9, biologists.

12. French, 5:   uczę się francuskiego już pięć lat.

Polish, 1; English, 4; Russian, 2; Spanish, 7; Italian, 6; Chinese, 3; Japanese, 11; German, 8; Latin, 4.

13. biology:
    a. studiuję biologię
    b. uczę się biologii
    c. zajmuję się biologią.

physics, chemistry, music, dancing, history, mathematics, book-keeping, nursing, singing; languages.

14. Ewa, muzyka: uczę Ewę muzyki.

Andrzej, śpiew; Ela, taniec; Marek, literatura polska; Marta, nowa piosenka; Feliks, popularny taniec.

15. 3 demanding customers:
    a. tam są nasi trzej najbardziej wymagający klienci
    b. tam są nasze trzy najbardziej wymagające klientki.

2 intelligent students; 4 polite waiters, 3 important doctors, 2 efficient pilots, 4 professional lawyers.

16. 5 greedy dentists:
    a. tam jest naszych pięciu najbardziej chciwych dentystów
    b. tam jest naszych pięć najbardziej chciwych dentystek.

5 conceited writers; 6 impolite salespersons; 7 incompetent hairdresser; 8 noisy neighbors.

17. Translate:

  a. Who are those men with the long beards and the short hair?
  b. Those are my very dear friends.
  c. All my neighbors are noisy. -- Don't exaggerate!
  d. I've been studying French 5 years already, but I still can't speak French very well.
  e. That's strange.* I've been studying Polish only two years, and I speak Polish even better than English.
  f. I'm probably too old to go to such concerts.
  g. Are those five old men your acquaintances?
  h. You are very impolite lately.
  i. Perhaps that man is a talented writer, but he is also the most conceited person that I know.
  j. Don't you think that French writers are more interesting than English?

---

* to dziwne.

20

A.   Życiorys pana Orłowskiego *

Wiktor Orłowski urodził się jedenastego grudnia
tysiąc dziewięćset czterdziestego dziewiątego roku w
małej wsi w województwie krakowskim. Jego rodzina pra-
cowała na roli w rodzinnym gospodarstwie. Kiedy Wiktor
miał sześć lat, rodzina kupiła dom i ogromną szklarnię
w okolicy Krakowa. Wiktor -- w latach szkolnych -- był
zmuszony pomagać rodzinie w szklarni i dlatego teraz na
samą myśl o pomidorach, kwiatach i krzewach ozdobnych
robi mu się słabo.

Rodzice oczekiwali, że Wiktor z czasem obejmie po
nich gospodarstwo, jednak on wciąż marzył o zawodzie
adwokata. W dwudziestym roku życia, po paru nieudanych
próbach, Wiktor zdał wreszcie egzaminy i został przyjęty na uniwersytet na wydział prawa. Studia prawnicze
nie dały mu jednak spodziewanej satysfakcji i ostatecznie zrezygnował z nich po jednym roku.

Na uniwersytecie Wiktor zakochał się w pięknej
studentce z polonistyki, i przez pewien czas myślał o

---

* Underlined endings illustrate the use of the Locative
case following the prepositions w, na, o, przy, po.
Consult the grammar section of this lesson concerning
the formation of the Locative case.

Gospodarstwo

Traditional farming techniques are still em-
ployed on many individual farms.

przeniesieni<u>u</u> się na ten kierunek. Niestety, miłość
ta nie była wzajemna, więc w końc<u>u</u> zrezygnował też z
tego pomysłu.

Któregoś dnia, próbując zapomnieć o swoj<u>ej</u> nie-
szczęśliw<u>ej</u> miłośc<u>i</u>, pan Wiktor znalazł się przypadkiem
w miejscow<u>ej</u> knajp<u>ie</u> przy wspólnym stoliku z przebywa-
jącym w Krakow<u>ie</u> w spraw<u>ie</u> służbow<u>ej</u> panem Józefem Ko-
walczykiem. Po par<u>u</u> jasn<u>ych</u> piw<u>ach</u> pan Wiktor i pan
Józef zaprzyjaźnili się. Wynikiem tej przypadkowej
znajomości pan Wiktor został zatrudniony przez pana
Kowalczyka jako urzędnik w warszawsk<u>im</u> biurz<u>e</u> podróży
"Zefir".

Niestety, pan Wiktor jest równie nieszczęśliwy
w swoj<u>ej</u> prac<u>y</u>, jak kiedyś był w miłośc<u>i</u>.

jedenastego ... roku *on Dec-*
  ember 11, 1949. A Genitive of
  time expression - see L. XXII.
grudzi<u>eń</u> grudnia *December*
tysiąc -a *thousand*
dziewięćset *nine hundred*
czterdziest<u>y</u> *forty*
wi<u>eś</u> wsi *village (f.)*
  we wsi *in a village*
województwo *county*
krakowski *(adj.) Krakow*
rola *soil, land*
rodzinny *(adj.) family*
ogromny *huge, immense*
szklarnia *hot-house*
okolica *neighborhood*
szkolny *(adj.) school*
zmuszony *forced*
pomaga.ć + Dat. *help*
dlatego *therefore*
myśl *(f.) thought* na samą
  myśl *at the very thought*
pomidor *tomato*
kwiat *flower*
krzew *shrub*
ozdobny *decorative*
rob.ić się *become* robi
  mu się słabo *he gets sick*
oczek.iw.ać *expect*
objąć obejmę obejmiesz
  (pf.) take over, embrace
po + Loc. *after*
wciąż *continually*
marz.yć *(day)dream*

zawód zawod- *profession*
parę paru paroma *(numeral)*
  a couple
próba *attempt*
nieudany *unsuccessful*
zda.ć zdadzą *(pf.) pass*
  (an examination)
wreszcie *at last*
egzamin *examination*
zostać zostanę zostaniesz
  (pf.) get, become, be
przyjęty *accepted*
wydział *department*
prawo *law, right*
studium *(neut.) study*
  pl. studia G studiów
prawniczy *legal*
spodziewany *expected*
satysfakcja *satisfaction*
ostateczny *final*
zrezygn.ow.ać z + Gen. *(pf.)*
  resign from
zakocha.ć się w + Loc.
  (pf.) fall in love with
polonistyka *Polish studies*
przez + Acc. *for, during a*
  period of time
myśl.eć *think*
przenieść się -niosę
  -niesiesz *(pf.) transfer,*
  move
kierun<u>e</u>k *direction, course*
  of study

205

XX

miłość *(f.) love*
wzajemny *mutual*
koniec końca *end*
pomysł *idea*
któregoś dnia *one day*
  (a Gen. of time)
prób.ow.ać *try, attempt*
zapomnieć -pomnę -pomnisz
  (pf.) forget
znaleźć się znajdę znaj-
  dziesz *(pf.) find oneself*
przypadęk *chance, accident*
  przypadkiem *by chance*
knajpa *tavern*
przy + Loc. *at (a table)*
wspólny *common, shared*
przebywa.ć *stay*
  przebywający *staying*

sprawa *matter, affair*
  w sprawie *on a matter*
służbowy *official*
zaprzyjaźn.ić się *(pf.)*
  make friends
wynik *result* wynikiem *as*
  the result (of)
przypadkowy *accidental*
znajomość *(f.) acquaintance*
zatrudn.ić *(pf.) hire*
  zatrudniony *hired*
przez + Acc. *by (a person)*
równy *equal, level*
kiedyś *once*

B. Pytania

1. Gdzie i kiedy urodził się Wiktor Orłowski?
2. Co się stało, kiedy Wiktor miał sześć lat?
3. Czy pan Wiktor wykazuje skłonności ogrodnicze?
4. Co hodowała rodzina w szklarni?
5. Dlaczego Wiktor nie chciał objąć rodzinnego gospo-
    darstwa po rodzicach?
6. Czy łatwo mu było dostać się na uniwersytet?
7. Dlaczego zrezygnował ze studiów?
8. Jakie było ważne wydarzenie w życiu Wiktora pod-
    czas studiów?
9. Czy powodziło mu się w miłości? Czy można się
    domyślać, dlaczego?
10. W jaki sposób pan Wiktor poznał pana Kowalczyka?
11. Jaki był wynik tego przypadkowego spotkania?
12. Jakie cechy charakteru wykazuje pan Orłowski?
13. Czy uważasz, że pan Orłowski mógłby jeszcze raz
    się zakochać?

wykaz.yw.ać *exhibit*
skłonność *(f.) proclivity*
ogrodniczy *gardening*
hod.ow.ać *raise, cultivate*
dostać się -stanę -staniesz
  (pf.) (here:) get into
wydarzenie *event*
domyśl.ać się *guess, specu-
  late*
sposób sposob- *way, manner*
  w jaki sposób *in what way*

pozna.ć *(pf.) meet*
spotkanie *meeting*
cecha *trait*
charakter *character*
mógłby *"could be able"*
  (conditional of móc*)*
jeszcze raz *one more time*

C. Gramatyka

1. THE LOCATIVE CASE

The Locative case is perhaps the simplest to use of the Polish cases: it occurs only after the prepositions w *in*, na *on*, po *after*, przy *at, near*, and o *about*. All these prepositions are illustrated in this lesson's reading. The Locative case endings are as follows:

Singular	Adjective	Noun
Feminine:	-ej	-'e or -(y/i)
Masculine and Neuter:	-(y/i)m	-'e or -u
Plural, all genders:	-(y/i)ch	-ach .

If a noun stem is "softenable," the singular ending is -'e (and the stem is softened). Otherwise, the ending is -(y/i) for feminine and -u for masculine and neuter. Softenings are the same as described for masculine personal plural nouns (XIX), with the following exceptions:

a. k, g, and ch are softenable only with feminine nouns, not with masculine and neuter nouns. For example, the Locative of **książka** is **książce**, but the Locative of **ptak** is **ptaku**; of **biurko**, **biurku**.

b. ch softens to sz (not ś as with adjectives): mucha *fly*, Loc. **musze**.

The table of softenings is repeated below for easier reference:

C	p	b	f	w	m	t	d	s	z	n
C'	p'	b'	f'	w'	m'	ć	dź	ś	ź	ń
C'+e	pie	bie	fie	wie	mie	cie	dzie	sie	zie	nie

C	ł	r	k	g	ch	st	zd	sn	zn	sł
C'	l	rz	c	dz	sz	ść	źdź	śń	źń	śl
C'+e	le	rze	ce	dze	sze	ście	ździe	śnie	źnie	śle

Here are some examples of some Locative case forms:

XX

	Sg.	Pl.

Feminine hard-stems:

stara lampa	starej lampie	starych lampach
dobra krowa	dobrej krowie	dobrych krowach
dziwna ryba	dziwnej rybie	dziwnych rybach
moja płyta	mojej płycie	moich płytach
nasza córka	naszej córce	naszych córkach

Feminine soft stems:

miła ciocia	miłej cioci	miłych ciociach
ładna twarz	ładnej twarzy	ładnych twarzach
nudna powieść	nudnej powieści	nudnych powieściach
mała wieś	małej wsi	małych wsiach
duża szklarnia	dużej szklarni	dużych szklarniach

Masculine hard stems:

młody kot	młodym kocie	młodych kotach
nasz pies	naszym psie	naszych psach
nowy list	nowym liście	nowych listach
twój lektor	twoim lektorze	twoich lektorach
zły lew	złym lwie	złych lwach

Masculine soft and velar (k, g, ch) stems:

stary koń	starym koniu	starych koniach
drogi hotel	drogim hotelu	drogich hotelach
piękny paw	pięknym pawiu	pięknych pawiach
jeden rok	jednym roku	
wielki ptak	wielkim ptaku	wielkich ptakach.

Neuter hard stems:

świeże mięso	świeżym mięsie	świeżych mięsach
brudne okno	brudnym oknie	brudnych oknach
moje biuro	moim biurze	moich biurach
to czasopismo	tym czasopiśmie	tych czasopismach
jego krzesło	jego krześle	jego krzesłach

Neuter soft and velar stems:

moje zdanie	moim zdaniu	moich zdaniach
ich mieszkanie	ich mieszkaniu	ich mieszkaniach
małe biurko	małym biurku	małych biurkach

Note: the following masculine nouns have an irregular
Locative singular ending -u: pan panu, syn synu,
dom domu, and the masculine personal plural państwo
państwu.

4. THE PREPOSITIONS w AND na

In general, w corresponds to English "in" and na corresponds to "on":

w szklarni *in the greenhouse*   na szklarni *on the greenhouse*
w szufladzie *in the drawer*   na stole *on the table*
w biurku *in the desk*   na biurku *on the desk.*

English "at" is divided between w and na, and one must simply learn which preposition is used with which noun. One uses na with performances and assemblies:

na koncercie *at a concert*   na przedstawieniu *at a performance.*

Other than this, w and na often seem to be used arbitrarily from the point of view of English:

w banku *in, at the bank*   na poczcie *in, at the post-office*
w szkole *in, at school*   na wydziale *in, at the department.*

One may use either w or na with some nouns, usually with a difference in meaning:

w uniwersytecie *(right now)*   na uniwersytecie *(enrolled)*
   at the university   *at the university*
w gospodarstwie *(currently)*   na gospodarstwie *(generally)*
   on a farm   *on a farm.*

Besides the Locative case, the prepositions w and na can also take the Accusative. In general, if motion is involved, the Accusative is used; if not, then the Locative is used:

Subject in Motion: (Accusative):

Subject at Rest (Locative):

Idę na koncert. *I'm going to a concert.*

Jestem na koncercie. *I am at a concert.*

Został przyjęty na uniwersytet. *He was accepted into the university.*

Studiuje na uniwersytecie. *He studies at the university.*

Rodzina przeniosła się w okolice Krakowa. *The family moved to the vicinity of Krakow.*

Rodzina mieszkała w okolicach Krakowa. *The family lived in the vicinity of Krakow.*

The construction na + Accusative after verbs involving motion is quite common; the construction w + Accusative is much less frequent and usually occurs only in the concrete meaning "into". Where one finds w + Loc. in meanings of location, one expects do + Gen. following motion verbs:

Jestem w domu. *I'm at home.*   Idę do domu. *I'm going home.*

For more on this question, consult the following Lesson.

2. THE PASSIVE VOICE (INTRODUCTION)

Passive Voice refers to a construction whereby an original direct object becomes the subject of a sentence; the original subject is either dropped or becomes expressed by a prepositional phrase of agency:

Active: John loves Mary.
Passive: Mary is loved by John.

In Polish the Passive Voice is most often expressed with **zostać zostanę** *get, become* plus the passive participle of a Perfective verb. To form the passive participle, verbs of Conjugations I and II, and verbs of Conjugation III ending in -ać, drop -ć from the infinitive and add -n- plus adjectival endings. In Conjugation II, (y⌣i) is replaced by o, added to a stem similar to the stem of the lst pers. sg. present:

napisać *write pf.*   napisany *written*
przeczytać *read pf.*   przeczytany *read*
zaangażować *hire pf.*   zaangażowany *hired*
zrobić *do pf.*   zrobiony *done*
nauczyć *teach pf.*   nauczony *taught.*

Conjugation III verbs with infinitives in -y.ć, -i.ć, -u.ć, and -ąć form the passive participle in -t- plus adjectival endings. The vowel -ą- changes to -ę-:

wypić *drink pf.*   wypity *drunk*
użyć *use pf.*   użyty *used*
zepsuć *ruin pf.*   zepsuty *ruined*
przyjąć *accept pf.*   przyjęty *accepted.*

The phrase of agency is expressed by **przez** *through* plus the Accusative:

Moja książka została zniszczona przez córkę.
My book was ruined by my daughter.
Pan Wiktor został zaangażowany przez pana Józefa.
Wiktor was hired by Jozef.

3. RELATIVE PHRASES EXPRESSED WITH PARTICIPLES

As an alternative to using the relative pronoun **który** *who, which*, a simple way of expressing a relative clause in Polish is to put the verb into the participial form (active or passive) and to put the participle and accompanying phrases as a modifier in front of the noun; this construction is usually restricted to writing:

Przebywający w Krakowie pan Józef Kowalczyk... *Mr.*
Jozef Kowalczyk, who was staying in Krakow...
Przeczytałem napisaną przez Jurka książkę.
I read the book which Jurek wrote.

4. SOME NEW PAST TENSE FORMATIONS

a. Verbs with infinitive in -ąć (regardless of specific conjugational type) change -ą- to -ę- in all forms of the past except in the masculine singular:

przyj.ą.ć *(pf.) accept* (przyjmę -miesz); past tense:

masc.	fem.	neut.
przyjąłem	przyjęłam	
przyjąłeś	przyjęłaś	
przyjął	przyjęła	przyjęło

masc. pers.	other
przyjęliśmy	przyjęłyśmy
przyjęliście	przyjęłyście
przyjęli	przyjęły.

b. Most verbs with infinitive in -ść or -źć form the past tense on a stem that is the same as the stem of the lst pers. sg. present:

nieść *carry* (niosę niesiesz); past tense:

masc.	fem.	neut.
niosłem	niosłam	
niosłeś	niosłaś	
niósł	niosła	niosło

masc. pers.	other
nieśliśmy	niosłyśmy
nieśliście	niosłyście
nieśli	niosły .

c. The past tense of znaleźć is as follows:

znaleźć *(pf.) find* (znajdę znajdziesz); past tense:

masc.	fem.	neut.
znalazłem	znalazłam	
znalazłeś	znalazłaś	
znalazł	znalazła	znalazło

masc. pers.	other
znaleźliśmy	znalazłyśmy
znaleźliście	znalazłyście
znaleźli	znalazły .

D. Ćwiczenia

1. tablica: na tej tablicy.

stół, podłoga, ściana, sufit, obraz, biurko, uniwersytet, twarz, wydział, rola.

2. samochód: w moim samochodzie.

mieszkanie, krzesło, biuro, dom , szkoła, hotel, film,
przedsiębiorstwo, dział, wieś, szklarnia, rodzina.

3. matka: o naszej matce.

ojciec, wujek, siostra, brat, kolega, przyjaciółka,
znajomy, koleżanka, znajoma, ciocia, przyjaciel, syn*,
córka, dziecko.

4. osoba: a. mówimy o tej osobie
                   b. mówimy o tych osobach.

figura, czytelnik, dziewczyna, pani, pan*, sport, dyrektor, tekst, specjalista, pytanie, sekretarka, piosenka, roślina, drzewo, prawo, sprawa, wynik, okolica.

5. Marek, Grażyna: a. Marek zakochał się w Grażynie
                   b. Grażyna zakochała się w Marku.

Jan, Marta; Karol, Jadwiga; Zenon, Klara; Edward,
Zofia; Marcin, Ela.

6. Marek, praca: Marek jest nieszczęśliwy w pracy.

Marta, miłość; Zbyszek, szklarnia; Jola, biuro; Andrzej, przedsiębiorstwo; Halina, życie.

7. girl: a. o tej dziewczynie
                   b. bez tej dziewczyny
                   c. z tą dziewczyną.

person, manager, athlete, film star, singer (m.), lawyer, soldier, engineer, dentist, secretary, woman, man.

---

* Loc. sg. in -u.

8. doctor: a. ona kocha tego lekarza
            b. ona zakochała się w tym lekarzu.

writer, mailman, waiter, barber, author, oculist, lawyer, policeman, pilot, biologist, plumber, book-keeper.

9. doctor: a. on kocha tę lekarkę
            b. on zakochał się w tej lekarce.

clerk, writer, lawyer, dentist, customer, student, neighbor, book-keeper, pilot, policewoman, nurse.

10. tree: a. on hoduje drzewa
           b. on zajmuje się hodowaniem
              drzew.

tomato, plant, shrub, flower, pig, cow, horse, crocodile, fish, sheep, chicken.

11. ja, ona, pilot: nie rozumiem, co ona widzi w
                    tym pilocie.

my, wy, kelnerka; ona, pan, studentka; on, pani, elektryk; oni, my, piosenkarz; ty, ja, aktorka; ja, ty, aktor.

12. Warszawa: a. w Warszawie
               b. w okolicach Warszawy.

Kraków*, Poznań, Bydgoszcz (f.), Gdańsk   Lublin.

13. pan Wiktor, a. pan Wiktor zaprzyjaźnił się z
    pani Jola: panią Jolą
                 b. pani Jola zaprzyjaźniła się z
                    panem Wiktorem.

pani Maria, pan Maciej; pan Witold, pani Wiesława; pani Zofia, pan Wojciech; pan Olek, pani Hanna.

14. pan Wiktor, a. pan Wiktor został przyjęty przez
    pani Jola: panią Jolę
                 b. pani Jola została przyjęta przez
                    pana Wiktora.

(Use the vocabulary of Exercise 13.)

---

* Polish masculine town names generally take Gen. sg. in -a.

15. Choose between w and na:

   dom: w domu.

mieszkanie, praca, poczta, uniwersytet, bank, gospodarstwo, szkoła, kino, przedstawienie, szklarnia,
biuro, koncert.

butelka, stół, kubek, podłoga, kieliszek, biurko, kufel,
sufit, filiżanka, ściana, szklanka, stolik.

16. Choose between do + Gen. and na + Acc.:

   dom: idę do domu.

(Use the vocabulary of the first part of Exercise 15).

17. rodzina kupiła dom: dom został kupiony przez
                                rodzinę.

pan Leon zaangażował panią Majewską; chłopiec wypił
mleko; uniwersytet przyjął Wiktora; Zofia zepsuła
samochód; dziecko zjadło* śniadanie; matka zrobiła
kolację; profesor przeczytał artykuł; kolega napisał
książkę; Jan polecił film; ciocia zwiedziła Warszawę;
my zaprosiliśmy Zofię; Ewa znalazła* podręczniki.

18. Translate:
   a. Wiktor Orlowski, (who was) living in Krakow,
        met Jolanta Szymanowska, who was working in
        an office in Warsaw. (use preposed participles).
   b. The record player was ruined by my son.
   c. The vodka was drunk (up) by Bogusław.
   d. In what way did you meet your fiance?
   e. I met him in a local tavern where he was work-
        ing as a waiter.
   f. After one unsuccessful attempt I was accepted
        at the university.
   g. What did you study at the university? I stud-
        ied the raising of tomatoes, flowers, and
        decorative shrubs.
   h. By accident I found myself in a tavern at a
        mutual table with your wife.
   i. What was the most important even in your life.
   j. I was born in Rzeszow, but when I was three
        years old (= when I had 3 years) my family
        moved to Gdynia.
   k. I am in Warsaw on an important business matter.
   l. When I was 16 years old I fell in love with
        my teacher (m. or f.).

---

* past passive participles: zjedzony, znaleziony.

21

A.   Nowe mieszkanie

-- Mam nowe mieszkanie. *I have a new apartment.*

-- Na jakiej ulicy? *On what street?*

-- Na Pięknej. *On Piekna.*

-- O, to w bardzo ładnej dzielnicy. Czy to duże
   mieszkanie? *Oh that's in a very nice neigh-*
   borhood. Is it a large apartment?

-- Jest tam duży pokój, mały pokój, kuchnia i łazienka. *There's a large room, a small room, kitchen*
   and bath.

-- (Czy) jest balkon? *Is there a balcony?*

-- Nie, balkonu nie ma. *No, there isn't a balcony.*

B.   Konferencja

-- Dlaczego nie był.eś/aś na< konferencji? *Why weren't*
                               zebraniu?
   you at the conference/meeting?

Nowe mieszkania

-- Na<jakiej konferencji? *At what conference?*
   jakim zebraniu? *At what meeting?*

-- Na<konferencji dziennikarzy w hotelu Europejskim.
   zebraniu studentów w sali konferencyjnej.
   At the conference of journalists in the European Hotel./
   At the meeting of journalists in the conference hall.

-- Zupełnie o<niej>zapomniał.em/am. *I completely forgot*
              nim   *about it.*

-- Szkoda, bo<była>dość<ciekawa. *Too bad, for it was*
             było   ciekawe.   *rather interesting.*

C.   Czy był pan kiedyś w Polsce?

-- Czy<był pan >kiedyś w<Polsce?   *Have you ever been to*
      była pani   Ameryce?
   Poland/America?

-- Owszem,<byłem. *Why yes, I have.*
          byłam.

-- Czy dobrze zna<pan >ten kraj? *Do you know the country*
                 pani   *well?*

-- Chyba tak,<byłem> we wszystkich większych miastach:
             byłam

   w<Warszawie, w Krakowie, w Poznaniu...
    Nowym Jorku, w Waszyngtonie, w Chicago...
   I guess so; I've been in all the larger cities:
   Warsaw, Krakow, Ponan/ New York, Washington, Chicago ...

-- A czy<był pan >kiedyś w<Bydgoszczy?   *And have you*
        była pani   Pittsburghu?
   ever been to Bydgoszcz/Pittsburgh?

-- Niestety, nie. *Unfortunately no.*

D. Uwagi

na *(ulicy)* Pięknej *on Piekna ("Beautiful") Street.* One
   typically leaves out the word for "street". One may
   use either na or przy plus Locative for expressing
   "on the street."

we wszystkich: certain sound combinations at the beginning of words require most prepositions ending in
   a consonant to add e; see under Zapamiętaj! below.

Czy był pan w Polsce: note the English translation:
   "Have you been to Poland."

w Warszawie, w Krakowie, w Poznaniu... note the tendency
   of Polish to repeat the preposition before each noun.

E. Zapamiętaj!

ROOMS, BUILDINGS, STORES

pokój pokoj- *room*
kuchnia *kitchen*
łazien|ka *bathroom*
sypialnia *bedroom*
balkon *balcony*
gabinet *(personal) office*
sekretariat *secretary's office*
sala *hall*
   sala wykładowa *lecture hall*
   sala konferencyjna *con-
    ference hall*
Hotel Europejski *The European Hotel*
knajpa *tavern*

apteka *pharmacy*
sklep *store*
   sklep spożywczy *food
    store*
bar *(fast food) bar*
   bar mleczny *milk bar*
restauracja *restaurant*
budynek *building*
bank *bank*
poczta *post-office*
teatr *theater*
kawiarnia *coffee house, cafe*
kościół kościoła L kościele
   church

EVENTS

konferencja *conference*
zebranie *meeting*
koncert *concert*

przedstawienie *performance*
demonstracja *demonstration*
zjazd L zjeździe *congress*

OTHER PLACES

miasto L mieście *town*
ulica *street*
dzielnica *district (of town)*
centrum *central district (of
  town), downtown*

wieś wsi *(f.) village, country*
we wsi *in the village*
na wsi *in the country.*
rynek *market(place), town
  square*

ADDITIONAL TOWNS AND NOTES

Białystok G Białegostoku
  L Białymstoku
Częstochowa
Katowice *(pl.)* G Katowic
Kielce *(pl.)* G Kielc
Zabrze

Radom (Radom'-)
Sopot G -u
Sosnowiec
Wałbrzych
Zakopane G Zakopanego IL
  Zakopanem

DETERMINATE AND INDETERMINATE VERBS OF MOTION (INTRO-
DUCTION)

     Certain Polish verbs expressing motion have two
forms -- a Determinate and an Indeterminate form. The
<u>Determinate</u> refers to motion in progress at a given time;
it is usually translated by the English progressive in
<u>-ing</u>:

Idę do kościoła. *I'm going to church.*

The <u>Indeterminate</u> form of the motion verb refers to habitual or random action or motion; it is usually translated by the simple form of the English verb:

Często chodzę do kościoła. *I often go to church.*

The Indeterminate form is also used to express generic or characteristic action and ability:

Dziecko już chodzi. *The child already walks.*

The most important Determinate-Indeterminate verb pairs in Polish are the following:

iść *go (on foot)*		chodz.ić	
idę	idziemy	chodzę	chodzimy
idziesz	idziecie	chodzisz	chodzicie
idzie	idą	chodzi	chodzą

jechać *go (by conveyance)*		jeźdz.ić	
jadę	jedziemy	jeżdżę	jeździmy
jedziesz	jedziecie	jeździsz	jeździcie
jedzie	jadą	jeździ	jeżdżą

nieść *carry (by hand)*		nos.ić	
niosę	niesiemy	noszę	nosimy
niesiesz	niesiecie	nosisz	nosicie
niesie	niosą	nosi	noszą

wieźć *carry (by conveyance)*		wozić	
wiozę	wieziemy	wożę	wozimy
wieziesz	wieziecie	wozisz	wozicie
wiezie	wiozą	wozi	wożą

leci.eć *fly, go by plane*		lata.ć	
lecę	lecimy	latam	latamy
lecisz	lecicie	latasz	latacie
leci	lecą	lata	latają

biec *run*		biega.ć	
biegnę	biegniemy	biegam	biegamy
biegniesz	biegniecie	biegasz	biegacie
biegnie	biegną	biega	biegają.

płyn.ąć *swim, go by boat, sail*		pływa.ć	
płynę	płyniemy	pływam	pływamy
płyniesz	płyniecie	pływasz	pływacie
płynie	płyną	pływa	pływają

PREPOSITIONS OF LOCATION, MOTION-TO, MOTION-FROM

The commonest prepositions for expressing location are

w (we) + Loc. *in, at*	w kuchni *in the kitchen*
na + Loc. *on, at*	na stole *on the table*
u + Gen. *at, by*	u Jana *at Jan's*

The Locative meanings of the prepositions w and na have been discussed in Lesson XX. Reviewing, as in English, one says "at" (na) the concert or other event. Other than this, one chooses between w or na on the basis of the difference between "in" and "on." "At" with places other than events is shared between w and na, cf. w banku *at the bank*, na poczcie *at the post-office*. The preposition u is used with persons: u Jana *at John's*, u lekarza *at the doctor's*.

The preposition for expressing motion-to and motion-from depends on the preposition that expresses location:

If the location preposition is:	the motion-to preposition is:	the motion-from preposition is:
w + Locative	do + Genitive	z + Genitive
na + Locative	na + Accusative	z + Genitive
u + Genitive	do + Genitive	od + Genitive.

Illustrations:

Jestem w kuchni.	Idę do kuchni.	Wracam z kuchni.
Jestem na poczcie.	Idę na pocztę.	Wracam z poczty.
Jestem u Jana.	Idę do Jana.	Wracam od Jana.

PREPOSITIONS WITH AND WITHOUT -e

Prepositions ending in a consonant often take a following -e before certain consonant combinations:

a. w → we before w or f followed by another consonant: we wszystkich; we Francji, we wrześniu.

b. z → ze before z, s, ź, ś, ż, sz, wz, ws followed by another consonant: ze względu; ze swojego; ze wszystkich.

c. All consonantal prepositions with optional -e add -e before mn of the 1st pers. sg. pronoun: beze mnie; ode mnie; nade mną; we mnie; przede mną.

Jedziemy do Krynicy.

Krynica: *a Polish spa near the Czech-Slovak border.*

XXI

F. Ćwiczenia

1. Warszawa: czy był.eś/aś w Warszawie?

Kraków, Radom, Opole, Toruń, Zielona Góra, Kielce,
Białystok, Częstochowa, Sopot, Zabrze, Łódź.

2. Kraków: nigdy nie był.em/am w Krakowie.

Wałbrzych, Zakopane, Katowice, Poznań, Bydgoszcz,
Gdynia, Wrocław, Rzeszów, Koszalin, Szczecin.

3. pokój: on jest teraz w pokoju.

kościół, mieszkanie, hotel, apteka, miasto, dom, wieś,
kuchnia, łazienka, budynek, restauracja, kawiarnia,
kino, sypialnia.

4. Choose between w and na:

   teatr: ona jest teraz w teatrze.

bank, sala konferencyjna, hotel, poczta, ulica, miasto, koncert, bar mleczny, przedstawienie, Hotel Europejski, gabinet, demonstracja, balkon, zjazd.

5. Choose between w and na:

   conference: a. dlaczego nie był.eś/aś na konfe-
                   rencji?
                b. na jakiej konferencji?

meeting, apartment, villa, post-office, theater, kitchen, movie-house, pharmacy, balcony, university,
school, performance, congress, cafe, food store, demonstration, restaurant.

6. apartment: a. nasze mieszkanie jest dość małe
                b. mamy dość małe mieszkanie.

office, lecture hall, kitchen, bathroom, university,
church, theater, cinema, conference hall, secretary's
office, demonstration, post-office, town, village.

7. Opole, Katowice: chciał(a)bym mieszkać albo
                     w Opolu, albo w Katowicach.

Gdańsk, Gdynia; Rzeszów, Radom; Toruń, Wrocław;
Kielce, Łódź; Białystok, Częstochowa; Zielona Góra,
Mińsk Mazowiecki; Zabrze, Sosnowiec.

8. Choose between L sg. masc. nim and Loc. sg.
    fem. niej:

    Andrzej: a. zapomniał.em/am o panu Andrzeju
              b. zapomniał.em/am o nim.

Marta, Karol, Jadwiga, Zenon, Julia, Bogdan, Olga,
Juliusz, Ewa.

9. ja, mieszkanie: a. jestem w mieszkaniu
                     b. idę do mieszkania
                     c. wracam z mieszkania.

ty, pokój; on, kuchnia; wy, łazienka; oni, kościół;
my, dom; państwo, hotel; ona, sklep spożywczy; oni,
apteka.

10. ty, Warszawa: a. jesteś w Warszawie
                    b. jedziesz do Warszawy
                    c. wracasz z Warszawy.

on, Radom; my, Bydgoszcz; wy, Opole; ty, Kielce;
wy, Kraków; ja, Sosnowiec; my Wałbrzych; ona, Łódź.

11. ja, Rzeszów: a. jadę do Rzeszowa
                   b. często jeżdżę do Rzeszowa.

ty, Wrocław; my, Zakopane; on, Gdynia; wy, Katowice;
ja, Gdańsk; one, Sopot; pani, Zabrze; ja, Koszalin.

12. ja, bank: a. teraz idę do banku
                b. często chodzę do banku.

ty, teatr; on, kino; my, kościół; wy, miasto; oni,
apteka; pan, restauracja; ona, kawiarnia.

13. on, Karol: a. on jest teraz u Karola
                 b. on idzie do Karola
                 c. on wraca od Karola.

pani, Jolanta; ty, Zbigniew; wy, Zosia; oni, Maciej.

14. Choose between w, do, z or na, na, z:

     conference: a. jestem na konferencji
                  b. idę na konferencję
                  c. wracam z konferencji.

apartment, meeting, town, post-office, pharmacy,
balcony, cinema, theater, performance, hotel, school,
demonstration, food store, congress, room.

15. conference: a. na jakiej jesteś konferencji?
                   b. na jaką idziesz konferencję?
                   c. z jakiej wracasz konferencji?

Use the vocabulary of Exercise 14.

16. idziesz: często chodzisz.

biegną, lecimy, wieziecie, niesie, jedziesz, idę, niosą,
jedziecie, lecą, wieziesz, biegniemy, jadą, wiozę.

17. go on foot: a. teraz idę, teraz idziemy
                   b. często chodzę, często chodzimy
                   c. zaraz pójdę, zaraz pójdziemy. *

carry by hand, go by conveyance, run, fly, carry by
conveyance, sail.

18. Translate:

   a. He lives either in Bialystok or in Zakopane.
   b. I'd like to live either in Katowice or in
       Sosnowiec.
   c. Where were you yesterday?
   d. I was at a demonstration in front of (przed+
       Inst.) the post office. It's too bad that
       you weren't there.
   e. I have never been in that room.
   f. My family is at a meeting at church now.
   g. They live in a small village in the vicinity
       of Koszalin.
   h. I am going to an important conference tomorrow
       morning.
   i. In my apartment there is a kitchen and a bath,
       but there is no bedroom.
   j. I am just (właśnie) returning from a meeting
       in the conference hall.
   k. How was the meeting? What meeting?
   l. I completely forgot about that meeting.
   m. Too bad; it was rather interesting.
   n. Does your child already walk?
   o. No, he doesn't walk yet.
   p. What are you carrying? -- I'm carrying a tape
       recorder. I always carry a tape recorder.
   q. What is that truck (ciężarówka) carrying?
       -- Cabbage and eggs.
   r. I usually walk to school, but today I am riding.
   s. She usually flies, but this time (tym razem)
       she is going by car (use Inst.).
   t. I usually return from work at 6 o'clock.

---

* To form the perfective of the other verbs of motion,
   add po- to the determinate form.

22

A.   Czym się jedzie do Łodzi?

--   Czym można jechać z Warszawy do Łodzi? *How (by what) does one get from Warsaw to Lodz?*

--   Do Łodzi można jechać albo pociągiem albo autobusem. *One can travel to Lodz either by train or by bus.*

--   Jak długo jedzie się pociągiem? *How long does one travel by train?*

--   Pociągiem jedzie się parę godzin, i autobusem tak samo. *By train one travels a couple of hours, and the same by bus.*

B.   Paszport i wiza

--   Słyszał.em/am, że chcesz pojechać do Francji w tym roku. *I heard that you want to go to France this year.*

--   Mam zamiar tam pojechać, ale nie wiem, czy dostanę
     < paszport. *I have the intention of going there,*
       wizę.   *but I don't know whether I'll get a passport/visa.*

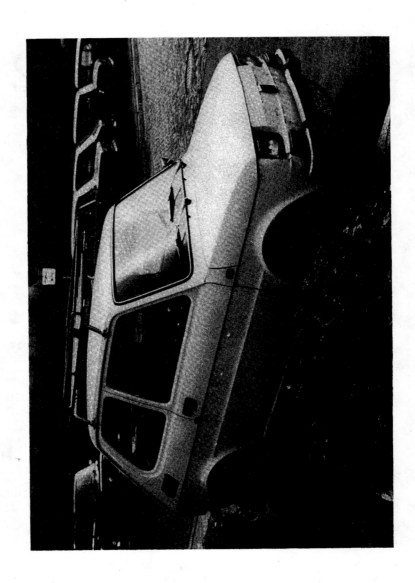

Mały fiat

Model 126p.

-- Dlaczego nie miał(a)byś otrzymać<paszportu? / wizy?> *Why wouldn't you get a passpart/visa?*

-- Nie wiem, ale nie będę<spokojny, / spokojna,>dopóki nie będę <jej/go>mieć w ręku. *I don't know, but I won't be calm until I have it in hand.*

C.   Dlaczego nie?

-- Gdzie wyjedziesz na wakacje w tym roku? *Where are you going for a vacation this year?*

-- Chciał(a)bym wyjechać albo za granicę, albo nad morze, ale prawdopodobnie nigdzie nie pojadę. *I'd like to go either abroad or to the seashore, but I'll probably not go anywhere.*

-- Jak to? Nie zamierzasz chyba zostać w domu? *What do you mean? You surely don't intend to stay at home?*

-- Dlaczego nie? Wakacje w domu też mogą być przyjemne. *Why not? A vacation at home can also be pleasant.*

D.   To nie ma sensu

-- Jak długo idzie list z Polski do Ameryki? *How long does a letter take ("go") from Poland to America?*

-- To zależy. List lotniczy z Polski do Ameryki idzie około tygodnia. List w przeciwną stronę idzie co najmniej dwa razy tyle. *That depends. An airmail letter from Poland to America takes about a week. A letter in the opposite direction takes at least twice as long.*

-- Przecież to nie ma sensu. *But that doesn't make (any) sense.*

-- Nie wszystko musi mieć sens. *Not everything has to make sense.*

E. Uwagi

dopóki nie *until*. Note that the English "until I have it" is implicitly future and is translated as such in the Polish.

ręku: an optional Locative case form of ręka, often used in set expressions and in the meaning "in both hands".

wakacje: a plural form with singular meaning.

227

F. Zapamiętaj!

MEANS OF CONVEYANCE

pociąg *train*
samolot *airplane*
samochód -od- *automobile*
autobus *bus*
autokar *touring bus*
tramwaj *trolley*

rower *bicycle*
motor *(slang) motor bike*
motocykl *motorcycle*
łódź *(f.) boat*
taksów|ka *taxi*
statęk *ship*

WRITING IMPLEMENTS AND MATERIALS

pióro *pen*
wieczne pióro *fountain pen*
długopis *ball-point pen*
ołówek -a *pencil*

kreda *chalk*
pisak -a *(felt tip) marker*
atrament *ink*
krew krwi *(f.) blood*

BODIES OF WATER AND RELATED WORDS

rzeka *river*
strumyk -a *stream*
jezioro L jezierze *lake*
morze *sea*
ocean *ocean*
staw *pond*
Bałtyk *The Baltic Sea*
Atlantyk *The Atlantic Ocean*
Pacyfik *The Pacific Ocean*

brzeg *bank*
wybrzeże G wybrzeży *shore*
plaża *beach*
góra *mountain*
deszcz *rain*
prąd -ęd- *current*
słońce *sun*
wiatr *wind*

COMMON PREFIXED PERFECTIVES OF jechać *ride, travel*

pojechać (pojadę pojedziesz) *go (travel) someplace
(successfully); set off, set out for someplace.*
Imperfective: jechać (jadę jedziesz) or jeżdz.ić.

wyjechać (wyjadę wyjedziesz) *leave (by vehicle); go
out (of town, the country).* Imperfective: **wy-
jeżdża.ć**

przyjechać (przyjadę przyjedziesz) *arrive (by vehicle)*
Imperfective: przyjeżdża.ć

zajechać (zajadę zajedziesz) po + Acc. *drop by for
(by vehicle).* Imperfective: zajeżdża.ć.

najechać (najadę najedziesz) na + Acc.
drive into, run into (by vehicle). Imperfective:
najeżdża.ć

THE INSTRUMENTAL OF MEANS

The Instrumental case takes its name from its use
as the designator of an instrument or means by which
an action is accomplished:

228

Jeżdżę samochodem (taksówką). *I ride by car (taxi).*
Piszę piórem (długopisem). *I write with a pen (ball-point).*

PREPOSITIONS TAKING EITHER INSTRUMENTAL OR ACCUSATIVE

The prepositions nad *above,* pod *beneath,* między *between,* za *behind,* poza *beyond* can take either the Instrumental (= location) or Accusative (= motion-to) case. The corresponding motion-from prepositions are znad, spod, spomiędzy, zza, and spoza plus Genitive:

Location	Motion-to	Motion-from
nad + Inst.	nad + Acc.	znad + Gen.
pod + Inst.	pod + Acc.	spod + Gen.
między + Inst.	między + Acc.	spomiędzy + Gen.
za + Inst.	za + Acc.	zza + Gen.
poza + Inst.	poza + Acc.	spoza + Gen.

Moi rodzice mieszkają poza miastem. *My parents live outside town.*
Wyjeżdżamy dziś poza miasto. *We are driving today (to) just outside town.*
Część gości przyjechała spoza miasta. *Part of the guests had arrived from out of town.*

The following special uses should be noted:

nad with bodies of water:
Spędzamy urlop nad morzem. *We are spending our vacation at the sea(side).*
Wyjedziemy dziś nad morze. *We are leaving today for the sea(side).*
Oni przyjeżdżają dziś znad morza. *They are arriving today from the sea(side).*

pod with cities and towns:
Moja siostra mieszka pod Warszawą. *My sister lives on the outskirts of Warsaw.*
Wyjedziemy dziś pod Warszawę. *We are leaving today for the outskirts of Warsaw.*
Wracamy spod Warszawy. *We are returning from the outskirts of Warsaw.*

pod + Acc. with opposing forces: pod górę *uphill;* pod wiatr *up-wind;* pod prąd *upstream;* pod słońce *into the sun.*

za with granica *border* in the meaning "abroad":
Oni są za granicą. *They are abroad.*
Oni wyjeżdżają za granicę. *They are going abroad.*
Oni wracają zza granicy. *They are returning from abroad.*

229

XXII

G. Ćwiczenia

1. Sopot: jak się jedzie do Sopotu?
Gdynia, Wrocław, Zielona Góra, Opole, Radom, Toruń.

2. Kraków, pociąg: do Krakowa można jechać pocią-
                   giem.*
Warszawa, samolot; Łódź, autobus; Lublin, motor;
Gdańsk, statek; dom, tramwaj; Wrocław, samochód;
Katowice, rower; Rzeszów, motocykl.

3. Kraków, pociąg, samolot: do Krakowa można jechać
                albo pociągiem albo samolotem.*
Gdańsk, statek, samolot; Łódź, rower, autobus;
dom, autobus, tramwaj; Lublin, motocykl, taksówka.

4. pen: można pisać piórem.
pencil, fountain pen, red pencil, marker, chalk, ink,
blood.

5. pen, pencil: można pisać albo piórem albo
                 ółówkiem.
pencil, chalk; fountain pen, ball-point; red pencil,
marker; ink, blood.

6. ja (bike):   a. pojadę tam rowerem*
                b. często jeżdżę rowerem.
ty (train); on (plane); my (ship); wy (trolley); pani
(bus); oni (motor bike); państwo (car); ona (boat).

7. rzeka: mam dom nad rzeką.
ocean, morze, jezioro, staw, Wisła, Bałtyk, strumyk.

8. rzeka: a. idę nad rzekę
            b. wracam znad rzeki.
(Use the vocabulary of Exercise 7).

9. Rzeszów: a. brat mieszka w Rzeszowie
            b. siostra mieszka pod Rzeszowem.
Kielce, Koszalin, Częstochowa, Wałbrzych, Białystok.

* Use płynąć/pływać *with ships*; lecieć/latać *with boats*.

230

10. rodzice,   a. rodzice mieszkają pod Toruniem
    Toruń: b. wracamy spod Torunia, gdzie
                   mieszkają moi rodzice.

brat, Szczecin; siostra, Zakopane; znajomi, Radom;
narzeczona, Katowice; przyjaciele, Zabrze.

11. river: a. mamy małą willę nad rzeką
                b. mamy willę na brzegu rzeki.

ocean, pond, lake, sea, stream, The Baltic, The Vistula (Wisła).

12. ja, Maciej, 8: a. zajadę po Macieja o ósmej
                    b. zajadę po Macieja przed ósmą.

my, Małgorzata, 6; on, Zosia, 11; ona, Zbyszek, 3;
oni, Karol, 4; ja, Ewa, 7.

13. Warszawa, Kraków: jak długo się jedzie z War-
                       szawy do Krakowa?

Lublin, Warszawa; Łódź, Katowice; Koszalin, Rzeszów;
Radom, Bydgoszcz; Toruń, Poznań; Białystok, Zakopane.

14. wind: jedziemy cały czas pod wiatr.

sun, rain, current, hill.

15. river: czy w tej rzece są ryby?

stream, sea, ocean, pond, lake.

16. train, car: pociąg najechał na samochód.

bus, trolley; touring bus, train; bicycle, motor
bike.

17. car, cat: a. samochód przejechał kota
                b. kot został przejechany przez
                   samochód.
bicycle, chicken; train, man; motorcycle, snake.

18. wyjadę: wyjechałem, wyjechałam.

zajedzie, najadą, pojedziemy, przyjedziecie, zajedziesz,
najadę, wyjedziecie, przyjedzie, pojadą, zajedziemy.

19. wyjadę: wyjeżdżam.

(Use the vocabulary of Exercise 18).

20. Translate:

a. How long does one go from Poland to America?
b. How does one go to Wroclaw?
c. One can travel to Radom either by bus or by taxi.
d. One can write with either pen or pencil.
e. I often ride to town by bike, but today I rode by bus.
f. Where are they going on their motorbike?
g. We have a small house on the banks of a large river.
h. They have a villa at the sea-shore.
i. Where are you going this year for vacation?
j. I'd like to go to the beach.
k. There is too much wind and sun at the beach.
l. I intend to go abroad on vacation this year.
m. An airmail letter goes five days from New York to London.
n. I won't be satisfied until I leave.
o. My brother lives on the outskirts of Gdansk.
p. Our parents are arriving today by boat.
q. You can't just stay at home.
r. There are a lot of things in the world that don't make sense.
s. For how long are you going on vacation? That depends.
t. I'll call for you (ciebie) at 8:00.
u. I'll be waiting in front of my house.
v. We are always riding into the wind. -- I thought we were riding with the wind.
w. I'd like to go to France this year.
x. I have never ridden a trolley (use Inst.)
y. Are there any fish in that lake. Yes, there are lots of fish there.
z. My friends arrived today from abroad.

stamp depicting the Warszawa automobile   *air mail stamp*

A.   Dom odzieżowy

-- Czy w tym mieście jest dom odzieżowy? *Is there a clothing store in this town?*

-- Owszem, jest przy ulicy Prostej. *Of course, it is on Prosta Street.*

-- Co można w nim kupić? *What can you buy in it?*

-- Prawie wszystko -- koszule, płaszcze, kapelusze, ubrania... *Almost everything -- shirts, coats, hats, suits, ...*

-- (Czy) torebki też? *Handbags too?*

-- Owszem, ale najlepsze torebki znajdziesz w innym sklepie. *Sure, but you'll find the best handbags in another store.*

B.   Pójdziemy razem

-- Gdzie idziesz? *Where are you going?*

-- (Idę) do kiosku. Chcę kupić paczkę papierosów i pudełko zapałek. *I'm going to a kiosk. I want to buy a pack of cigarettes and a box of matches.*

Kiosk

-- Pójdziemy razem, bo ja szukam kopert. Muszę napisać kilka listów. *Let's go together, because
I am looking for some envelopes. I have to
write several letters.*

C.   Mam tu w notesie

-- Chcę zaprosić Jurka na moje przyjęcie, ale on nie
ma telefonu. *I want to invite Jurek to my party,
but he doesn't have a telephone.*

-- Wyślij mu kartę pocztową. Jeszcze masz czas. *Send
him a post-card; you still have time.*

-- Niezły pomysł. Znasz jego adres? *Not a bad idea.
Do you know his address?*

-- Mam tu w notesie. Zaraz ci dam: Żeromskiego 2,
mieszkanie 19. *I have it here in my notebook.
I'll give it to you: 2 Zeromski Street, apartment 19.*

-- Przecież to jest dokładnie dwie ulice od naszego
domu. Wpadnę do niego za chwilę i zaproszę go
osobiście. *Why that's exactly two blocks from
our house. I'll drop in on him in a bit and invite him personally.*

D. Uwagi

Żeromskiego 2: Street names in Poland are generally
either of the adjectival variety (ulica Piękna) or,
in case the street is named after a person, of the
Genitival variety. The full name of the street
would be ulica Stefana Żeromskiego *Stefan Zeromski
Street.* In all but extremely official contexts, one
leaves out the word "street" and the first name of
the person for whom the street is named: On mieszka
na Żeromskiego. In citing a full address, one leaves
out the preposition na as well: On mieszka Żeromskiego 2, mieszkanie 19. Zeromski was an early 20th
century Polish writer.

dwie ulice od naszego domu: Note the use of "street"
in the meaning of English "block."

235

XXIII

E. Zapamiętaj!

CLOTHING AND ACCESSORIES

Note: masculine-gender names for articles of clothing usually take Genitive singular in -a.

kapelusz -a *hat*
płaszcz -a *coat*
krawat -a *tie*
szalik -a *scarf*
but -a *shoe*
guzik -a *button*
koszula *shirt*
sukien|ka *dress*
spódnicz|ka *skirt*
skarpet|ka *sock*
toreb|ka *handbag*
rzecz (f.) *thing*
marynar|ka *(sports)coat*
dżinsy (pl. form) G -ów
  jeans
bluz|ka *blouse*

ubranie *suit, clothing*
kostium (m.) *woman's suit*
spodnie (pl. form) G
  spodni *trousers*
portfel *billfold*
pieniądze (pl. form G
  pieniędzy *money*
zapał|ka *match*
zapalnicz|ka *lighter*
pudeł|ko *box*
pacz|ka *package*
czap|ka *cap*
okulary (pl. form) G -ów
  eyeglasses
kieszeń (f.) *pocket*
notes *small notebook*
papieros GA -a *cigarette*

COLORS

biały *white*
czarny *black*
czerwony *red*
zielony *green*
żółty *yellow*
niebieski *blue*

szary *gray*
granatowy *dark blue*
brązowy *brown*
fioletowy *violet*
pomarańczowy *orange*
beżowy *beige*

INDEFINITE QUANTIFIERS (DECLINE LIKE pięć pięciu)

ile ilu *how may, how much*
tyle tylu *so many, so much*
tyle... ile... *as many*
  (as much) as

parę paru *a few, a couple*
kilka kilku *several*
wiele wielu *many*

INDEFINITE SUFFIXES -ś AND -kolwiek

The indefinite suffixes -ś and -kolwiek are attached to question words. The suffix -ś is usually translated in English as "some- (specific)"; -kolwiek is usually translated as "any- (at all)":

gdzieś *somewhere*
jakoś *somehow*
kiedyś *sometime*
ktoś *someone*
coś *something*
jakiś *some kind of*

gdziekolwiek *anywhere*
jakkolwiek *anyhow*
kiedykolwiek *anytime*
ktokolwiek *anyone*
cokolwiek *anything*
jakikolwiek *any kind of.*

236

COMMON PREFIXED PERFECTIVES OF iść

pójść (pójdę pójdziesz) *go (on foot), set out*
  Past: poszedł poszła poszli poszły
  Imperfective: iść (idę idziesz) *or* chodz.ić

wyjść (wyjdę wyjdziesz) *go out, leave*
  Past: wyszedł wyszła wyszli wyszły
  Imperfective: wychodz.ić

przyjść (przyjdę przyjdziesz) *come, arrive (on foot)*
  Past: przyszedł przyszła przyszli przyszły
  Imperfective: przychodz.ić

wejść (wejdę wejdziesz) *go in, enter*
  Past: wszedł weszła weszli weszły
  Imperfective: wchodz.ić

odejść (odejdę odejdziesz) *go away, walk away*
  Past: odszedł odeszła odeszli odeszły
  Imperfective: odchodz.ić

zajść (zajdę zajdziesz) *drop by, drop in on*
  Past: zaszedł zaszła zaszli zaszły
  Imperfective: zachodz.ić

Note: the past forms given above are the 3rd pers. forms, to which the regular personal endings are added; hence poszedłem poszedłeś poszedł; poszłam poszłaś poszła; poszliśmy poszliście poszli; poszłyśmy poszłyście poszły; and so on.

THE PREPOSITION po + Accusative

    The notion "for" in the sense of going for someone or something, i.e., going to get someone or something, is expressed in Polish by the preposition po + Acc.:
  Zajdę po ciebie po ósmej. *I'll come by for you after eight.*
  Muszę wyjść po wino. *I have to go get wine.*

NOTE ON THE IMPERATIVES OF iść, chodzić

    In their unprefixed form, the Imperatives of iść, chodzić have the meanings "go," "come," respectively:
  Idź stąd! *Go away!*
  Chodź tu! *Come here!*

XXIII

F. Ćwiczenia

1. kapelusz: to są ładne kapelusze.

krawat, sukienka, bluzka, but, ubranie, kostium, szalik,
sweter, rzecz, płaszcz.

2. coat: a. to jest bardzo efektowny* płaszcz
              b. wyglądasz bardzo efektownie
                 w tym płaszczu.

hat, cap, shirt, sweater, blouse, skirt, suit, costume.

3. coat: a. tu nie ma ładnego płaszcza.
              b. tu nie ma ładnych płaszczy.

(Use the vocabulary of Exercise 2).

4. coat: a. powinieneś (powinnaś) nosić
                 właśnie taki płaszcz**
              b. powinieneś (powinnaś) nosić
                 właśnie takie płaszcze.

(Use the vocabulary of Exercise 2).

5. Choose between dwa and dwie:

match, box of matches, cigarette, pack of cigarettes,
shirt, button, notepad.

6. Choose between singular and plural:

   money: czy wiesz, gdzie są moje pieniądze?

things, suit, eyeglasses, briefcase, trousers, socks,
handbag, jeans.

7. black coat: a. podoba mi się ten czarny płaszcz
                b. podobają mi się te czarne
                   płaszcze.

red dress, blue tie, green blouse, gray suit, brown
shoe, yellow shirt, navy-blue handbag, violet scarf,
orange sweater, beige skirt.

---

* efektowny *striking*

** "You ought to wear exactly this kind of coat."

8. black coat: już mam kilka czarnych płaszczy.
(Use the vocabulary of Exercise 7).

9. things: on nie ma tylu rzeczy, ile ja mam.
shoes, money, hats, matches, cigarettes, suits, jeans, sportcoats.

10. Choose between ile and ilu:

    ołówek, człowiek: a. ile tu jest ołówków?
                     b. ilu tu jest ludzi?

guzik, urzędnik; pilot, krawat; marynarka, piosenkarka; kapelusz, geniusz; notes, pies.

11. kapelusz, płaszcz: a. kapelusz leży na płaszczu
                       b. płaszcz leży na kapeluszu.

list, koperta; paczka, portfel; książka, gazeta; krawat, sweter; szalik, koszula; okulary, spodnie; fioletowa spódniczka, pomarańczowe skarpetki; pieniądze, czasopismo.

12. list, portfel: list mam w portfelu.

koperta, spodnie;* okulary, biurko; sweter, pokój; książka, dom; zapalniczka, torebka; papieros, koszula; skarpetki, buty; pudełko zapałek, płaszcz; zapałki, popielniczka; pieniądze, kieszeń; notes, dżinsy; ołówek spodnie; adres, notes.

13. Choose different color adjectives:

    hat: a. szukam czarnego kapelusza
          b. muszę znaleźć czarny kapelusz.

tie, blouse, cap, sweater, dress, skirt, trousers, suit, costume, coat, sportscoat.

14. apartment, chair: w tym mieszkaniu nie ma
                      żadnych krzeseł.**

box, cigarettes; package, envelopes; store, tomatoes; room, tables; town, automobiles; kiosk, matches.

---

* With articles of clothing, one would tend to use
    kieszeń: kopertę mam w kieszeni spodni, etc.
** The use of żaden in this exercise is emphatic:
    "there are no chairs of any kind."

15. my, wy, 8:   przyjdziemy po was o ósmej.
ja, ty, 7; on, ja, 6; ona, pani, 9; oni, my, 5;
my, państwo, 10.

16. wyjdę: a. wyszedłem, wyszłam.
              b. wychodziłem, wychodziłam.
zajdziesz, odejdą, wejdziemy, przyjdziecie, wydzie,
pójdę.

17. go out: a. wyjdź!
              b. nie wychodź!
enter, arrive, drop by, go away, go.

18. oni, wino: a. oni muszą wyjść po wino
                  b. oni wyjdą po wino.
ja, wódka; my, mleko; ona, kawa; ty, woda sodowa;
one, zapałki.

19. oni, wino: a. oni musieli wyjść po wino
                  b. oni wyszli po wino.
Use the vocabulary of Exercise 18.

20. ja, wyjść: a. zaraz wyjdę
                  b. już wychodzę
                  c. dopiero wyszedłem (wyszłam)*.
ona, przyjść; oni, wejść; my, zajść; wy, odejść;
ty, pójść.

21. Give the corresponding prefixed form of -jechać,
    -jeżdżać; -jść, -chodzić:

pójdę: pojadę.
wychodzę, zajdziecie, przyjdą, wchodzi, wejdziemy, odcho-
dzisz, zachodzą, wyjdziesz, przyjdzie.

poszedłem, wychodziłam, zaszli, przyszliście, wchodziła,
odchodziłyśmy, zachodziłaś, weszły, wyszedłeś.

22. Compose sentences on the general model:
    gdzie: gdziekolwiek pójdziesz, ja cię znajdę.
kiedy, kto, co, jaki, jak.

---

* dopiero *(here:) only just.*

XXIII

23. Translate:

a. Is there a food store in this building?
b. There isn't a clothing store in this town.
c. How many restaurants are on this street?
d. What can one buy in this store? Almost everything.
e. You'll find the best cigarettes in another
   store.
f. I'm looking for some red pencils. You'll
   not find red pencils in this store.
   You'll have to (use trzeba) go to a kiosk.
g. Can one buy envelopes in a kiosk?
h. Yes, but you'll find the best envelopes in a
   special (specjalny) store.
i. I prefer you in that green dress.
j. Do you have a black suit? No, I have only a
   brown (one). Why do you ask?
k. What is in that large package? My new sports
   jacket.
l. I don't have as many shoes as you have.
m. I want to invite you to my party.
n. They live only three blocks (= streets) from
   the university.
o. I'll drop in on you tonight if you are (translate "will be") free.
p. Unfortunately I'm engaged this evening. I'm
   going to a party.
q. What are you doing? I'm reading a post card
   from my friend.
r. I don't know her address? Do you know it?
s. No, but I have it here in my address-book.
t. Let's go to the movies together. Not a bad
   idea.
u. I'd invite Jurek if I only knew his address.
   Do you know where he lives?
v. I have to buy several things at the kiosk.
w. I didn't know that one can buy so many things
   at a kiosk.
x. Where is the nearest (najbliższy) coffee-house?
   The nearest coffee-house is on Prosta Street.
y. My parents live on Sienkiewicz street.
z. My professor lives at 35 Piękna Street, apartment 76.
α. I'll come by for you at quarter past seven.
β. Whenever you arrive, I will be waiting.
γ. Please don't come in; I'm not ready yet.

241

24. Translate, using 1st pers. pl. Perfective im-
    peratives:

a. Let's go somewhere. -- Where? -- Anywhere.
b. Let's invite someone for dinner. -- Who?
   -- Anyone.
c. Let's have something to drink (use napić się).
   -- What? -- Anything.
d. Let's eat something. -- What? -- Anything.
e. Let's go abroad sometime. -- When? -- Anytime.
f. Let's buy some kind of present for your mother.
   -- What kind? - Any kind.
g. Let's go to some kind of restaurant. -- What
   kind? -- Any kind.

Men's shirts

24

A.   Pan Kowalczyk jest zmartwiony*

Pan Kowalczyk jest ostatnio trochę zmartwiony.
Jego faliste włosy przerzedzają się na głowie. Próbo-
wał zahamować ten proces używając różnych płynów, ale
bez większego powodzenia. Co się stanie, kiedy wyłysieje i nie będzie już wyglądał tak młodo? Wyglądać
staro -- to byłaby przecież tragedia.

Inną rzeczą, która go martwi jest to, że zaczyna
tyć. Nigdy nie cierpiał na brak apetytu i zawsze uwa-
żał za trudne, jeśli nie niemożliwe, odmawianie sobie
prostej przyjemności jedzenia, ale co będzie, jeśli
naprawdę utyje? Czy nie będzie wyglądał o wiele starzej? Przerażająca możliwość postarzenia się stała
się u pana Kowalczyka obsesją.

zmartwiony *worried*	głowa *head*
ostatnio *lately*	prób.ow.ać *try*
falisty *wavy*	zaham.ow.ać *(pf.) slow*
włosy *(pl.) hair*	*down, retard*
przerzedza.ć *grow thinner*	proces *process*

---

* Underlined verb forms are in the Perfective aspect
and should be translated as futures.

Milicjant

używa.ć + Gen. *use*
płyn *liquid, preparation*
większy *(here:) noticeable*
powodzenie *success, luck*
wyłysie.ć *(pf.) grow bald*
młody -o *young*
   młodziej *younger (adv.)*
stary -o *old*
   starzej *older (adv.)*
tragedia *tragedy*
martw.ić *worry (Trans.)*
zaczyna.ć *begin*
ty.ć *grow fatter*
uty.ć *(pf.) grow fat*
cierpi.eć na + Acc. *suffer
   from*
brak *lack*

apetyt *appetite*
uważa.ć za + Acc. *consider as*
niemożliwy *impossible*
odmawia.ć + Gen. *deny*
   odmawianie *denial*
przyjemność *(f.) pleasure*
jedzenie *food*
przeraża.ć *frighten*
możliwość *(f.) possibility*
postarze.ć się *(f.) grow old*
   postarzenie się *growing
   old*
stać się (stanę się   staniesz
   się) *(pf.) become, happen*
obsesja *obsession*

B. Pytania

1. Czy pan Kowalczyk ma powody, żeby się martwić?
   Jakie?

2. Co robił, żeby zahamować proces łysienia?

3. Czy ta metoda okazała się skuteczna?

4. Dlaczego to będzie dla niego tragedią, jeśli
   naprawdę wyłysieje?

5. Co będzie, jeśli pan Kowalczyk naprawdę utyje?

6. Jakie metody stosuje pan Kowalczyk, żeby nie
   utyć?

7. Co stało się u pana Kowalczyka obsesją?

łysie.ć *grow balder*   stos.ow.ać *employ*
skuteczny *effective*

1968 Olympics   *Commission of National   Stamp Day - 1974*
                         Education - 1773

C. Gramatyka

1. PERFECTIVE AND IMPERFECTIVE VERBS

Certain verbs in Polish, in addition to their
basic meaning, contain the additional meaning of having
a definite effect, reaching a definite limit, or pro-
cessing a definite amount of something. Such verbs are
called Perfective, and they are marked in the vocabulary
with a following *(pf.)*. Perfective verbs have no present tense. The present tense form has future meaning:

Pójdziemy razem. *We'll go together*
Zaraz to skończę. *I'll finish that right away.*
Wstąpię do wojska. *I'll join the army.*
Co się stanie? *What will happen?*

Verbs that are not Perfective, including most
simple (unprefixed) verbs, are called Imperfective.
Unprefixed Imperfective verbs are usually made Perfective by adding a prefix, which varies from verb to
verb:

Imperfective	Perfective
robić *make, do*	zrobić
pytać *ask (a question)*	zapytać
prosić *ask (request)*	poprosić
rozumieć *understand*	zrozumieć
pisać *write*	napisać
czytać *read*	przeczytać
iść *go*	pójść
jechać *ride*	pojechać
dziękować *thank*	podziękować
jeść *eat*	zjeść
pić *drink*	wypić
płacić *pay*	zapłacić
hamować *brake, retard*	zahamować
łysieć *grow bald*	wyłysieć
grać *play*	zagrać
tyć *grow fat*	utyć

and so on. Rarely, different verbs will serve as Imperfective-Perfective partners:

mówić *say, speak*	powiedzieć
widzieć *see*	zobaczyć
wyglądać *look, appear*	wyjrzeć.

A small number of unprefixed verbs are naturally Perfective:

stać się *become* (Imperfective: stawać się)
kupić *buy* (Imperfective: kupować)
wrócić *return* (Imperfective: wracać).

In case a prefix other than the basic one is added
to an Imperfective verb, a Perfective verb in a new
meaning may be created. In this case, a corresponding
prefixed Imperfective in the new meaning must be derived
from the prefixed Perfective. Usually this is accomplished by making changes in the stem of the verb, often
resulting in a change from one conjugational type to
another:

Simple Verb	Prefixed Perfective in New Meaning	Derived Prefixed Imperfective in New Meaning
prosić *request*	zaprosić *invite*	zapraszać
mówić *say*	odmówić *refuse*	odmawiać
pisać *write*	podpisać *sign*	podpisywać
żyć *live*	użyć *use*	używać
grać *play*	wygrać *win*	wygrywać
robić *do*	zarobić *earn*	zarabiać

and so on. The detailed description of the formation
and use of the Perfective and Imperfective forms of the
verb belongs to a more advanced level of study. For
the time being, the following guidelines will suffice:

a. One uses the Imperfective form of a verb to express both on-going and habitual action. For example,
the English sentences *He was visiting Warsaw* and *He
often visited Warsaw* would be expressed by the Imperfective:

On zwiedzał Warszawę. *He was visiting Warsaw.*
On często zwiedzał Warszawę. *He often visited Warsaw.*

The Imperfective aspect often directs attention to the
action itself rather than to anything it may be accomp-
lishing. One always uses the Imperfective in response
to the question "What were you doing?" (Co robił.eś/aś?):

— Co robiłeś wczoraj wieczorem? *What did you do
   (= were you doing) yesterday evening?*
— Pisałem listy, czytałem artykuł, grałem na gitarze
   ... *I wrote some letters, read an article,
   played the guitar...*

b. One uses the Perfective form of the verb only in
the past or future tense, and only when an effect or an
accomplishment is inherent in the meaning of the verb
itself or in the situation. For example, the English
sentences *Yesterday I bought a new car* and *Yesterday I
wrote three letters* would both be expressed by the Perfective form of the verb. In the first sentence, the
accomplishment is inherent in the meaning of "buy"; in
the second sentence, the accomplishment is imposed by

XXIV

the situation: a definite number of items was processed:

Wczoraj kupiłem nowy samochód.
Wczoraj napisałem trzy listy.

The following adverbs are usually followed by verbs in the Perfective form: zaraz *right away*, wreszcie *finally*, at last, nagle *suddenly*, jak tylko *as soon as:*

Zaraz to zrobię. *I'll do that right away.*
Wreszcie przyjechałeś. *At last you've arrived.*
Nagle usłyszałem krzyk. *Suddenly I heard a shout.*
Powiem ci, jak tylko skończę. *I'll tell you as soon as I*
finish.

2.   THE FUTURE TENSE (SUMMARY)

a.   As we know (from above and from Lesson XIV), the present-tense form of a Perfective verb has future meaning:

zapytam *I'll ask*   zapytamy *we'll ask*

zapytasz *you'll ask*   zapytacie *you'll ask*

zapyta *he, she, it*   zapytają *they'll ask.*
will ask

b.   The Imperfective future is formed by combining the forms of będę *will, am going to* with either the Imperfective infinitive or (usually) the 3rd person past tense forms of the verb:

Singular:* masculine   feminine

będę pytał *I am go-*   będę pytała *I am go-*
ing to ask   *ing to ask*
będziesz pytał *you*   będziesz pytała *you*
are going to ask   *are going to ask*
będzie pytał *he is*   będzie pytała *she is*
going to ask   *going to ask.*

Plural: masculine persons   others

będziemy pytali *we are*   będziemy pytały *we*
going to ask   *are going to ask*
będziecie pytali *you*   będziecie pytały *you*
are going to ask   *are going to ask*
będą pytali *they are*   będą pytały *they are*
going to ask   *going to ask.*

---

* 3rd person neuter: będzie pytało *it is going to ask.*

248

c. The choice between Perfective or Imperfective future is often determined on the basis of whether one has in mind a definite terminus at which or by which the action is to be completed. If one has a definite time point in mind, then the Perfective will usually be used. If not, one expects the Imperfective:

Kiedyś napiszę powieść. *Someday I'll write a novel. (definite resolve).*

Kiedyś będę pisał powieść. *Someday I'll write a novel. (vague general intention)*

The English future expression "be going to" is usually translated by the Polish Imperfective. It should be stressed that the forms of będę *will,* am *going to* may never be combined with Perfective verbs.

3. PURPOSE PHRASES (INTRODUCTION)

Infinitival complements expressing purpose, loosely understood, are introduced by the conjunction żeby, which can sometimes be translated as "in order (to)". It is necessary in such constructions that the subject of the main verb and the implied subject of the infinitive be the same:

On ma powody, żeby się martwić. *He has reasons to be worried.*
On używa płynów, żeby zahamować proces łysienia. *He uses preparations (in order) to retard the process of balding.*
Jestem zbyt zmęczony, żeby pójść na koncert.
I am too tired to go to the concert.

4. VERBS WITH INFINITIVE IN -u.ć, -y.ć, -i.ć, -e.ć

Verbs marked in the vocabulary as having the infinitive in -u.ć, -y.ć, -i.ć, -e.ć belong to the 3rd Conjugation and form the present-tense stem by adding -j-:

ży.ć *live* (żyję żyjesz żyją)
czu.ć się *feel* (czuję się czujesz się czują się)
pi.ć *drink* (piję pijesz piją)
ty.ć *grow fat* (tyję tyjesz tyją)
łysie.ć *grow bald* (łysieję łysiejesz łysieją).
psu.ć *ruin* (psuję psujesz psują)

and so on.

5. SOME REPRESENTATIVE IMPERFECTIVE-PERFECTIVE VERB PAIRS *

brać biorę bierzesz *take*	wziąć wezmę weźmiesz
czeka.ć *wait*	zaczeka.ć
czyta.ć *read*	przeczyta.ć
dosta.w.ać dostaję do- stajesz *get*	dosta..ć dostanę dostaniesz
iść idę idziesz *go*	pójść pójdę pójdziesz
jeść jem jesz jedzą *eat*	zjeść *eat (up)*
kup.ow.ać *buy*	kup.ić
mów.ić *say*	powiedzieć powiem powiesz powiedzą
odmawia.ć *refuse, decline*	odmów.ić
ogląda.ć *view, watch*	obejrz.eć
pi.ć *drink*	wypi.ć *drink (up)*
pis.ać *write*	napis.ać
płac.ić *pay*	zapłac.ić
poleca.ć *recommend*	polec.ić
pros.ić *request*	popros.ić
prób.ow.ać *attempt*	sprób.ow.ać
przedstawia.ć *present*	przedstaw.ić
psu.ć *spoil, ruin*	zepsu.ć
pyta.ć *ask*	zapyta.ć
rob.ić *do*	zrob.ić
słysz.eć *hear*	uszłysz.eć
spędza.ć *spend (time)*	spędz.ić
śpiewa.ć *sing*	zaśpiewa.ć *(start to) sing*
ucz.yć się *study*	naucz.yć się *learn*
widzi.eć *see*	zobacz.yć
zaczyna.ć *begin*	zacz.ą.ć
zajm.ow.ać się *be busy with*	zaj.ą.ć się
zaprasza.ć *invite*	zapros.ić
zmienia.ć *change*	zmien.ić
zwiedz.ać *visit*	zwiedz.ić
spotyka.ć *meet*	spotka.ć

---

* For any unfamiliar verb types, consult the summary of verb
types in Lesson XXX.

D. Ćwiczenia

1. take: a. teraz biorę
           b. jutro wezmę.

wait, read, get, go, eat, say, drink, write, pay, request, ask, try, do, sing, see, visit, refuse, change.

2. get: a. często dostawał.em/am
           b. wczoraj dostał.em/am.

try, buy, watch, hear, see, pay, recommend, ruin, present, spend, invite, visit, change, begin, meet.

3. write: a. kiedyś będę pisał/a
            b. zaraz napiszę.

request, do, sing, see, pay, read, drink, buy, get,
take, begin, eat, take.

                a. będę czekać
4. zaczekam: b. będę czekał/a.

wezmę, dostanę, pójdę, zjem, kupię, powiem, wypiję,
napiszę, zapłacę, polecę, poproszę, przedstawię, usły-
szę, zrobię, spędzę, zobaczę, zajmę się, zaproszę,
zmienię, zwiedzę, spotkam.

                a. będziemy jeść
5. zjemy: b. będziemy jedli/jadły.

zmienisz, zwiedzi, zajmiecie się, zaśpiewamy, zacznę,
zrobią, usłyszymy, poprosisz, zapłacę, wypijecie, przeczytam, wezmą, zaczeka, dostaniesz, pójdzie, kupimy,
zepsuję, obejrzymy, zobaczycie, polecisz.

6. idziesz: pójdziesz.

bierzesz, czytam, dostajecie, mówią, kupujemy, pisze,
płacisz, proszę, polecamy, odmawiacie, śpiewam, widzi,
zaczynamy, słyszycie, psuję, pije, oglądam, uczą się.

7. idziesz: a. będziesz iść
               b. będziesz szedł/szła.

(Use the vocabulary of Exercise 6).

XXIV

8. take an aspirin: a.   co bierzesz?
                      b.   biorę aspirynę
                      c.   kiedy wreszcie weźmiesz
                           tę aspirynę?

write a novel, read an article, get a letter, buy
a present, watch a film, change an opinion, sing a
song*, drink brandy, eat cornflakes, be busy with a
child.

9. zwiedzić: a.   zwiedzę
                  b.   zwiedzisz.

wziąć, dostać, pójść, powiedzieć, wypić, poprosić,
zepsuć, zacząć, zająć się, napisać, polecić, zjeść.

In the following several exercises, give all possible
   different gender variants where appropriate.

10. on (letter): on dostał list.

ja (mail), wy (newspaper), my (work), oni (answer),
ty (invitation).*

11. on pije: a. kiedy on wreszcie to wypije?
               b. czy on wreszcie to wypił?

jesz, oni się uczą**, robimy, zapłacicie, oglądam,
ona czyta, dostajemy, pani widzi, państwo śpiewają.

12. on śpiewa: a.   on już to zaśpiewał
                b.   on kiedyś to śpiewał.

zwiedzam, zaczynamy, słyszą, próbuję, dostajecie,
czytasz.

13. ja, ty (dog): słyszał.em/am, że kupił.eś/aś
                   nowego psa.

my, wy (watch), oni, pan (briefcase), on, ty (house),
ja, państwo (horse).

---

* piosenka *song*; zaproszenie *invitation*.

** Remember: this verb takes a Genitive complement.

14. on, ja (book):   on zapytał, czy napisał.em/am
                     tę książkę.

oni, ty (article);   ona, my (brochure);   ja, pani
(novel).

15.   Translate only the verbs in the following sen-
      tences, using single Polish verb forms. The
      verbs are taken from the list in Section C.5.
      above.

      a. You've ruined my new sweater. (zepsułeś)
      b. I'll see you tomorrow.
      c. I heard something interesting today.
      d. What was that song you were singing?
      e. I'd like to present my fiancee.
      f. Where are you going to spend your vacation
         this year?
      g. Did you invite Jurek to your party yet?
      h. No, I'll invite him tomorrow for sure.
      i. He's always changing his mind.
      j. Have you ever visited Warsaw?
      k. I'll write my mother a letter as soon as I
         finish this book.
      l. Did we already pay?
      m. What did your mother say?
      n. She said that you ruined her new dress.
      o. I bought a new watch yesterday.
      p. I never used to eat fish.
      q. Where did Maria go? The same place that Marek
         went.
      r. I'll return in just a minute.
      s. Are you ever going to eat that piece of cake.
      t. Yes, I'll eat it right away.
      u. What were you doing in that store?
      v. I was buying a new overcoat.
      w. I used to watch television for hours on end.
      x. I'll try one more time.
      y. I used to get more mail than this.
      z. I think that I'll read a little before I
         go to bed.
      α. I'll wait right here until you return.
      β. I'll never change my opinion.
      γ. They drank Scotch all night long.

16. Translate:

      a. I'm worried lately about (o + A) my hair.
      b. It will be a tragedy if I grow bald.
      c. Your brother is beginning to get fat.
      d. No, he always looked that way.

e. One can't always look young, but one can try.
f. No one ever wants to look older.
g. What will happen if you begin to look older?
h. That's a frightening possibility.
i. I never suffered for lack of appetite.
j. Who is that man with the wavy hair? -- My hairdresser.
k. My hair is growing thin; what can you advise me?
l. You don't want my advice (rada). I'm already bald.*
m. Good food is one of life's simple pleasures.
n. She always tries to look younger than she is, but without great success.
o. I always considered it difficult, if not impossible, to deny myself good food.

The "Poranek" (Morning) Milk Bar

⊕ ⊕ ⊕

---

* łysy *bald*.

25

A.   Z tego nie wynika

-- Czy lubi< pan / pani >muzykę klasyczną? *Do you like classical music?*

-- Lubię, ale wolę muzykę rozrywkową. *I do, but I prefer popular music.*

-- Dziwię się< panu. / pani. > *I'm surprised at you.*

-- Dlaczego? *Why?*

-- Miał.em/am< pana / panią >za kulturalnego człowieka. *I took you for a cultured person.*

-- Z tego nie wynika, że lubię muzykę klasyczną. *From that it doesn't follow that I like classical music.*

B.   Wychodzi na to samo

-- Co dolega< twojemu przyjacielowi / twojej przyjaciółce >-- czy jest< chory? / chora? > *What ails your friend -- is he/she sick?*

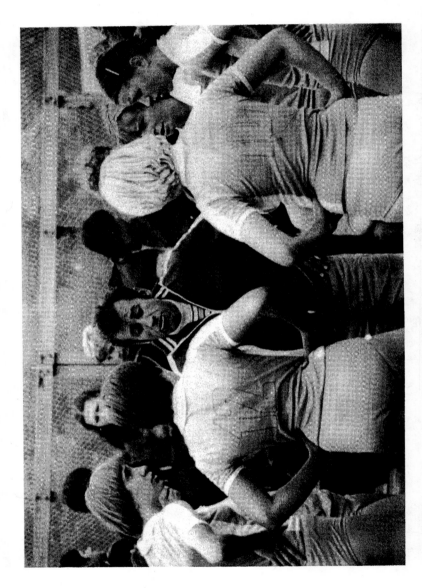

Rada

-- Nie, jest< zakochany. *No, he/she's in love.*
          zakochana.

-- Wychodzi na to samo. *It amounts to the same thing.*

-- Nie, jest gorzej: chorego można przynajmniej
   wyleczyć. *No, it's worse: one can at least
   treat a sick person.*

C.   Nie dla byle kogo

-- Potrzebuję rady. *I need (some) advice.*

-- Jakiej? Chętnie ci poradzę. *What kind? I'll gladly advise you.*

-- Dziękuję, ale obejdę się bez takich rad, jak twoje.
   Thanks, but I can do without advice like yours.

-- To dobrze, bo moje rady nie są dla byle kogo.
   *That's good, because my advice is not for just
   anybody.*

D.   Trudno ci dogodzić

-- Jak ci się podoba ten materiał? *How does this material strike you?*

-- Jest ładny, ale wolał(a)bym< ciemniejszy. *It's pret-
                               jaśniejszy.
   ty, but I'd prefer a darker/lighter (one).*

-- Tu jest coś< ciemniejszego. *Here is something
              jaśniejszego.
   darker/lighter.*

-- Tak, ale nie podoba mi się ta kratka. *Yes, but I
   don't like that check.*

-- Trudno ci dogodzić. *You're difficult to please.*

E. Uwagi

chory *a sick person:* note the use of the masculine
   form when referring to someone in general.

potrzeb.ow.ać + Gen. *need, require*

obejść się (obejdę się obejdziesz się) (pf.) *get along
   without*

byle kto *anyone (pejorative)*; cf. also byle co *any (old)
   thing,* byle jaki *any (old) kind.*

E. Zapamiętaj!

THE DATIVE CASE

The Dative case Noun and Adjective endings are as
follows:

	Adjective	Noun
Singular		
feminine:	-ej	-'e -(y~i)
masculine:	-emu	-owi (-u)
neuter:	-emu	-u
Plural, all genders:	-(y~i)m	-om .

Note that the Dative singular feminine endings are the
same as for the Locative case (Lesson XX). Only a few
masculine nouns take Dative singular in -u instead of
the regular ending -owi: ojciec ojcu, chłopiec chłopcu, pan panu, pies psu, świat światu, Bóg Bogu,
brat bratu. Here are some examples of Dative forms:

	Dat. sg.	Dat. pl.
Feminine:		
miła kobieta	miłej kobiecie	miłym kobietom
moja ciocia	mojej cioci	moim ciociom
dobra znajoma	dobrej znajomej	dobrym znajomym
ta pani	tej pani	tym paniom
Masculine:		
ten aktor	temu aktorowi	tym aktorom
zdrowy koń	zdrowemu koniowi	zdrowym koniom
wasz ojciec	waszemu ojcu	waszym ojcom
zły mężczyzna	złemu mężczyźnie	złym mężczyznom
mój brat	mojemu bratu	moim bratom
Neuter:		
to mieszkanie	temu mieszkaniu	tym mieszkaniom
chore dziecko	choremu dziecku	chorym dzieciom
polskie imię	polskiemu imieniu	polskim imionom
duże zwierzę	dużemu zwierzęciu	dużym zwierzętom
stare muzeum	staremu muzeum	starym muzeom .

The Dative case forms of the personal pronouns are as follows:

ja:	mi (mnie)	on:	mu (jemu)	pan:	panu
ty:	ci (tobie)	ono:	mu (jemu)	pani:	pani
my:	nam	ona:	jej	panowie:	panom
wy:	wam	oni:	im	panie:	paniom
–	sobie	one:	im	państwo:	państwu.

The long forms in parentheses (mnie, tobie, jemu) are used for emphasis or contrast and when the pronoun oc-cures first in a clause or sentence:

Jemu jest łatwo, ale mnie jest trudno. *It's easy for him, but it's hard for me.*

USES OF THE DATIVE CASE

a. The Dative is the case of the beneficiary of an action:

Dałem jabłko koniowi. *I gave an apple to the horse.*

Znalazłem pracę mojemu znajomemu. *I found work for my friend.*

b. The Dative is often used in the meaning of "to a person's loss or injury":

Zepsułem ci samochód. *I've ruined your car.*

c. The Dative is required after the prepositions ku *to, toward (infrequent)* and przeciw *against:*

ku mojemu zdziwieniu *to my amazement*
Nie mam nic przeciw temu. *I don't have anything against that.*

d. The Dative is required after a fairly large num-ber of verbs, many of which incorporate the notion of benefit or harm in their meaning: pomagać *help,* prze-szkadzać *hinder, bother,* dolegać *ail, afflict.* See below for more examples.

e. The Dative is used as the complement of many im-personal verbs and adjectives:

Podoba mi się ten materiał. *I like that material.*
Zdaje ci się. *It (just) seems that way to you.*
Zimno mi. *It's cold to me; I feel cold.*

See below for more examples.

SOME VERBS COMMONLY FOUND WITH THE DATIVE CASE

pomaga.ć *(pf.* pomóc pomogę pomożesz*) help*
wierz.yć *believe (someone)*
ufa.ć *trust (someone)*
przeszkadza.ć *hinder, bother (someone)*
dziw.ić się *be surprised at*
zazdroszcz.yć *envy*
radz.ić po- *advise*
pożycz.yć *loan*
dolega.ć *ail, afflict*
podoba.ć się *be pleasing to*
smak.ow.ać *taste good to*
zda.w.ać się *(*zdaję się zdajesz się*) seem, appear*

SOME COMMON IDIOMS INVOLVING DATIVE COMPLEMENTS

The underlined Dative pronoun may be replaced
with any Dative form (except sobie):

O co ci chodzi? *What are you concerned about?*
Wszystko mi jedno. *It's all the same to me.*
Co ci jest? *What's (wrong) with you?*
Nie chce mi się. *I don't feel like it.*
Nic mi nie wychodzi. *Nothing works out for me.*
Robi mi się słabo. *I'm getting sick.*
Zdaje ci się. *You're imagining it.*
Ani mi się śni! *I wouldn't dream of it!*

SOME IMPERSONAL ADJECTIVES FREQUENTLY OCCURRING WITH
   DATIVE PRONOUNS

ciepło *warm*	Ciepło mi. *I'm warm.*
ciężko *hard*	Jemu jest ciężko. *It's easy for him.*
duszno *stuffy*	Duszno panu? *Is it stuffy for you?*
łatwo *easy*	Tobie jest łatwo. *It's easy for you.*
nudno *boring*	Nudno nam tu. *It's boring for us here.*
smutno *sad*	Smutno mi. *I'm sad.*
słabo *sickly*	Słabo ci? *Are you (feeling) sick?*
trudno *difficult*	Im jest trudno. *It's difficult for them.*
przykro *regretful*	Bardzo mi przykro. *I'm very sorry.*
zimno *cold*	Nam jest zimno. *We're cold.*
chłodno *chilly*	Chłodno nam. *We're chilly.*
wolno *permitted*	Nie wolno pani. *You musn't.*

THE DATIVE REFLEXIVE PRONOUN sobie

The Dative-case reflexive pronoun sobie is used
when the pronoun has the same reference as the subject
pronoun. This form also functions as a Dative form of
reciprocity: Kupię sobie psa *I'll buy myself a dog.*
Kup sobie setera. *Buy yourself a setter.* Pomagamy
sobie. *We help one another, each other.*

F. Ćwiczenia

1. twój przyjaciel: a. co dolega twojemu przyjacielowi?
b. co dolega twoim przyja-
cielom?

ta pani, twój kolega, ten pan, ten chłopiec, ten koń,
ten pies, ten kot, ta krowa, ta dziewczyna, twój ojciec, twoja siostra, ten lew, ta ryba, ten orzeł, ta
owca, twój przyjaciółka, to zwierzę, to dziecko.

2. pani Klara: a. kto może pomóc biednej pani
Klarze?
b. nikt nie może jej pomóc.

pan Feliks, pani Małgorzata, pan Witold, pani Barbara,
pan Marian, pani Maria, państwo Wolscy, państwo Dur-
kaczowie.

3. lawyer: a. nie ufam temu adwokatowi
b. nie ufam adwokatom w ogóle.

pilot, dentist, doctor, barber, singer, actor, policeman, author, writer, soldier, waiter.

4. lawyer: a. nie ufam tej adwokatce *
b. nie ufam żadnym adwokatkom.

Use the vocabulary of Exercise 3.

5. In the following model, put the Dative-case pronoun between the verb and the particle się,
except for pan, pani, państwo, which follow się.

on: dziwię mu się.

ona, ty, wy, pan, państwo, oni, ono, pani, one, panowie,
panie.

6. ty, on: a. co możesz mu poradzić?
b. co on może ci poradzić?

one, my; pan, ja; on, ona; państwo, oni; one, wy.

7. ja, ty: chętnie ci poradzę.

my, wy; on, pani; oni, ja; ona, państwo.

---

* The forms adwokatka, pilotka, żołnierka would be
used only in informal situations.

8. ja: nic mi nie wychodzi.

on, pan, ty, ono, pani, my, ona, panowie, wy, oni,
panie, one, państwo.

9. Follow the model; in b), the pronoun is placed at
the beginning for emphasis. Choose the long
form of the pronoun if available. Use the
vocabulary of Exercise 8.

   ja: a. wszystko mi jedno
        b. mnie jest wszystko jedno.

10. Follow the model. The pronouns of formal address
are placed following the verbal expression; the
other pronouns are placed between the verb and
the reflexive particle:

   ty: zdaje ci się
   pan: zdaje się panu.

on, ono, pani, my, ona, panowie, wy, oni, panie, one,
państwo.

11. ty, adapter: a. zepsuł.em/am ci adapter
                      b. nie szkodzi, mam inny. *

wy, radio; oni, magnetofon; pan, książka; pani,
samochód; państwo, płyta.

12. salty soup: a. jak ci smakuje ta zupa?
                      b. jest za słona.

sour milk, hot coffee, bitter, tea, strong brandy,
weak beer, sharp cheese.

13. Follow the model; choose the person of the verb
in c) on the basis of logic.

   on, ja: a. on mi pomaga
             b. ja mu pomagam
             c. pomagamy sobie wzajemnie. *

wy, ona; ty, my; pan, oni; oni, on.

---

* wzajemnie *mutually*   nie szkodzi *it doesn't
                                    matter.*

14. her, pretty: kup jej coś ładnego.

him, interesting; them, expensive; us, new; me, good; yourself, funny.

15. on: a. on chce pójść
             b. nie chce mu się iść.

ona, pan, oni, ja, ty, wy, my, pani, państwo.

16. cold: zimno mi.

sad, warm, boring, hard, difficult, sorry, necessary, easy, stuffy.

17. you (sg.) are cold: zimno ci.

he is bored, they are sad, I am warm, we are sorry.

18. difficult for her: jej jest trudno.

easy for you (pl.), hard for me, boring for them, sad for her, permitted for us.

19. oni jedzą szynkę: nie wolno im jeść szynki.*

on je kiełbasę, ona je cukier, jemy masło, one jedzą kapustę, jecie mięso, jesz sól, jem ser.

20. pan pije mleko: nie wolno panu pić mleka.*

pani pije wódkę, oni piją koniak, piję piwo, pijecie wino, pijesz sok pomidorowy, pijemy wodę.

21. ja, ty: a. nie wiem, czy ci wierzyć
             b. nie wiesz, czy mi wierzyć
             c. nie wiemy, czy sobie wierzyć.

pan, oni; państwo, my; on, ona; wy, ja.

22. ja, on: a. nie rozumiem, o co mu chodzi
             b. on nie rozumie, o co mi chodzi.

oni, państwo; my, wy; on, pan; ona, ty.

---

* The negative expression nie wolno plus infinitive requires that the object noun be in the Genitive.

23. Translate, filling in the blanks appropriately:

a. I'm surprised at _____.
b. I like _____, but it doesn't follow that I want to have _____.
c. I have _____, but it doesn't follow that I like _____.
d. What ails your _____? Is he _____? No, he's just _____.
e. Who can help poor _____? No one can help _____.
f. I don't trust any _____. I should know; I'm a _____ myself (sam).
g. I'll willingly _____ you.
h. I'll willingly loan you my _____ if you will loan me your _____.
i. I envy your _____.
j. I took you for a real _____. You were wrong.
k. How does this _____ taste to you? It's too _____.
l. Is it permitted to _____ here? One may always try.
m. You're hard to please. I'm not hard to please; I'm simply _____.
n. I've ruined your new _____. It'a all the same to me; I wanted to buy a new one anyway (i tak).
o. How do you like my new _____? I like it, but why is it so _____?
p. It's not permitted to drink _____ here.
q. I mustn't eat _____.
r. Buy me something _____.

24. Compose ten sentences, illustrating various Dative case constructions with adjectives and nouns.

Jeden urzędnik z urzędu

Je-den u-rzę-dnik z u-rzę-du   nie przy-szedł

dzi-siaj do pra-cy: Chciał w ten spo-sób

za-pro-te-sto-wać prze-ci-wko ni-skiej pła-cy!

1 Jeden urzędnik z urzędu
   Nie przyszedł dzisiaj do pracy:
   Chciał w ten sposób zaprotestować
   Przeciwko niskiej płacy!
      La la la la la la la la la
      Przeciwko niskiej płacy!

2 A pewien kelner z "Krystalu"
   Nie wydał reszty ze stówki:
   Chciał w ten sposób zaprotestować
   Przeciw spadkowi złotówki!
      La la la la la la la la la
      Przeciw spadkowi złotówki!

3 Zaś pewien złodziej włamywacz
   Nic nie ukradł w Cedecie:
   Chciał w ten sposób zaprotestować
   Przeciw powszechnej tandecie!
      La la la la la la la la la
      Przeciw powszechnej tandecie!

Uwagi
  Cedete (CDT) Centralny Dom Towarowy *Central Depart-
    ment Store*
  "Krystal" : *a common name for a restaurant in Poland.*

Dziadek

A.   Pan chyba zwariował

-- Ile pan/i ma lat? *How old are you?*

-- To jest tylko moja sprawa, proszę pana/pani.
   *That is only my concern, if you please sir/
   madam.*

-- Nie chce mi się wierzyć, że ludzie są jeszcze wraż-
   liwi na temat swojego wieku. *I find it difficult
   to believe that people are still sensitive on the
   subject of their age.*

-- Co to znaczy "jeszcze"? *What do you mean "still?"*

-- To znaczy, w dwudziestym wieku.   *I mean in the
   twentieth century.*

-- Pan/i chyba zwariował/a. *You must be out of your
   mind.*

Babcia

B.   Przegapiłeś

-- Którego jest dzisiaj? *What's the date today?*

-- Dzisiaj jest dwudziesty drugi, jeśli się nie mylę.
   Dlaczego? *Today is the 22nd, if I am not mistaken.
   Why?*

-- Bo miał.em/am pójść do dentysty dziewiętnastego.
   *Because I was supposed to go to the dentist's on
   the noneteenth.*

-- A więc przegapił.eś/aś tę wizytę. *I'd say you had
   missed that appointment.*

C.   Niedyskretne pytanie

-- Kiedy się pan/i urodził/a? *When were you born?*

-- Cóż za niedyskretne pytanie! *What an indiscreet
   question!*

-- No to którego się pan/i urodził/a? *Well then what
   day were you born?*

-- Jedenastego lutego. *The 11th of February.*

-- Od razu poznał.em/am w panu/pani Wodnika! *I immediately took you for an Aquarius!*

ile pan/i ma lat? literally, "how may years do you
   have?" Cf. mam osiemnaście lat "I have 18 years (I'm
   18 years old)."

proszę pana/pani "if you please, sir/madam": polite for-
   mulas often inserted into conversations.

co to znaczy?: literally, "what does that mean?"

zwari.ow.ać *go crazy (pf.)*

którego jest dzisiaj *what's the date today*: the Genitive expression asks for the date. The Nominative
   expression jaki jest dziś dzień? asks for the day of
   the week.

dziewiętnastego "on the 19th", jedenastego lutego "on
   the 11th of February": Genitive of time expressions;
   see below under the Expression of Dates.

XXVI

E. Zapamiętaj!

NUMBERS 100-1000

100	sto stu	600	szęśćset sześciuset
200	dwieście dwustu	700	siedemset siedmiuset
300	trzysta trzystu	800	osiemset ośmiuset
400	czterysta -ystu	900	dziewięćset dziewięciu-set
500	pięćset pięciuset	1000	tysiąc pl. tysiące G pl. tysięcy

Note: the second form of the numbers 100-900 is for
masculine persons and for all obliques cases.

ORDINAL NUMBERS 1-1000

1	pierwszy	20	dwudziesty
2	drugi	30	trzydziesty
3	trzeci	40	czterdziesty
4	czwarty	50	pięćdziesiąty
5	piąty	60	sześćdziesiąty
6	szósty	70	siedemdziestiąty
7	siódmy	80	osiemdziesiąty
8	ósmy	90	dziewięćdziesiąty
9	dziewiąty	100	setny
10	dziesiąty	200	dwóchsetny
11	jedenasty	300	trzechsetny
12	dwunasty	400	czterechsetny
13	trzynasty	500	pięćsetny
14	czternasty	600	sześćsetny
15	piętnasty	700	siedemsetny
16	szesnasty	800	osiemsetny
17	siedemnasty	900	dziewięćsetny
18	osiemnasty	1000	tysięczny
19	dziewiętnasty		

DAY, WEEK, MONTH, YEAR

dzień dnia *day*; pl. dni G dni
    jeden dzień, dwa dni, pięć dni

tydzień tygodnia *week*; pl. tygodnie G tygodni
    jeden tydzień dwa tygodnie pięć tygodni

miesiąc -a *month*; pl. miesiące G miesięcy
    jeden miesiąc, dwa miesiące, pięć miesięcy

rok *year*; pl. lata G lat
    jeden rok, dwa lata, pięć lat.

NAMES OF THE MONTHS

styczeń stycznia *January*
  w styczniu

luty lutego *February*
  w lutym

marzec marca *March*
  w marcu

kwiecień kwietnia *April*
  w kwietniu

maj maja *May*
  w maju

czerwiec czerwca *June*
  w czerwcu

lipiec lipca *July*
  w lipcu

sierpień sierpnia *August*
  w sierpniu

wrzesień września *September*
  we wrześniu

październik października
  October w październiku

listopad listopada *November*
  w listopadzie

grudzień grudnia *December*
  w grudniu

SEASONS

zima *winter*, w zimie *or* zimą *in the winter(time)*

wiosna *spring*, na wiosnę *in the spring(time)*

lato *summer*, w lecie *or* latem *in the summer(time)*

jesień *fall, autumn*, w jesieni *or* jesienią *in the fall*

POINTS OF THE COMPASS

północ *(f.) north*
  na północy

południe *south*
  na południu

wschód wschod- *east*
  na wschodzie

zachód zachod- *west*
  na zachodzie

LOCATIVE CASE FORMS OF PERSONAL PRONOUNS

ja:	mnie
ty:	tobie
my:	nas
wy:	was
on:	nim
ono:	nim
ona:	niej

pan:	panu
pani:	pani
państwo:	państwu
kto:	kim
co:	czym

THE INSTRUMENTAL OF TIME

The Instrumental Case is used in certain time expressions:

zimą *in the wintertime*
jesienią *in the fall*
nocą *in the night-time*

latem *in the summertime*
wieczorem *in the evening*
dniem *in the daytime.*

XXVI

COMPOUND NUMERAL EXPRESSIONS (REVIEW)

a. 21, 31, 41, etc.

The expressions dwadzieścia jeden 21, trzydzieści jeden 31, czterdzieści jeden 41, and so on,
take the Genitive plural of the quantified
noun. This expression does not change according to the gender of the noun:

Tu jest dwadzieścia jeden zeszytów (piór,
książek) *Here are 21 notebooks (pens, books).*

b. 22, 23, 24; 32, 33, 34; 42, 43, 44; etc.

The expressions dwadzieścia dwa (dwie) 22, dwadzieścia trzy 23, dwadzieścia cztery 24 --
that is, compound numeral expressions whose
second digit is 2, 3, or 4 -- take the Nominative plural of the quantified noun:

Tu są dwadzieścia dwa zeszyty. *Here are 22
notebooks.*
Tu są dwadzieścia dwie książki. *Here are 22
books.*

c. 25-29, 35-39, 45-49, etc.

The expressions dwadzieścia pięć 25, dwadzieścia
sześć 26, dwadzieścia siedem 27, etc. -- that
is, compound numeral expressions whose second
digit is 5, 6, 7, 8, or 9 -- take the Genitive
plural of the quanitifed noun:

Tu jest dwadzieścia pięć zeszytów (piór, książek.) *Here are 25 notebooks (pens, books).*

d. When forming compound ordinal numerals, one
puts both numbers in the ordinal form:

dwudziesty piąty samochód *25th car*
pięćdziesiąta pierwsza książka *51st book.*

THE EXPRESSION OF DATES

a. Expressions for years are formed with the ordinal number of the year modifying the word
rok *year,* often placed at the beginning of the
expression:

1952: rok tysiąc dziewięćset pięćdziesiąty drugi
1883: rok tysiąc osiemset osiemdziesiąty trzeci .

272

Note that in the longer ordinal numbers only the tens and the ones appear in the ordinal form. The thousands and hundreds appear in the cardinal form and do not change according to the case of the expression:

w roku tysiąc dziewięćset osiemdziesiątym trzecim. *in 1983.*

b. Days of the month are expressed with the masculine form of the ordinal numeral (as is modifying the missing word dzień *day*):

jedenasty maja *May 11th*
dwudziesty ósmy kwietnia *April 28th.*

c. "On such and such a date" is expressed by putting the expression in the Genitive case (the so-called Genitive of Time):

pierwszego września *on the 1st of September*
dwudziestego drugiego stycznia *on the 22nd of January*
roku tysiąc dziewięćset siedemdziesiątego dziewiątego *in (the year) 1979.*

That was your home.   *Don't fix - replace!*   *No!*

FIRE WARNINGS ON MATCHBOXES

XXVI

F. Ćwiczenia

1. 25:   a. dwadzieścia pięć
                b. dwudziesty piąty.

37, 42, 97, 86, 23, 76, 59, 49, 66, 91, 84, 38, 53;

195,* 136, 127, 117, 158, 162, 184, 149, 175, 103;

1115, 1134, 1128, 1182, 1177, 1107, 1196, 1163, 1159.

2. 18:   a. mam osiemnaście lat
                b. wyglądasz na osiemnaście**.

11, 17, 23, 31, 45, 55, 64, 77, 82, 96, 101.

3. 1 day: jeden dzień.

2 days, 1 month, 4 years, 1 week, 3 weeks, five months,
1 year, 7 weeks, 6 days, 17 weeks, 15 days, 22 years,
31 months, 99 years, 53 months, 45 days, 10 weeks, 52
weeks.

4. marzec: dzisiaj jest pierwszy marca.

kwiecień, maj, styczeń, grudzien, listopad, sierpień,
lipiec, wrzesień, październik, czerwiec, luty.

5. marzec: po marcu jest kwiecień.

(Use the vocabulary of Exercise 4).

6. marzec: urodził.em/am się w marcu.***

(Use the vocabulary of Exercise 4).

7. March 21: jutro jest dwudziesty pierwszy marca.

April 5, January 11, May 30, June 14, April 23, December 31, November 18, October 2, February 26, July 24,
August 7.

---

* Remember: only the last two digits are in the ordinal form: sto dziewięćdziesiąty piąty.

** wyglądasz na osiemnaście "you look(like)18."

*** Note: we wrześniu.

8. June 19th: on się urodził dziewiętnastego czerwca

July 16th, August 13th, December 15th, February 10th,
March 1, January 27, November 23rd, September 6, December 28, May 20th, April 8th.

9. 1959: ona się urodziła w roku tysiąc dziewięćset
      pięćdziesiątym dziewiątym.

1935, 1918, 1971, 1963, 1942, 1903, 1933, 1928, 1967,
1955.

10. September   to się stało* drugiego września,
      2, 1958:   tysiąc dziewięćset pięćdziesią-
                    tego roku.

August 8, 1949; July 9, 1951; January 21, 1972;
November 8, 1975; October 13, 1947; June 25, 1939;
April 22, 1923; September 19, 1917; December 27,
1968; March 3, 1963; May 17, 1955; February 11, 1976.

11. 21 pigs: a. widzę dwadzieścia jeden świń
                  b. to jest już dwudziesta pierwsza
                      świnia.

19 horses, 8 poodles, 59 birds, 72 sheep, 16 fish, 33
peacocks, 5 elephants, 3 German shepherds, 2 lions,
92 chickens, 7 snakes, 10 cats, 49 cows, 61 geese.

12. Give the question that the statement answers:

a. Mam dwadzieścia jeden lat.
b. Urodziłem się w Paryżu.
c. Moja matka urodziła się w marcu.
d. Nasz syn urodził się jedenastego maja.
e. Dzisiaj jest dwudziesty trzeci lutego.
f. To jest już szósta krowa.
g. Tu jest sześć krów.
h. To się stało dwudziestego lipca.
i. Po marcu jest kwiecień.
j. Ona wygląda na osiemnaście lat.
k. Widzę dwadzieścia dwie świnie.

---

* to się stało *that happened.*

13. south, finicky: a. ludzie na południu są
                             wybredni
                        b. ludzie na północy są wy-
                             bredniejsi.

west, nice; north, wonderful; south, warm; east, terrible. (use miły, wspaniały, ciepły, okropny)

14. ciepły dzień: a. dni robią się cieplejsze
                   b. dniem robi się ciepło
                   c. dniem robi się cieplej.

gorąca* noc, jasny dzień, długa noc, nudny wieczór, ciemna noc, ciepłe lato, chłodna jesień, przyjemna zima.

15. ty, on: a. co sądzisz o nim?**
             b. co on sądzi o tobie?

pan, oni; ja, pani; my, państwo; ona, wy.

16. książka (1, 2, 5) a. tu jest jedna książka
                      b. tu są dwie książki
                      c. tu jest pięć książek.

artykuł (11, 13, 17); powieść (1, 4, 9); czasopismo (21, 22, 28); list (31, 33, 36); gazeta (41, 42, 47); broszurka (71, 74, 75).

17. TRANSLATE:
  a. When were you born? -- Although it's not your business when I was born, I was born in Paris in 1941.
  b. How old are you? I am 17 years old. You don't look 17. You look at least (co najmniej) 25.
  c. I was born on November 23, 1906.
  d. What is the date today? -- Today is Monday, the 17th of April.
  e. I had an appointment yesterday with my professor. -- What did he say? -- He said that I will have to work harder. -- Professors always say that.
  f. I immediately took you for a Pole!
  g. You must be out of your mind.
  h. I missed my visit at the dentist's again.
  i. That's the third time (in) this month.
  j. What an indiscreet question!

---

* gorący *hot*, gorętszy *hotter (adj.)*, goręcej *hotter (adv.)*
** sądz.ić *judge, think, consider.*

27

A.   Czy to daleko?

-- Przepraszam, czy pan/i się orientuje, gdzie jest

   < ambasada amerykańska?   *Excuse me, do you know*
     restauracja rybna?

    where the American Embassy/a seafood restaurant is?

-- Owszem, < ambasada amerykańska > znajduje się na
             restauracja rybna

   < rogu Pięknej i Alei Ujazdowskich.
     placu Trzech Krzyży.   *Why yes, the American Embas-*
    sy/a seafood restaurant is located on the corner of
    Piekna Street and Ujazdowski Blvd./on Plac Trzech
    Krzyzy (Three-Cross Square).

-- Czy to daleko?

-- Nie, nie jest zbyt daleko. Niech pan/i pójdzie pro-

    sto tą ulicą do następnej, a potem na < prawo.
                                             lewo.   *No, it's*
    not too far. Go straight along this street to the
    next one, then to the left/right.

-- Dziękuję uprzejmie. *Thank you kindly.*

-- Proszę bardzo. *You're quite welcome.*

Pomnik Mickiewicza

Adam Mickiewicz monument in Warsaw. Adam Mic-
kiewicz (1798-1855), Polish national poet.

B.   Co ci jest?

-- Co ci jest? *What's the matter with you?*
-- Boli mnie ząb. *My tooth hurts (me).*
-- Był.eś/aś u dentysty? *Have you been to the dentist?*
-- Właśnie wracam od dentysty. *I'm just returning from the dentist.*
-- I co mówił? *And what did he say?*
-- Mówił, że prawdopodobnie będzie musiał wyrwać ten ząb. *He said that he'll probably have to extract that tooth.*

C.   Dziękuję za współczucie

-- Co ci dolega? *What ails you?*
-- Uszy mnie bolą. *My ears hurt (me).*
-- Zawsze coś cię boli, jeśli nie uszy, to zęby, jeśli nie zęby, to co innego. *Something is always hurting you, if not your ears, then your teeth, if not your teeth, then something else.*
-- Dziękuję za współczucie. *Thanks for the sympathy.*

D. Uwagi

znajd.ow.ać się *be located*

tą ulicą *along this street:* an example of the Instrumental of Path.

bol.eć *hurt:* this verb is almost always used in the 3rd pers. sg. or pl.: boli, bolą.

będzie musiał: the future tense of musieć *must, have to*

jeśli.... to... *if... then...*

co innego *something else. Cf.* kto inny *someone else.*

E. Zapamiętaj!

URBAN LANDMARKS (Taken from Warsaw)*

pomnik *monument*
  Pomnik Mickiewicza
  Mickewicz Monument
  Pomnik Szopena
  Chopin Monument
plac *square (open place
  in a city)*
  Plac Trzech Krzyży
  Three-Cross Square
  Plac Zbawiciela
  Saviour Square
rynek *market square*
  Rynek Starego Miasta
  Old-Town Market Square
  Rynek Nowego Miasta
  New-Town Market Square
park *park*
  Park Łazienkowski
  Lazienki Park
  Park Praski *Praga
  Park*
muzeum *museum*
  Muzeum Wojskowe
  Military Museum
  Muzeum Etnograficzne
  Ethnographic Museum
cmentarz *cemetery*
  Cmentarz Powązkowski
  Powazki Cemetery
  Cmentarz Żydowski
  Jewish Cemetery
ogród -od- *garden*
  Ogód Saski *Saxon
  Garden*
  ogrody działkowe
  garden parcels
ministerstwo *ministry*
  Ministerstwo Oświaty
  Ministry of Education
  Ministerstwo Obrony
  Ministry of Defense

teatr *theater*
  Teatr Narodowy *National
  Theater*
  Teatr Współczesny *Contem-
  porary Theater*
most *bridge*
  Most Poniatowskiego
  Poniatowski Bridge
  Most Gdański *The Gdansk
  Bridge*
dworzec dworca *station*
  dworzec kolejowy *train
  station*
  dworzec autobusowy *bus
  station*
aleja *avenue; pl.* aleje
  boulevard
  Aleja Wilanowska *Wilanow
  Avenue*
  Aleje Ujazdowskie *Ujazd
  (owski) Blvd.*
bank *bank*
  Bank Handlowy *Trade Bank*
ambasada *embassy*
  Ambasada Amerykańska
  The American Embassy
  Ambasada Radziecka *The
  Soviet Embassy*
lotnisko *airport*
  lotnisko wojskowe *military
  airport*
  lotnisko międzynarodowe
  international airport
  lotnisko krajowe *national airport*
opera *opera*
filharmonia *the philharmonic
  (symphony)*
kościół -oł- *church*
  Kościół Świętej Anny
  St. Anne's Church

centrum *center (of a town)*

---

* The proper-name landmarks need not be memorized; they
  merely serve as illustrations; some are used in the
  exercises to this lesson.

DISTRICTS OF WARSAW

Śródmieście	Wola
Mokotów -owa	Praha
Mirów -owa	Saska-Kępa L Saskiej Kępie
Stare Miasto	Żoliborz
Nowe Miasto	Bielany (pl.) G. Bielan
Ochota	Marymont

NOTES ON THE USE OF na/w WITH THE ABOVE WORDS

Names for town districts take the preposition na:

Mieszkam na Mokotowie. *I live in Mokotow.*
Jak się jedzie na Mokotów? *How does one get to Mokotow?*

The word centrum *center of town* takes w/do:

Mieszkam w centrum. *I live in the center of town.*
Jak się jedzie do centrum? *How does one get to the center?*

The following words take na; otherwise, assume w/do:
plac, rynek, cmentarz, aleja, aleje, lotnisko, most, dworzec. Hence:

Jak się jedzie do muzeum? *How does one get to the museum?*
Jak się jedzie na lotnisko? *How does one get to the airport?*

DOUBLE DIRECTIONAL COMPLEMENTS

An English directional-locational complement is matched in Polish by a directional-directional complement:

"I am going to my sister's in Ochota."
Jadę na Ochotę do siostry.

THE DECLENSION OF NEUTER NOUNS IN -um and -io

Most nouns ending in -um are of neuter gender (exception: kostium, which is masculine). Neuter nouns in -um do not decline in the singular; in the plural, the endings are: NAV -a G -ów DIL -om -ami -ach:

Sg. NGDAILV muzeum
Pl. NAV muzeum G muzeów DIL muzeom -ami -ach.

The declension of radio *radio* is as follows:

Sg . NAV radio G radia D radiu I radiem L radiu or radio
Pl. NAV radia G radiów DIL *(rare:)* radiom -ami -ach.

BODY PARTS AND RELATED VOCABULARY

głowa G pl. głów *head*
ręka pl. ręce G rąk
  hand
noga G pl. nóg *leg, foot*
stopa G pl. stóp *foot*
palęc -a *finger*
szyja G pl. szyi *neck*
nos -a *nose*
ząb zęba *tooth*
broda G pl. bród *beard*
wąsy G -ów *mustache*

ucho pl. uszy Gpl. uszu
  I uszyma/uszami *ear*
oko pl. oczy G pl. oczu
  I oczyma/oczami *eye*
plecy G -ów *shoulder*
brzuch *stomach*
włos -a *a hair; usually pl.:*
  ona ma krótkie włosy
  she has short hair
paznokięć paznokcia *(fin-*
  ger-, toe-) nail
bręw brwi *f. (eye)brow*

HAIR COLOR

jasny *light, fair*
ciemny *dark*
rudy *red*
kasztanowy *chestnut*
blond *(indeclinable) blond*

brunet/ka *a brunet(te)*
blondyn/ka *a blond*

F. Ćwiczenia

   1. Choose between **na** and **w**:

      plac: **na placu.**

rynek, park, muzeum, bank, most, cmentarz, ogród, ministerstwo, dworzec, aleja, ambasada, lotnisko, opera,
filharmonia, aleje, centrum, kościół, teatr.

   2. Choose between **na** and **do**:

      plac: **jak się jedzie na plac?**

(Use the vocabulary of Exercise 1).

   3. museum: **właśnie wracamy z muzeum.**

market square, bank, cemetery, opera, church, theater,
symphony, embassy, station, ministry, airport, garden,
park, square.

   4. museum: **będę czekał/a przed muzeum.**

(Use the vocabulary of Exercise 3).

Outdoor cafe.

Co zamawiamy?

5. In this exercise, use any appropriate preposition
   or phrase of location, for example, w, na, przed,
   przy, niedaleko od. The author is not responsi-
   ble for the factual accuracy of this exercise.

   ambasada   a. czy jest kawiarnia w ambasa-
   amerykańska: dzie amerykańskiej?
                     b. nie, ale jest dobra kawiar-
                        nia niedaleko od ambasady
                        amerykańskiej.

Pomnik Mickiewicza, Plac Trzech Krzyży, Park Łazienkowski, Muzeum Etnograficzy, Cmentarz Powązkowski, lotnisko, dworzec kolejowy, Teatr Narodowy, Bank Handlowy,
Ministerstwo Oświaty.

6. American Embas- przepraszam pana, czy pan się
   sy: orientuje, gdzie jest ambasa-
                    da amerykańska?

Poniatowski Bridge, National Theater, bus station,
the opera, the airport, the cemetery, Lazienki Park,
Three-Cross Square, the Mickiewicz Monument.

7. Mokotów: a. jak się jedzie na Mokotów?
                 b. już jesteśmy na Mokotowie.

Mirów, Ochota, Żoliborz, Marymont, Bielany, Praha,
Saska-Kępa, Wola, Śródmieście, Stare Miasto.

8. Choose between na/przy and do/przy:

Teatr Narodowy: a. jak się idzie do Teatru Narodo-
                     wego?
                  b. pan/i już jest przy Teatrze
                     Narodowym.

restauracja rybna, ogrody działkowe, Bank Handlowy,
most Gdański, Pomnik Szopena, Muzeum Wojskowe,
Teatr Współczesny, Dworzec Gdański, Nowe Miasto,
Ogród Saski, Stary Rynek, Ambasada Radziecka,
Cmentarz Powązkowski.

9. ja, ty, ambasada: będę czekał/a na ciebie przed
                      ambasadą.

oni, my, bank; ona, pan, ogród; ja, wy, dworzec;
one, pani, teatr; on, państwo, muzeum.

10. on: a. co mu jest?
          b. co go boli?

ty, wy, pan, pani, ona, ona, panowie, one, panie,
panowie.

11. mężczyzna: co temu mężczyźnie dolega?

kobieta, pan, pani, chłopiec, dziewczyna, człowiek,
osoba, pan Julian, pani Zofia, pan Janek, pani Klara,
twoi rodzice, dziecko.

12. on, głowa: boli go głowa.

ja, ząb; ona, ucho; my, uszy; ty, brzuch; on, nos;
one, plecy; oni, zęby.

13. ear: boli mnie ucho.

ears, eye, eyes, head, nose, hand, foot, leg, finger,
fingers, feet, hands, back, stomach, neck.

14. specjalista: a. był.eś/aś u specjalisty?
                      b. właśnie wracam od specjali-
                          sty.

lekarz, okulista, fryzjer, specjalista, adwokat, chirurg.*

15. oni, lekarz: oni prawdobpodobnie będą musieli
                   pójść do lekarza.

on, adwokat; ona, fryzjerka; ty (f.) okulista; one,
chirurg; my (m.) lekarz; wy (m.) dentysta.

16. ręka: ręce.

ząb, nos, noga, oko, ucho, palec, szyja, brzuch, głowa,
paznokieć, brew.

17. Żoliborz, fryzjerka: jadę na Żoliborz do mojej
                                 fryzjerki.
Ochota, dentystka; Bielany, adwokat; Saska-Kępa,
okulistka; Wola, chirurg; Nowe Miasto, lekarz;
Praha, przyjaciel.

18. red hair: kto to jest ten pan z rudymi włosami?

light hair, long beard, black mustache, white beard,
short hair, dark eyebrows, chestnut hair, blond hair,
long neck, long nose, interesting face, long nails.

---

* chirurg *surgeon*.

XXVII

19. Translate:

a. Excuse me, but do you know where the Ministry of
    Education is?
b. Why yes, the Ministry of Education is located
    near the Mickiewicz Monument.
c. Thank you kindly. -- Don't mention it.
d. Is it far to the opera? No, one can walk
    there.
e. Can one (use można) get (ride) to the museum
    by bus?
f. Of course. One can get there either by bus or
    by trolley.
g. Is there a coffee-house in the opera? There
    is, but it isn't particularly good.
h. How does one get (on foot) to Wola?
i. You are already in Wola.
j. I'll wait for you under the Mickiewicz Monument.
k. I'm going to Ochota to my dentist's.
l. Have you been to your lawyer? -- I'm just
    returning from my lawyer.
m. And what did your lawyer say? -- He said
    that I will probably have to find another
    lawyer.-- That's very good advice.
n. Thanks for the sympathy and advice.
o. Who is that young man with the guitar and
    long hair? That's my uncle Zenon.
p. My doctor says that I am a very sick person.
    He says that I must lie in bed (łóżko).
q. What else did he say? -- That's all.
r. My oculist says that I will probably have to
    buy new eyeglasses, because my eyes hurt
    when I wear my old glasses.
s. My feet hurt when I wear these new shoes.
t. What's wrong with you? What ails you?
u. Something is always ailing you. -- No, it just
    seems that way.
v. I'm looking for a good doctor. Can you re-
    commend me a doctor?
w. No, my doctor is not good either. I'd also
    like to find a new (one).
x. Where do you have your money? -- In my bill-
    fold. -- And where is your billfold? --
    In my pocket.
y. I can't find my new red dress anywhere. Have
    you looked (use szukać) in the closet (szafa)?
z. Good idea; I haven't looked there yet.

A.   Działasz mi na nerwy

-- Nie chodź tak w kółko, bo mi działasz na nerwy.
   *Don't pace like that, for you're getting on my
   nerves.*

-- Mogłabyś wreszcie skończyć to oglądanie się w
   lustrze. *You might finally finish looking at
   yourself in the mirror.*

-- A ty mógłbyś dać mi spokojnie skończyć makijaż.
   And you might let me finish my makeup in peace.

-- Nie chcę, żebyśmy się spóźnili. *I don't want us
   to be late.*

-- No, to idź stąd i nie przeszkadzaj! *Well, then,
   get out of here and stop bothering me!*

B.   Zbieg okoliczności

-- Mógłbyś
   Mogłabyś > mi trochę pomóc. *You might help me a little.*

-- W czym mianowicie? *In what, exactly?*

-- W sprzątaniu mieszkania. *Cleaning up the apartment.*

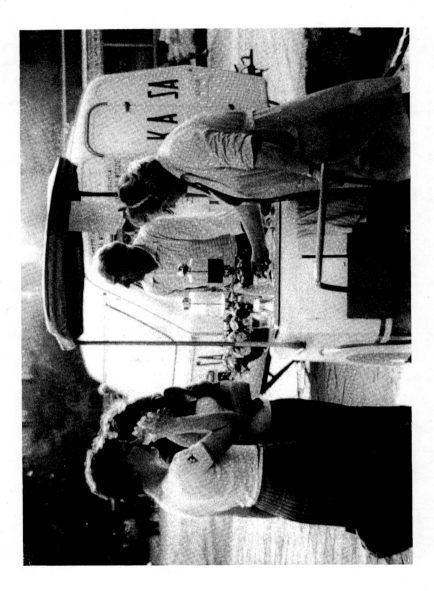

Woda sodowa z sokiem

Outdoor soda-water stand.

-- Chętnie bym ci<$^{pomógł,}_{pomogła,}$>gdybym nie<$^{był}_{była}$>tak strasznie <$^{zajęty.}_{zajęta.}$> *I'd gladly help you if I weren't so terribly busy.*

-- Dziwne, że jesteś zawsze<$^{zajęty}_{zajęta}$>akurat wtedy, kiedy potrzebuję twojej pomocy. *It's strange that you're always busy precisely when I need your help.*

-- Jest to po prostu zbieg okoliczności. *That's simply a coincidence.*

C.   W każdym razie

-- Kto to pukał do drzwi? *Who was that knocking at the door?*

-- Sąsiad. Prosi, żebyśmy tak nie hałasowali. *The neighbor. He's asking us to make less noise.*

-- Widocznie nie lubi muzyki. *Evidently he doesn't like music.*

-- W każdym razie nie w naszym wykonaniu. *In any case not in our rendition.*

D. Uwagi

chodz.ić w kółko: literally, "walk in a circle".

wtedy, kiedy: literally, "then, when".

zbieg okoliczności: literally, "convergence of circumstances"

drzwi *door (pl. form);* G drzwi

E. Zapamiętaj!

THE CONDITIONAL FORM OF THE VERB

The conditional form of the verb is obtained by using the 3rd person past tense forms of the verb in conjunction with the conditional particle by, to which the past personal endings are added, namely:

1st p. sg.   -m   pl.   -śmy

2nd p.   -ś   -ście

3rd p.   -∅   -∅ .

XXVIII

Sg.		Pl.	
pisałbym pisałabym	*I would write*	pisalibyśmy pisałybyśmy	*we would write*
pisałbyś pisałabyś	*you would write*	pisalibyście pisałybyście	*you would write*
pisałby pisałaby pisałoby	*he/she/it would write*	pisaliby pisałyby	*they would write* .

The particle **by** is often attached to a conjunction preceding the verb, for example, to **gdy** *if*:

gdybym miał gdybym miała	*if I had*	gdybyśmy mieli gdybyśmy miały	*if we had*
gdybyś miał gdybyś miała	*if you had*	gdybyście mieli gdybyście miały	*if you had*
gdyby miał gdyby miała gdyby miało	*if he/she/it had*	gdyby mieli gdyby miały	*if they had* .

USES OF THE CONDITIONAL

The conditional forms of the verb have the following main uses:

a. Corresponding to the English conditionals <u>would</u>, <u>could</u>, <u>might</u>:*

Mógłbyś mi pomóc? *Could (would) you help me?*

Chciałbym zwiedzić Kraków. *I'd like to visit Krakow.*

b. In contrary-to-fact clauses:

Gdybym był bogaty, nie musiałbym pracować. *If I were rich, I wouldn't have to work.*
Gdybyś był mniej ambitny, byłbyś bardziej szczęśliwy. *If you were less ambitious, you would be happier.*

c. In purpose clauses:

Pracuję po to, żebyś miała pieniądze. *I'm working so that you can have money.*

---

* The Polish conditional does <u>not</u> translate English <u>would</u>, <u>could</u>, <u>might</u> following a reporting verb. Here Polish uses the indicative: On powiedział, że pójdzie *He said he would go.*

As noted in Lesson XXIV, when the subject of both clauses is the same, the verb of the second clause will usually appear in the infinitive form:

Pracuję po to, żeby mieć pieniądze. *I'm working in order to have money.*

d. Following verbs of command and request:

On prosi, żebyś tak głośno nie śpiewał. *He's asking that you not sing so loud.*
Powiedziałem, żebyś przyszedł o dziewiątej. *I told you to come at nine.*

e. Following verbs of wanting, doubting, fearing:

Chcę, żebyś była bardziej ambitna. *I'd like you to be more ambitious.*
Boję się, żebyśmy się nie spóźnili. *I'm afraid that we will be (lest we be) late.* *
Wątpię, czy byś to zrozumiała. *I doubt whether you'd understand that.*

Verbs of fearing and doubting may also be followed by the indicative, in case there is greater certainty regarding the "feared" or "doubted" event:

Boję się, że się spóźnimy. *I'm afraid we'll be late.*
Wątpię, czy to zrozumiesz. *I doubt that you'd understand that.*

VERBAL ASPECT AND THE IMPERATIVE

Positive commands are usually expressed with the Perfective form of the Imperative:

Pomóż mi.
Przeproś tego pana!
Zjedz to mięso!

Negative commands are generally expressed with the Imperfective form of the Imperative:

Nie przeszkadzaj! *Don't bother (me)!*
Nie rób tego! *Don't do that!*
Nie martw się! *Don't worry!*

---

* Note that verbs of fearing are usually followed by a negated verb in the conditional.

291

F. Ćwiczenia

The first several exercises utilize the verbs listed on page 250.

1. zaproszę: a. zaprosił(a)bym
                 b. gdybym zaprosił/a.

wypijesz, spędzę, kupi, obejrzymy, powiedzą, dostanę, zjecie, przeczytasz, zacznie, zobaczymy, zmienisz, zrobię, spróbujecie, pójdą, przedstawię, weźmiemy, napisze.

2. poszłabyś: pójdziesz.

usłyszeliby, zrobiłbym, poprosiłybyście, nauczyłbyś, zaczęłaby, spędzilibyśmy, spróbowałabym, kupilibyście, zjadłby, dostałabyś, wziąłbym, napisaliby, obejrzałby, powiedziałybyśmy.

3. zje: a. zjadł(a)by
            b. nie chcę, żeby on/a to zjadł/a.

zwiedzą, zepsujesz, zapłacimy, zrobi, usłyszysz, zaśpiewamy, wezmą, zmienicie, dostaniemy, napiszecie, wypije.

4. Follow the model, making up some kind of short, logical complement for the verb:

wypić: a. gdybym to wiedział/a, nie wypił(a)bym tego mleka.
           b. gdybyśmy to wiedzieli/wiedziały, nie wypilibyśmy/wypiłybyśmy tego mleka.

zaprosić, zwiedzić, zrobić, zepsuć, polecić, obejrzeć, powiedzieć, zjeść, przeczytać, napisać, zapytać, kupić, zmienić, zaśpiewać.

5. Repeat exercise 4, using the 2nd person forms:

wypić: a. gdybyś to wiedział/a, nie wypił(a)byś tego mleka
           b. gdybyście to wiedzieli/wiedziały, nie wypilibyście/wypiłybyście tego mleka.

6. rich: gdybyś był/a bogat.y/a, był(a)byś bardziej szczęśliw.y/a.

famous, more ambitious, poor, more modest, more demanding, more popular, nicer, more polite.

7. sing softly: a. ciszej śpiewaj!
                b. niech pan/i ciszej śpiewa!

read fast, write clearly, speak loudly, drink less,
walk (chodzić) slowly, do more, listen (słuchać) better.

8. sing softly: a. on prosi, żebyś ciszej śpie-
                  wał/a
                b. on prosi, żebyście ciszej
                  śpiewali/śpiewały.

Use the vocabulary of Exercise 7.

9. This exercise is based on the list of verbs on
    page 250.

    change: a. zmień!
                b. nie zmieniaj!

say, go, ask, begin, write, drink, eat, refuse, buy,
wait, take, sing, attempt, read, view, request.

10. on: nie przeszkadzaj mu!

ona, my, oni, ja; ten pan, ta pani, ci państwo, ci
panowie, te panie; to dziecko, to zwierzę, ten koń,
ta owca.

11. (invite Ewa):   jeśli zaprosisz Ewę, to
                     będziesz żałował/a.

buy that watch, see that film, write that letter, eat
that fish, drink that water, visit that castle (zamek).

12. Repeat Exercise 11, using the 3rd pers. pl. forms
    of the verbs.

13. Translate:

    a. Where would you like to eat dinner? At home.
    b. You could help me if you wanted.
    c. I'm afraid that Jurek wouldn't be at home now.
    d. If I had the money, I'd buy myself a Jaguar.
       What is a Jaguar? A car, of course.
    e. I'd like to ask you not to make so much noise.
    f. I'm working in order to have the money (in order)
       to buy a new car.
    g. You're getting on my nerves.
    h. Stop bothering me!

---

*   żał.ow.ać *regret.*

XXVIII

Bandoska

Za-chodź że, sło-necz-ko,   sko-ro masz za-cho-dzić

Bo mnie no-gi bo-lą   Po tym po-lu cho-dzić.

1 Zachodźże słoneczko, skoro masz zachodzić,
   Bo mnie nogi bolą po tym polu chodzić /2x/.

2 Nogi bolą chodzić, ręce bolą robić,
   Zachodźże słoneczko, skoro masz zachodzić /2x/.

3 Gdybyś ty, słoneczko, na wyrobku było,
   Tobyś ty, słoneczko, prędzej zachodziło /2x/.

4 Za las, słonko, za las, nie wyglądaj na nas;
   Wrócisz do nas jutro, jak będzie raniutko /2x/.

Uwagi

   bandoska *hired laborer's song*

   słoneczko, słonko: *diminutives of* słońce *sun*

29

A.   Prawdopodobnie się ożenię

-- Prawdopodobnie wkrótce^{się ożenię.} *I'll probably*
   wyjdę za mąż. *get married soon.*

-- Jeżeli<się ożenisz,
        wyjdziesz za mąż,>będziesz<żałował. *If you*
                                  żałowała.
   get married, you'll regret it.

-- Ale jeżeli<się nie ożenię,
          nie wyjdę za mąż,>też będę<żałował. *But*
                                   żałowała.
   if I don't get married I'll also regret it.

-- Ja<się nie ożenię,
    nie wyjdę za mąż,>zanim nie skończę studiów. *I'll*
   not get married until I finish my studies.

B.   Serdecznie gratuluję

-- Dzień dobry,<pani Katarzyno!
              panie Bronisławie! *Why hello,*
   Katarzyna (Catherine)/Bronislaw!

Nagroda Nobla

Czeslaw Milosz, Polish poet, recipient of the 1980 Nobel Prize in literature.

-- Dzień dobry, panie profesorze! Serdecznie panu gratuluję! *Hello, (my dear) professor! I heartily congratulate you!*

-- Dziękuję bardzo, ale czego? *Thanks very much, but for what?*

-- $\langle$Słyszałem,$\rangle$że$\langle$dostał$\rangle$pan$\langle$nagrodę Nobla.
   $\quad$Słyszałam,$\quad\quad$wygrał$\quad\quad$majątek w totalizatora.
   I heard that you received a Nobel prize/won a fortune in the lottery.

-- Nie, to mój kolega$\langle$dostał.$\quad$ *No, that was my colleague.*
   $\quad\quad\quad\quad\quad\quad\quad\quad$wygrał.

C. $\qquad$ Jestem niewyspany

-- Jestem$\langle$niewyspany.$\rangle$ *I didn't get enough sleep.*
   $\quad\quad\quad\quad$niewyspana.

-- O której$\langle$wróciłeś$\rangle$wczoraj do domu? *What time did you return home yesterday?*
   $\quad\quad\quad\quad$wróciłaś

-- $\langle$Wróciłem$\rangle$o jedenastej i natychmiast$\langle$położyłem$\rangle$się
   $\quad$Wróciłam$\quad\quad\quad\quad\quad\quad\quad\quad\quad\quad\quad$położyłam

   spać, ale nie$\langle$mogłem$\rangle$zasnąć. *I returned at eleven*
   $\quad\quad\quad\quad\quad$mogłam
   and immediately lay down to sleep, but I couldn't fall asleep.

-- Trzeba było wstać, nastawić herbatę i popracować trochę. *You should have gotten up, put on some tea, and done a little work.*

D. $\qquad$ Pora wstać!

-- Obudź się! Pora wstawać! *Wake up! It's time to be getting up!*

-- Nie wygłupiaj się! Jeszcze śpię. Dlaczego tak wcześnie wstajesz? *Don't clown around, I'm still asleep. Why are you getting up so early?*

-- Mam spotkanie w uczelni o ósmej. *I have a meeting at school at eight.*

-- No to nastaw budzik na dziewiątą i wynoś się! *Well then set the alarm for nine and get out of here!*

-- Już idę. *I'm on my way.*

E. Uwagi

wyjść za mąż *(pf.)* *to get married (of women)*

ożen.ić się *(pf.)* *to get married (of men)*

pobrać się *(-biorę -bierzesz)* *(pf.)* *get married (of a couple)*

gratul.ow.ać + D + G *congratulate someone for something*

totalizator *(sports)* *lottery:* a facultative animate noun, hence Acc. totalizatora

uczelnia *school (of higher learning)*

pora wstawać *time to be getting up:* the so-called Imperfective of initiated action, used in the present instance to mollify the abrupt quality of the Perfective pora wstać.

F. Zapamiętaj!

KITCHEN IMPLEMENTS AND FURNITURE

garn|k -a *pot*	pół|ka *shelf*
czajnik -a *teapot*	szafa *cupboard, wardrobe*
patelnia *frying pan*	stolik -a *small table*
talerz -a *plate*	łóż|ko *bed*
mis|ka *bowl*	tapczan -a *sofa-bed*
widel|c -a *fork*	fotel -a *armchair*
nóż noża *knife*	podusz|ka *pillow*
łyż|ka *(serving) spoon*	serwet|ka *napkin, placemat*
łyżecz|ka *(tea)spoon*	koc -a *blanket*
piec -a *stove*	budzik -a *alarm clock*
lodów|ka *refrigerator*	biur|ko *desk*
zlew *sink*	krzes|ło *chair*

ACTIVITY VERBS AND PERFECTIVES IN za- AND po-

Many activity verbs form an inceptive Perfective in za- and/or a Perfective of limited duration in po-:

tańcz.yć *dance*	zatańczyć *(start to) dance*	potańczyć *dance a bit*
gra.ć *play*	zagrać *(start to) play*	pograć *play a bit*
śpiewa.ć *sing*	zaśpiewać *(start to) sing*	pośpiewać *sing a bit*
czeka.ć *wait*	zaczekać *(start to) wait*	poczekać *wait a bit*
prac.ow.ać *work*		popracować *work a bit*
czyta.ć *read*		poczytać *read a bit*
pal.ić *smoke*	zapal.ić *light up* .	

VERBS OF BODY POSITION

siedzi.eć *sit, pf.* posiedzieć   *sit (for a while)*

siada.ć *sit down, pf.* usiąść *(*usiądę usiądziesz*)*

stać *(*stoję stoisz*) stand*

wsta.w.ać *(*wstaję wstajesz*) stand up, get up, pf.*
  wsta..ć *(*wstanę wstaniesz*)*

leż.eć *lie, pf.* poleżeć *lie a bit*

kłaść się *(*kładę kładziesz*) lie down, pf.* położ.yć się

spać *(*śpię śpisz*) sleep, pf.* pospać *sleep a bit*

zasypia.ć *fall asleep, pf.* zasn.ąć *(*zasnę zaśniesz*)*

VERBS OF PUTTING

   Polish distinguishes carefully between putting
something in a lying or a standing position:

kłaść *(*kładę kładziesz*) put (in a lying position)*,
  pf. położ.yć

stawia.ć *put (in a standing position)*,
  pf. postaw.ić

Examples:

   Połóż książkę na stole. *Put the book on the table.*

   Postaw książkę na półce. *Put the book on the shelf.*

SOME VERBS OF CONVERSE RELATION

otwiera.ć *open, pf.* otworz.yć

zamyka.ć *close, shut, pf.* zamkn.ąć

zaczyna.ć *begin, pf.* zacz.ą.ć *(*zacznę zaczniesz*)*

kończ.yć *finish, end, pf.* skończyć

włącza.ć *connect, turn on (appliance), pf.* włącz.yć

wyłącza.ć *disconnect, turn off, pf.* wyłącz.yć

odkręca.ć *turn on (water, gas), pf.* odkręc.ić

zakręca.ć *turn off (water, gas), pf.* zakręc.ić

wkłada.ć *put on (clothes), pf.* włoż.yć

zdejm.ow.ać *take off (clothes), pf.* zdjąć *(*zdejmę zdejmiesz*)*.

XXIX

THE VOCATIVE CASE

The Vocative case of nouns is used primarily with
first names in direct address to people and pets, although in theory this case may be formed for any non-
neuter noun. Only singular masculine and feminine nouns
have special Vocative forms. All adjectives and neuter
nouns, when used vocatively, remain in the Nominative.
Even with masculine and feminine nouns, the Vocative
case tends to be supplanted by the Nominative except
following the titles panie, pani (the Vocatives of pan,
pani).

a. The Vocative of masculine nouns is identical to
the Locative (Lesson XX); that is: -'e with hard-stem
nouns and -u with soft and velar stems:

panie Józefie!	panie Karolu!
panie Zenonie	panie Leszku!
panie Krzystofie!	panie Tomaszu!

Irregular: ojciec ojcze; chłopiec chłopcze; syn synu;
dom domu; Bóg Boże *God*; ksiądz księże *priest*.

b. The Vocative ending for most feminine nouns in
-a is -o:

pani Mario!	pani Barbaro!
pani Zofio!	pani Klaro!

Feminine first-name affectionate forms in -'a take the
Vocative in -u:

Zosia (from Zofia):	Zosiu!
Basia (from Barbara):	Basiu!
Kasia (from Katarzyna):	Kasiu!

c. Feminine nouns with Nominative sg. in -Ø take the
Vocative in -y~i:

twarz	V twarzy
kość	V kości.

FACULTATIVE ANIMATE NOUNS

Certain masculine nouns, although referentially inanimate, are treated as if animate in that they take the
Accusative sg. in -a instead of in -Ø. Among important
facultative animate noun classes are monetary units
(złoty, dolar); gaming terms (brydż, poker, tenis);
dances (walc, polonez, oberek); and brand names of all
sorts, but especially names of cigarettes and cars
(sport, zefir, carmen; ford, fiat, mercedes). In the
glossary to this book, facultative animate nouns are
designated by the abbreviation *fa.*

300

G. Ćwiczenia

1. work: chcę jeszcze popracować

smoke, sit, lie, sleep, read, write, stand, wait, sing,
play (grać).

2. get up: trzeba będzie wstać.

lie down, fall asleep, sit down, open the window, close
the book, turn on the water, turn off the gas, put on
that dress, take off that coat, turn on the radio,
turn off the television, put that book on the shelf,
leave early (wcześnie).

3. get up: a. wstań!
              b. nie wstawaj!
Use the vocabulary of Exercise 2.

4. get up: a. zaraz wstanę
              b. już wstaję
              c. dopiero wstałem (wstałam)
Use the vocabulary of Exercise 2,

5. sit in the chair: jak długo będziesz siedzieć/
                      siedział/siedziała w krześle?

sleep on the floor, work in the office, stand in the
door*, lie in bed, sing that same song.

6. Choose between stawiać postawić *put (in standing
   position)*, kłaść położyć *put (in lying position)*,
   nastawiać nastawić *put on (stove)*:

   fork, table: a. połóż widelec na stole!
                 b. nie kładź widelca na stole!

knife, table; spoon, plate; book, shelf; pillow, bed;
napkin, small table; teapot, stove; glass, shelf;
notebook, desk; pot, refrigerator; alarm clock,
cupboard; kettle, stove; bottle, floor; vase, shelf;
frying pan, bed.

7. book, shelf: ile książek jest na półce?

---

* drzwi *door (pl. form)* G drzwi DIL drzwiom -ami -ach

pot, stove; fork, table; spoon, small table; bottle,
refrigerator; pillow, bed; chair, room; armchair,
house; picture, wall; plate, sink; knife, drawer*;
coat, wardrobe (szafa); teapot, shelf; refrigerator,
store; television set, hotel; cupboard, apartment.

8. Use verbs of converse action:

gas: a. zakręć gaz!
         b. nie odkręcaj gazu!

book, sweater, window, electricity, radio, water, hat,
door, box.

9. Monika: dzień dobry, pani Moniko!

Maria, Marian, Zofia, Zosia, Janusz, Katarzyna, Kasia,
Marek, Marysia, Marcin, Barbara, Basia, Jarosław, Jan,
Janek, Wiesław, Stanisława, Stasia, Aleksander, Olek,
Irena, Irenka.

10. Marek: a. cześć, Marek!
              b. cześć, Marku!

Grażyna, Ela, Rysiek, Jola, Edek, Zofia, Zosia, Tadeusz.

11. brat: dzień dobry, kochany bracie!

siostra, mąż, żona, pies, koń, ptak, świnia, Pirat,
Cygan.

12. Marek: Marek wkrótce się ożeni.

Maria, Paweł, Franciszek, Ewa, Adam, Zosia, Adam i Ewa.

13. powiedzieć ci,   a. ja powiem ci, jak tylko przyjdę*
     przyjść: b. on powie ci, jak tylko przyjdzie

napisać list, skończyć pracę; wypić mleko, zjeść to
mięso; przeczytać twój artykuł, skończyć tę powieść;
poznać twojego ojca, dostać lepszą pracę.

14. powiedzieć ci,   a. ja nie powiem ci, zanim nie**
     przyjść: przyjdę
                      b. on nie powie ci, zanim nie
                         przyjdzie.

Use the vocabulary of Exercise 13.

---

* szuflada *drawer*   ** jak tylko *as soon as*
                           zanim nie *until*

15. Translate the following conversation:

-- Let's dance!
-- No, I don't like to dance.
-- Well, then, let's have something to drink.
-- I don't like to drink either.
-- Well then what would you like to do?
-- I'd gladly light up a cigarette*.
-- I didn't know that you smoke.
-- Only when I'm bored.

16. Translate:

a. If you get married, you'll regret it (2 ways).
b. I'll not get married until (zanim nie) I
   finish my studies.
c. I'll not come until I finish my work.
d. We'll drop by as soon as we finish our supper.
e. Set the alarm clock for 8 o'clock.
f. Why are you getting up so early?
g. I have an important meeting at the university
   at 9:00.
h. Sit down and tell me something interesting.
i. Don't open the door.
j. Don't turn on the radio.
k. Put on your sweater; it's getting (robi się)
   cold.
l. Don't put on that yellow dress; it's too
   light (lekki).
m. It's time to leave.
n. Come here immediately (natychmiast)!
o. Go away!
p. It will be necessary to get up early tomorrow.

17. Decline the following nouns in full, following
    the model:

```
Sg.  N  praca      pl.  NV  prace
     G  pracy           G   prac
     D  pracy           D   pracom
     A  pracę           A   prace
     I  pracą           I   pracami
     L  pracy           L   pracach
     C  praco
```

kufel, chleb, kawa, wino, podróż, słońce, ołówek, świnia,
gęś, twarz, obraz, ulica, kapelusz, szalik, orzeł, brew.

---

* papieros GA -a *cigarette (a facultative animate noun).*

Góralu, czy ci nie żal?

Gó-ra-lu, czy ci nie żal od-cho-dzić od stron oj-czy-

stych, z zie-lo-nych la-sów i hal i tych po-to-ków sreb-rzy-

stych? Gó-ra-lu, czy ci nie żal? Gó-ra-lu, wra-caj do hal!

1 Góralu, czy ci nie żal
   Odchodzić od stron ojczystych?
   Z zielonych lasów i hal
   I tych potoków srebrzystych?

   Góralu, czy ci nie żal?
   Góralu, wracaj do hal!   2x

2 A góral na góry spoziera
   I łzę rękawem ociera,
   Bo góry porzucić trzeba
   Dla chleba, Panie, dla chleba!

   Góralu, czy ci nie żal?
   Góralu, wracaj do hal!   2x

30

A.   Tadzio Snop

Elizabeth Darlington, córka zamożnego amerykań-
skiego przemysłowca, zaprosiła do Stanów Zjednoczonych
swojego korespondencyjnego polskiego przyjaciela --
Tadzia Snopa. Tadzio studiuje grafikę na Akademii
Sztuk Pięknych w Krakowie. Jest nie tylko studentem,
lecz także wyjątkowo utalentowanym piosenkarzem. Podczas pobytu w Ameryce Tadzio chce poprawić swoją znajomość angielskiego.

Elizabeth przyjechała po Tadzia na lotnisko swoim
nowym rolls-royce'em. Stamtąd pojechali do jej znajomych, u których Tadzio ma mieszkać trzy miesiące. Na
widok Elizabeth i Stanów Zjednoczonych Tadzio tak się
rozochocił, że już w dzień przyjazdu skomponował nową
piosenkę pod tytułem "Lotnisko".

. . . .

Tadzio jest w Ameryce dopiero pięć dni. Wydał już
większą część swoich pieniędzy, więc jego początkowy
entuzjazm trochę przygasł. Nie udało mu się dostać ani
pracy grafika, ani piosenkarza w nocnym klubie. Na domiar złego pokłócił się z Elizabeth, która doszła do
wniosku, że Tadzio interesuje się wyłącznie jej rolls-
royce'em. Jednak Tadzio -- niepoprawny optymista --
nie narzeka. Skoro nie może śpiewać w nocnym klubie,
zmywa tam naczynia i czeka na swoją wielką szansę.

Wiatrak

Wooden windmills still dot the countryside in central Poland.

zamożny *wealthy*
przemysłowiec *industrialist*
Stany Zjednoczone *The United States*
korespondencyjny przyjaciel *pen pal*
grafika *graphic arts*
Akademia Sztuk Pięknych *Academy of Fine Arts*
wyjątkowy *exceptional*
utalentowany *talented*
podczas + Gen. *during*
pobyt *stay*
popraw.ić *pf. correct*
znajomość *f. knowledge*
po + Acc. *for, after*
stamtąd *from there*
rozochoc.ić się *pf. grow enthusiastic*
widok *sight*
przyjazd *arrival*
dopiero *only*

wydać –dam –dasz –dadzą *pf. give away, spend*
część *f. part*
początkowy *initial*
entuzjazm *enthusiasm*
przygas(n.ąć) *pf. die down*
udać się + Dat. *pf. succeed*
grafik *graphic artist*
nocny klub *night club*
na domiar złego *to make matters worse*
pokłóc.ić się *pf. quarrel*
dojść do wniosku (dojdę dojdziesz) *come to the conclusion*
wyłączny *exclusive*
niepoprawny *incorrigible*
optymista *optimist*
narzeka.ć *complain*
zmywa.ć *wash*
naczynie *dish*
szansa *chance*

B. Pytania

1. Skąd Elizabeth Darlington zna Tadzia Snopa?

2. W jakim celu, twoim zdaniem, Elizabeth zaprosiła Tadzia do Ameryki?

3. Co Tadzio zamierza robić w Stanach Zjednoczonych?

4. Jak uważasz: dlaczego Tadzio nie będzie mieszkał u Elizabeth?

5. Co najbardziej fascynuje Tadzia w Stanach? W jaki sposób wykazuje swój entuzjazm?

6. Dlaczego jego początkowy entuzjazm przygasa?

7. Dlaczego, twoim zdaniem, Tadziowi jest trudno znaleźć pracę w Ameryce?

8. Jakie były powody kłótni między Tadziem a Elizabeth?

9. Co można powiedzieć o charakterze i zainteresowaniach Tadzia Snopa?

skąd *from where*
cel *aim, goal*. w jakim
  celu *toward what end*
zamierza.ć *intend*

fascyn.ow.ać *fascinate*
powód powod- *cause*
kłótnia *quarrel*
zainteresowanie *interest*
przygasa.ć *die down*

C. Gramatyka

  1. PERSONAL PRONOUN DECLENSION (SUMMARY)*

N	ja	ty	my	wy
G	mnie	ciebie, cię	nas	was
D	mnie, mi	tobie, ci	nam	wam
A	mnie	ciebie, cię	nas	was
I	mną	tobą	nami	wami
L	mnie	tobie	nas	was

N	on	ono	ona
G	jego, niego, go	jego, niego, go	jej, niej
D	jemu, niemu, mu	jemu, niemu, mu	jej, niej
A	jego, niego, go	je, nie	ją, nią
I	nim	nim	nią
L	nim	nim	niej

N	oni	one	kto	nikt
G	ich, nich	ich, nich	kogo	nikogo
D	im, nim	im, nim	komu	nikomu
A	ich, nich	je, nie	kogo	nikogo
I	nimi	nimi	kim	nikim
L	nich	nich	kim	nikim

N	co	nic	--
G	czego	niczego, nic	siebie
D	czemu	niczemu	sobie
A	co	nic	siebie, się
I	czym	niczym	sobą
L	czym	niczym	sobie

N	pan	panowie	pani	panie	państwo
G	pana	panów	pani	pań	państwa
D	panu	panom	pani	paniom	państwu
A	pana	panów	panią	panie	państwa
I	panem	panami	panią	paniami	państwem
L	panu	panach	pani	paniach	państwu
V	panie		pani		państwu

---

* Where alternate forms are listed, long forms are for emphasis or contrast; alternates beginning with n- are required after prepositions.

2. MASCULINE NOUN DECLENSION (SUMMARY)

Sg.

N	zeszyt	ołówek	hotel	dzień
G	zeszytu	ołówka	hotelu	dnia
D	zeszytowi	ołówkowi	hotelowi	dniowi
A	zeszyt	ołówek	hotel	dzień
I	zeszytem	ołówkiem	hotelem	dniem
L	zeszycie	ołówku	hotelu	dniu
V	zeszycie	ołówku	hotelu	dniu

Pl.

N	zeszyty	ołówki	hotele	dni
G	zeszytów	ołówków	hoteli	dni
D	zeszytom	ołówkom	hotelom	dniom
A	zeszyty	ołówki	hotele	dnie
I	zeszytami	ołówkami	hotelami	dniami
L	zeszytach	ołówkach	hotelach	dniach

Sg.

N	seter	pies	koń	ptak
G	setera	psa	konia	ptaka
D	seterowi	psu	koniowi	ptakowi
A	setera	psa	konia	ptaka
I	seterem	psem	koniem	ptakiem
L	seterze	psie	koniu	ptaku
V	seterze	psie	koniu	ptaku

Pl.

NV	setery	psy	konie	ptaki
G	seterów	psów	koni	ptaków
D	seterom	psom	koniom	ptakom
A	setery	psy	konie	ptaki
I	seterami	psami	koniami	ptakami
L	seterach	psach	koniach	ptakach

Sg.

N	student	mąż	brat	kolega
G	studenta	męża	brata	kolegi
D	studentowi	mężowi	bratu	koledze
A	studenta	męża	brata	kolegę
I	studentem	mężem	bratem	kolegą
L	studencie	mężu	bracie	koledze
V	studencie	mężu	bracie	kolego

Pl.

NV	studenci	mężowie	bracia	koledzy
G	studentów	mężów	braci	kolegów
D	studentom	mężom	braciom	kolegom
A	studentów	mężów	braci	kolegów
I	studentami	mężami	braćmi	kolegami
L	studentach	mężach	braciach	kolegach

3. FEMININE NOUN DELCENSION (SUMMARY)

Sg.

N	kobieta	osoba	teczka	ręka
G	kobiety	osoby	teczki	ręki
D	kobiecie	osobie	teczce	ręce
A	kobietę	osobę	teczkę	rękę
I	kobietą	osobą	teczką	ręką
L	kobiecie	osobie	teczce	ręce
V	kobieto	osobo	teczko	ręko

Pl.

NV	kobiety	osoby	teczki	ręce
G	kobiet	osób	teczek	rąk
D	kobietom	osobom	teczkom	rękom
A	kobiety	osoby	teczki	ręce
I	kobietami	osobami	teczkami	rękami
L	kobietach	osobach	teczkach	rękach

Sg.

N	ciocia	ulica	lekcja	historia
G	cioci	ulicy	lekcji	historii
D	cioci	ulicy	lekcji	historii
A	ciocię	ulicę	lekcję	historię
I	ciocią	ulicą	lekcją	historią
L	cioci	ulicy	lekcji	historii
V	ciociu	ulico	lekcjo	historio

Pl.

NV	ciocie	ulice	lekcje	historie
G	cioć	ulic	lekcji	historii
D	ciociom	ulicom	lekcjom	historiom
A	ciocie	ulice	lekcje	historie
I	ciociami	ulicami	lekcjami	historiami
L	ciociach	ulicach	lekcjach	historiach

Sg.

N	twarz	część	krew	pani
G	twarzy	części	krwi	pani
D	twarzy	części	krwi	pani
A	twarz	część	krew	panią
I	twarzą	częścią	krwią	panią
L	twarzy	części	krwi	pani
V	twarzy	części	krwi	pani

Pl.

NV	twarze	części	krwie	panie
G	twarzy	części	krwi	pań
D	twarzom	częściom	krwiom	paniom
A	twarze	części	krwie	panie
I	twarzami	częściami	krwiami	paniami
L	twarzach	częściach	krwiach	paniach

4. NEUTER NOUN DECLENSION (SUMMARY)

Sg.

N	biuro	krzesło	miasto	łóżko
G	biura	krzesła	miasta	łóżka
D	biuru	krzesłu	miastu	łóżku
A	biuro	krzesło	miasto	łóżko
I	biurem	krzesłem	miastem	łóżkiem
L	biurze	krześle	mieście	łóżku
V	biuro	krzesło	miasto	łóżko

Pl.

NV	biura	krzesła	miasta	łóżka
G	biur	krzeseł	miast	łóżek
D	biurom	krzesłom	miastom	łóżkom
A	biura	krzesła	miasta	łóżka
I	biurami	krzesłami	miastami	łóżkami
L	biurach	krzesłach	miastach	łóżkach

Sg.

N	zdanie	pole	wybrzeże	dziecko
G	zdania	pola	wybrzeża	dziecka
D	zdaniu	polu	wybrzeżu	dziecku
A	zdanie	pole	wybrzeże	dziecko
I	zdaniem	polem	wybrzeżem	dzieckiem
L	zdaniu	polu	wybrzeżu	dziecku
V	zdanie	pole	wybrzeże	dziecko

Pl.

NV	zdania	pola	wybrzeża	dzieci
G	zdań	pól	wybrzeży	dzieci
D	zdaniom	polom	wybrzeżom	dzieciom
A	zdania	pola	wybrzeża	dzieci
I	zdaniami	polami	wybrzeżami	dziećmi
L	zdaniach	polach	wybrzeżach	dzieciach

Sg.

N	oko	imię	zwierzę	muzeum
G	oka	imienia	zwierzęcia	muzeum
D	oku	imieniu	zwierzęciu	muzeum
A	oko	imię	zwierzę	muzeum
I	okiem	imieniem	zwierzęciem	muzeum
L	oku	imieniu	zwierzęciu	muzeum

Pl.

NV	oczy	imiona	zwierzęta	muzea
G	oczu	imion	zwierząt	muzeów
D	oczom	imionom	zwierzętom	muzeom
A	oczy	imiona	zwierzęta	muzea
I	oczami	imionami	zwierzętami	muzeami
L	oczach	imionach	zwierzętach	muzeach

5. ADJECTIVE DECLENSION (SUMMARY)

Sg.	masc.	neut.	fem
N	dobry	dobre	dobra
G	dobrego	dobrego	dobrej
D	dobremu	dobremu	dobrej
A	= A∿G	dobre	dobrą
I	dobrym	dobrym	dobrą
L	dobrym	dobrym	dobrej

Pl.	masc. pers.	other
N	dobrzy	dobre
G	dobrych	dobrych
D	dobrym	dobrym
A	dobrych	dobre
I	dobrym	dobrymi
L	dobrych	dobrych

Sg.	masc.	neut.	fem.
N	drogi	drogie	droga
G	drogiego	drogiego	drogiej
D	drogiemu	drogiemu	drogiej
A	= N∿G	drogie	drogą
I	drogim	drogim	drogą
L	drogim	drogim	drogiej

Pl.	masc. pers.	other
N	drodzy	drogie
G	drogich	drogich
D	drogim	drogim
A	drogich	drogie
I	drogimi	drogim
L	drogich	drogich

Sg.	masc.	neut.	fem.
N	głupi	głupie	głupia
G	głupiego	głupiego	głupiej
D	głupiemu	głupiemu	głupiej
A	= N∿A	głupie	głupią
I	głupim	głupim	głupią
L	głupim	głupim	głupiej

Pl.	masc. pers.	other
N	głupi	głupie
G	głupich	głupich
D	głupim	głupim
A	głupich	głupie
I	głupimi	głupimi
L	głupich	głupich

6. DEMONSTRATIVE AND POSSESSIVE PRONOUN DECLENSION (SUMMARY)

Sg.	masc.	neut.	fem.	Pl.	masc. pers.	other
N	ten	to	ta		ci	te
G	tego	tego	tej		tych	tych
D	temu	temu	tej		tym	tym
A	= N G	to	tę		tych	te
I	tym	tym	tą		tymi	tymi
L	tym	tym	tym		tych	tych

N	mój	moje	moja		moi	moje
G	mojego	mojego	mojej		moich	moich
D	mojemu	mojemu	mojej		moim	moim
A	= A G	moje	moją		moich	moje
I	moim	moim	moją		moimi	moimi
L	moich	moim	mojej		moich	moich

N	nasz	nasze	nasza		nasi	nasze
G	naszego	naszego	naszej		naszych	naszych
D	naszemu	naszemu	naszej		naszym	naszym
A	= A G	nasze	naszą		naszych	nasze
I	naszym	naszym	naszą		naszymi	naszymi
L	naszym	naszym	naszej		naszych	naszych

7. NUMERAL DECLENSION (SUMMARY)

1   jeden jedno jedna (declines like possessive adjective)

2   N m.-n. dwa   f. dwie   m.p. dwaj   GL dwóch   D dwóm   I dwoma   (opt. fem. dwiema)

3   N trzy   m.p. trzej   GL trzech   D trzem   I trzema

4   N cztery   m.p. czterej   DL czterech   D czterem   I czterema

5   pięć   m.p. pięciu   GDL pięciu   I pięcioma

100   sto   m.p. stu   GDIL   stu

500   pięćset   m.p. pięciuset   GDIL pięciuset

1000   tysiąc   -a   pl. tysiące   G tysięcy

8. PRESENT TENSE CONJUGATION OF VERBS (SUMMARY)

1. Conjugation I

pyta.ć *ask*

pytam	pytamy
pytasz	pytacie
pyta	pytają

Irregular: mieć *(*mam masz mają*) have*
dać *pf.* *(*dam dasz dadzą*) give*

2. Conjugation II

Sound-changes: stems in ć, dź, ś, ź, ść, źdź change to c, dz, sz, ż, szcz, żdż in the 1st pers. sg. and 3rd pers. pl.

lub.ić *(stem lub'-) like*

lubię	lubimy
lubisz	lubicie
lubi	lubią

wol.eć *(stem wol-) prefer*

wolę	wolimy
wolisz	wolicie
woli	wolą

nos.ić *(stem noś-) carry*

noszę	nosimy
nosisz	nosicie
nosi	noszą

leż.eć *(stem leż-) lie*

leżę	leżymy
leżysz	leżycie
leży	leżą

widzi.eć *(stem widź-) see*

widzę	widzimy
widzisz	widzicie
widzi	widzą

niepoko.ić *(stem niepokoj-) distress*

niepokoję	niepokoimy
niepokoisz	niepokoicie
niepokoi	niepokoją

Irregular: bać się *(boję się boisz się) be afraid*
stać *(stoję stoisz) stand*

3. CONJUGATION III

a. -.ać. When forming the present stem, s → sz,
z → ż, r → rz, p → p', b → b', m → m', k → cz,
g → ż, sk → szcz, zg → żdż.

pis.ać *write*

piszę	piszemy
piszesz	piszecie
pisze	piszą

b. -.ow.ać

dzięk.ow.ać *thank*

dziękuję	dziękujemy
dziękujesz	dziękujecie
dziękuje	dziękują

c. -.(y∿i)w.ać

zakoch.iw.ać się *fall in love*

zakochuję się	zakochujemy się
zakochujesz się	zakochujecie się
zakochuje się	zakochują się

d. -a.w.ać

pozna.w.ać *meet, recognize*

poznaję	poznajemy
poznajesz	poznajecie
poznaje	poznają

e. -i.ć

pi.ć *drink*

piję	pijemy
pijesz	pijecie
pije	piją

XXX

f.　-y.ć

　ży.ć *live*

　　żyję　　　　　　　　żyjemy
　　żyjesz　　　　　　　żyjecie
　　żyje　　　　　　　　żyją

g.　-u.ć

　czu.ć się *feel*

　　czuję się　　　　　czujemy się
　　czujesz się　　　　czujecie się
　　czuje się　　　　　czują się

h.　-e.ć

　zemdle.ć *pf.*　*faint*

　　zemdleję　　　　　　zemdlejemy
　　zemdlejesz　　　　　zemdlejecie
　　zemdleje　　　　　　zemdleją

i.　-.a.ć

　śmi.a.ć się　*laugh*

　　śmieję się　　　　　śmiejemy się
　　śmiejesz się　　　　śmiejecie się
　　śmieje się　　　　　śmieją się

j.　-.rz.eć

　um.rz.eć *pf.*　*die*

　　umrę　　　　　　　　umrzemy
　　umrzesz　　　　　　umrzecie
　　umrze　　　　　　　umrą

k.　-.ą.ć

　zacz.ą.ć -n- *pf. begin*

　　zacznę　　　　　　　zaczniemy
　　zaczniesz　　　　　zaczniecie
　　zacznie　　　　　　zaczną

　zaj.ą.ć -m- *pf. occupy*

　　zajmę　　　　　　　zajmiemy
　　zajmiesz　　　　　zajmiecie
　　zajmie　　　　　　zajmą

316

l. -..ć

sta..ć się *pf.* *become*

stanę się	staniemy się
staniesz się	staniecie się
stanie się	staną się

m. -.ąć

ciągn.ąć *tug*

ciągnę	ciągniemy
ciągniesz	ciągniecie
ciągnie	ciągną

gas(n.ą)ć *be extinguished, die down*

gasnę	gaśniemy
gaśniesz	gaśniecie
gaśnie	gasną

n. -ść, -źć

nieść -s- *carry (det.)*

niosę	niesiemy
niesiesz	niesiecie
niesie	niosą

wieść -d- *lead (det.)*

wiodę	wiedziemy
wiedziesz	wiedziecie
wiedzie	wiodą

pleść -t- *braid*

plotę	pleciemy
pleciesz	pleciecie
plecie	plotą

wieźć *transport (det.)*

wiozę	wieziemy
wieziesz	wieziecie
wiezie	wiozą

paść -dn- *pf. fall*

padnę	padniemy
padniesz	padniecie
padnie	padną

o. -c

móc -g- *be able*

mogę	możemy
możesz	możecie
może	mogą

piec -k- *bake*

piekę	pieczemy
pieczesz	pieczecie
piecze	pieką

biec -gn- *run (det.)*

biegnę	biegniemy
biegniesz	biegniecie
biegnie	biegną

p. Irregular

brać (biorę bierzesz) *take*
chcieć (chcę chcesz) *want*
jechać (jadę jedziesz) *ride (det.)*
wziąć (wezmę weźmiesz) *pf. take*
znaleźć (znajdę znajdziesz) *pf. find*

4. CONJUGATION IV

wiedzieć *know (information)*

wiem	wiemy
wiesz	wiecie
wie	wiedzą

jeść *eat*

jem	jemy
jesz	jecie
je	jedzą

umieć *know how*

umiem	umiemy
umiesz	umiecie
umie	umieją

powiedzieć *pf. say* (like wiedzieć)

rozumieć *understand* (like umieć).

9. PAST TENSE FORMATION (SUMMARY)

For verbs whose infinitive ends in a vowel plus -ć, the ć is replaced by -ł- (-l- in the masc. pers. pl.), to which are added the past endings. A preceding -e- will go to -a- everywhere except in the masc. pers. pl. A preceding -ą- will go to -ę- in the masc. pers. pl.; cf. the past forms of pytać *ask (question)*, mieć *have*, wziąć *pf. take*:

masc.	fem.	neut.	m.p.pl.	other pl.
pytałem	pytałam		pytaliśmy	pytałyśmy
pytałeś	pytałaś		pytaliście	pytałyście
pytał	pytała	pytało	pytali	pytały
miałem	miałam		mieliśmy	miałyśmy
miałeś	miałaś		mieliście	miałyście
miał	miała	miało	mieli	miały
wziąłem	wzięłam		wzięliśmy	wzięłyśmy
wziąłeś	wzięłaś		wzięliście	wzięłyście
wziął	wzięła	wzięło	wzięli	wzięły .

For verbs whose infinitive ends in -ść,-źć, or -c, the past tense is formed on the same stem as that of the 1st pers. sg.; cf. the past forms of nieść -s- *carry (det.)*, móc -g- *be able:*

niosłem	niosłam		nieśliśmy	niosłyśmy
niosłeś	niosłaś		nieśliście	niosłyście
niósł	niosła	niosło	nieśli	niosły
mogłem	mogłam		mogliśmy	mogłyśmy
mogłeś	mogłaś		mogliście	mogłyście
mógł	mogła	mogło	mogli	mogły .

Certain verbs with infinitive in -n.ąć drop -ną- in the past tense; cf. the past forms of gas(n.ą)ć *die down:*

gasłem	gasłam		gaśliśmy	gasłyśmy
gasłeś	gasłaś		gaśliście	gasłyście
gasł	gasła	gasło	gaśli	gasły .

IRREGULAR:

iść *go*: szedł, szła, szło, szli, szły
jeść *eat*: jadł, jadła, jadło, jedli, jadły
usiąść *pf. sit down*: usiadł, usiadła, usiadło, usiedli, usiadły
znaleźć *pf. find*: znalazł, znalazła, znalazło, znaleźli, znalazły.

10. SPELLING AND SOUND-CHANGE RULES (SUMMARY)

1. CONSONANT TYPES

a. Functionally Hard Consonants: p, b, f, w, m,
   t, d, s, z, n, ł, r, k, g, ch

   Velar Consonants: k, g, ch

   Dental Consonants: t, d, s, z, n, ł, r

   Labial Consonants: p, b, f, w, m

b. Functionally Soft Consonants

   Phonetically Soft: p', b', f', w', m', ś, ź,
   ć, dź, ń, l, j

   Historically Soft: c, cz, dz, rz, sz, ż, dż

2. SPELLING RULES

a. Soft labials p', b', f', w', m' occur only
   before vowels, where they are spelled
   pi-, bi-, fi-, wi-, mi-: biały "b'ały".

b. The soft dental "kreska" consonants ć, dź, ś,
   ź, ń are spelled ci-, dzi-, si-, zi-, ni-
   before vowels other than -i-. Before -i-,
   they are spelled c-, dz-, s-, z-, n-:
   działa "dźała", dziwny "dźiwny".

c. The (y∿i) Rule. One writes -i- after phonetically soft consonant, k, and g; otherwise,
   one writes -y-: cioć(y∿i) → cioci;
   lamp(y∿i) → lampy.

d. The letter -j- drops after vowel before -i-:
   boj-i → boi.

3. SOUND-CHANGE RULES

a. The k∿g+e∿i Rule. k and g soften to k', g',
   spelled ki-, gi-, before the vowel -e-; before the vowel -i-, k and g also soften and
   are spelled k, g: drog-e → drogie "drog'e";
   drog-i → drogi "drog'i".

b. Mobile Vowel. The vowel -e- or -'e- (e preceded by softening) often separates the final
   two consonants of a stem before the ending -Ø:
   Marek G Marka (mobile e); glossary citation
   form: Marēk; krzesło G pl. krzeseł (mobile
   e); citation form krzes|ło; pies G⁻psa (mo-
   bile 'e); citation form piēs.

c. Alternations o~ó, ę~ą. The vowels o, ę often are replaced by ó, ą in the final syllable of a word: mąż G męża; ręka G pl. rąk; stół G stołu; mój moja; osoba G pl. osób.

d. Alternations o~e, a~e. Many words exhibit an alternation between o~e or a~e. The alternants o, a occur before hard dental consonants; the alternant e occurs before a softened dental consonant: miasto L mieście; jadę jedziesz; niosę niesiesz; zadowolony zadowoleni.

e. Softening Vowel. The symbol ' placed before a vowel indicates that the vowel must be preceded by a soft consonant. If the preceding consonant is not already soft (and it usually is not), it must be replaced by its soft counterpart, according to the following chart:

hard	p	b	f	w	m	s	z	t	d	n	ł	r
soft:	p'	b'	f'	w'	m'	ś	ź	ć	dź	ń	l	rz

hard:	k	g	ch	st	zd	sn	zn	sł	zł
soft:	c	dz	sz	ść	źdź	śń	źń	śl	źl
			(ś)						

The two main softening vowels are -'e in the Locative sg. of hard-stem nouns and -'(y~i) in the Nominative pl. of masc. pers. nouns and modifying adjectives. Before the adjective ending, ch and sz go to ś. Examples:

student-'e → studencie
student-'(y~i) → studenci
Czech-'(y~i) → Czesi

f. Consonant Replacements in the Second Conjugation. In the Second Conjugation, stems ending in ć, dź, ś, ź, ść, źdź, replace these sounds with c, dz, sz, ż, szcz, żdż, before endings -ę and -ą: noś-ę → noszę; widź-ę → widzę; jeźdź-ą → jeżdżą.

g. Consonant Replacements Before -esz -e -emy -ecie. Before these Conjugation III Endings, the regular consonant softenings apply except that k → cz, g → ż: mog-esz → możesz; piek-esz → pieczesz.

321

Pierwszy występ Tadzia Snopa..

D. Lektura uzupełniająca

Błyskawiczna kariera Tadzia Snopa

Tadzio Snop już trzy tygodnie zmywał naczynia w nocnym klubie, kiedy nagle nadszedł jego szczęśliwy dzień. Czołowy piosenkarz klubu przeziębił się i nie mógł występować. Wtedy Tadzio zaproponował dyrektorowi klubu, że zastąpi solistę. Ostatecznie dyrektor postanowił dać mu szansę i zgodził się na jeden występ. Tadzio włączył do repertuaru swój własny utwór "Lotnisko." Śpiewał pięknie, choć z bardzo zabawnym polskim akcentem. W jego interpretacji proste słowa jak *love, baby, remember, forever* nabrały jakby zupełnie nowego sensu. Publiczność była zachwycona; Tadzio odniósł autentyczny sukces. Następnego dnia dyrektor podpisał z nim kontrakt na dwa miesiące. Kilka dni później zwrócili się do niego trzej bardzo utalentowani i długowłosi piosenkarze, którzy zaproponowali utworzenie kwartetu i nazwanie go "The Snoples."

. . . .

Tadzio jest w Ameryce już pół roku. Przebywa obecnie w Hollywood, gdzie śpiewa i gra obok pięknej amerykańskiej gwiazdki w filmie muzycznym pod tytułem "Marzenia prerii." Film ten jest realizowany na koszt Elizabeth Darlington, z którą Tadzio znów jest zaprzyjaźniony. "Marzenia prerii" to autorski film Tadzia. Napisał jego scenariusz, sam go reżyseruje i gra główną rolę -- biednego kowboja polskiego pochodzenia, który zakochał się w córce potentata naftowego. Oczekuje się, że film odniesie ogromny sukces kasowy.

nadejść (nadejdę nadej-
  dziesz) *pf. arrive*
czołowy *leading*
przezięb.ić się *pf.*
  catch cold
występ.ow.ać *put in appear-*
wtedy *then* ^*ance*
zapropon.ow.ać *pf. propose*
zastąp.ić *pf. take place of*
solista *(masc. p.) soloist*
ostateczny *final*
postanow.ić *pf. decide*
dać (dam dasz dadzą) *pf.*
  give
zgodz.ić się na + A *pf.*
  agree to

występ *(here:) performance*
włącz.yć *pf. (here:) include*
repertuar *repertoire*
utwór utwor- *composition*
choć *although, albeit*
zabawny *amusing*
akcent *accent*
interpretacja *interpretation*
słowo *word*
nabrać (-biorę -bierzesz)
  + Gen. *pf. acquire, take on*
publiczność *f. the public*
zachwycony *enthralled*
odnieść (-niosę -niesiesz)
  pf. carry off, gain
autentyczny *authentic*

XXX
sukces *success*
następny *next, following*
podpis.ać *pf. sign*
kontrakt *contract*
późny *late*
zwróc.ić się *pf. turn to*
długowłosy *long-haired*
utworzenie *founding*
kwartet *quartet*
nazwać (nazwę nazwiesz)
  pf. name
obecny *present*
obok + Gen. *alongside*
gwiazd|ka *starlet*
muzyczny *musical*
marzenie *(day)dream*
preria *prairie*

realiz.ow.ać *realize*
koszt *cost*
znów *again*
autorski *authorial*
scenariusz *scenario, script*
reżyser.ow.ać *direct*
kowboy "kauboj" *cowboy*
pochodzenie *extraction*
potentat *potentate*
naftowy *(adj.) petroleum*
oczek.iw.ać się *be expected*
ogromny *enormous*
kasowy *(adj.) box-office*

Warsaw town crest

324

Stara strzelba i ja z koniem swym
(My rifle, my pony, and me)

Za-snął już sta-ry ka-nion, snu-je się mgła jak

dym, Czuj-nie śpi trzech kom-pa-nów: sta-ra strzel-ba i ja z ko-niem

swym, sta-ra strzel-ba i ja z ko-niem swym...

1 Zasnął już stary kanion,
   Snuje się mgła jak dym,
   Czujnie śpi trzech kompanów:
   Stara strzelba i ja z koniem swym.

2 Pójdą w świat moje stada,
   Pieśń przeleci przez step,
   Stary Jim i gitara
   Będą nam kompanem w szary dzień.

3 Idzie noc ciemna, głucha,
   Preria śpi, wracać czas,
   W dali gdzieś pieśni słychać,
   Lecz kto śpiewa, tego nie wie nikt.

Uwaga

*The song should be sung with echoes in the first three
lines of the verse:*
Zasnął już /zasnął już/ stary kanion /stary kanion/,
Snuje się /snuje się/ mgła jak dym /mgła jak dym/,
Czujnie śpi /czujnie śpi/ trzech kompanów /trzech
   kompanów/:
Stara strzelba i ja z koniem swym, stara strzelba i
   ja z koniem swym.
-- and so on.

XXX

Zakończenie
conclusion

Doszli państwo do końca P̲i̲e̲r̲w̲s̲z̲e̲g̲o̲ ̲r̲o̲k̲u̲ ̲j̲ę̲z̲y̲k̲a̲ p̲o̲l̲s̲k̲i̲e̲g̲o̲. Nie ma jednak powo̲d̲u̲ ̲d̲o̲ ̲niepokoju, gdyż wkr̲ó̲t̲c̲e̲ ukaże się dalszy ciąg niniejszego kursu pod tytułem D̲r̲u̲g̲i̲ ̲r̲o̲k̲ ̲j̲ę̲z̲y̲k̲a̲ ̲p̲o̲l̲s̲k̲i̲e̲g̲o̲.̲

W D̲r̲u̲g̲i̲m̲ ̲r̲o̲k̲u̲ ̲j̲ę̲z̲y̲k̲a̲ ̲p̲o̲l̲s̲k̲i̲e̲g̲o̲ spotkają państwo starych p̲r̲z̲y̲j̲a̲c̲i̲ó̲ł̲ i poznają nowych. W życiu naszych znajomych zajdzie wiele zmian, na przykład:

> Narzeczona pana Józefa Kowalczyka, pani Alicja Dębicka, zerwie w końcu z panem Józefem i rozpocznie romans z wybitnym malarzem -- panem Julianem Czyżem.

> Pan Wiktor Orłowski zakocha się w pani Jolancie Szymanowskiej, ale czy szczęśliwie?

> Pan Orłowski zostanie zwolniony z pracy przez pana kowalczyka.

> Elizabeth Darlington, zamożna przyjaciółka i opiekunka Tadzia Snopa, umrze nagłą i gwałtowną śmiercią pod kołami własnego rolls-royce'a.

Jak widać, dużo sensacyjnych i niezapomnianych przeżyć czeka tych, którzy będą kontynuowali naukę języka polskiego. Do zobaczenia więc w przyszłym roku.

dojść (dojdę dojdziesz) *pf.*
  arrive, get as far as
powód powod- *cause*
niepokój niepokoj- *distress*
gdyż *since*
wkrótce *shortly*
ukaz.ać się *pf. appear*
dalszy ciąg *continuation*
niniejszy *present*
kurs *coures (of study)*
zajść (zajdę zajdziesz) *pf.*
  occur
zmiana *change*
na przykład *for example*
zerwać (zerwę zerwiesz) *pf.*
  break off with
rozpoczn.ą.ć -n- *pf. begin,*
  initiate

romans *romance, affair*
zwoln.ić *pf. release, fire*
opiekun|ka *f. sponsor*
um.rz.eć *pf. die*
nagły *sudden*
gwałtowny *violent*
śmierć *f. death*
koło *wheel*
widać *one may see*
sensacyjny *sensational*
niezapomniany *unforgettable*
przeżycie *experience*
czeka.ć + Gen. *await*
kontynu.ow.ać *continue*
nauka *study, learning*
przyszły *future, "next"*

326

GLOSSARY

This vocabulary is a list of words used in this book with first glosses and irregular forms. No attempt has been made to supply complete instructions for the use of words. Since the vocabulary is listed fairly completely in the body of this text, it is expected that the user will need to make only occasional use of this glossary, usually to check for possible irregularities.

The first number following an entry refers to the lesson in which the word first appears. Subsequent numbers refer to lessons in which a word appears prominently or is given special treatment. A following *s* indicates that the word occurs only in a song.

CITATION OF ASPECT PAIRS

a. Unless otherwise indicated, verbs cited alone will be assumed to be Imperfective, e.g. czu.ć się *feel*.

b. Prefixally derived verbs will be assumed to be Perfective. The Perfectivizing prefix will be listed following the unprefixed Imperfective, e.g. pyta.ć za- *ask (a question)*. The form zapytać will not have a separate listing; hence, if a verb cannot be located under its prefixed form, try under the unprefixed form.

c. When two full verbs are cited one after the other, the first will be Perfective, the second Imperfective, e.g. zaj.ą.ć -m- zajm.ow.ać *occupy*. If the Imperfective departs radically in form from the Perfective, the Imperfective may have a separate listing.

ABBREVIATIONS

Abbreviations are used only in case of necessity:

m.	masculine
f.	feminine
n.	neuter
ma.	masculine animate
fa.	facultative animate
mp.	masculine personal
mppl.	masculine personal plural
sg.	singular
pl.	plural
pf.	Perfective
impf.	Imperfective
det.	determinate
indet.	indeterminate
adj.	adjective
adv.	adverb
tr.	transitive
intr.	intransitive

a *but, and* 1, 4
abstrakcjonista *mp. abstractionist* 18
abstrakcyjny *abstract* 18
adapter -a *record player* 11
adres *address* 23
adwokat *lawyer* 19
akademia *academy* 30
akcent *accent* 30
aktor *actor* 8
aktor|ka *actress* 8
akurat *exactly, just* 28
albo *or;* albo.. albo
   either.. or 17
ale *but* 1, 4
aleja *boulevard* 27
ambasada *embassy* 27
ambitny *ambitious* 7
Ameryka *America* 6
Amerykanin *mp American* 6
Amerykan|ka *f. American* 6
amerykański *adj. American* 27
angaż.ow.ać za- *hire* 20
Angiel|ka *f. English woman* 6
angielski *English* po
   angielsku *in English* 9
Anglia *England*
Anglik *mp. English(man)* 6
ani.. ani *neither nor* 17
apetyt *appetite* 24
apteka *pharmacy* 16
artykuł *article* 14
artysta *mp. artist* 18
aspiryna *aspirin* 13
atrament *ink* 20
Australia *Australia*
Australijczyk *mp. Australian* 6
Australij|ka *f. Australian* 6
australijski *Australian adj.*
autobus *bus* 22
autobusowy *adj. bus* 27
autograf *autograph* 8
autokar *touring bus* 22
autor *author* 19
autor|ka *f. author(ess)*
autorski *authorial*

babcia *grandmother*

bać się (boję się boi się)
   + G *fear, be afraid of* 6
balkon *balcony* 21
bank *bank* 21
bardziej *more (of degree)* 3
bardzo *very, very much* 1
baw.ić się *enjoy oneself* 6
bez + G *without* 8, 15
beżowy *beige*
będę będzie *will, going to*
   (future of być *)* 7, 12
   nie będzie + G *there won't*
   be 16
biały bielszy biało *white* 10
biblioteka *library*
biec -gn- *run (det.)* 21
biedny 13
biega.ć *run (indet.)* 21
bilet *ticket* 5
biolog *biologist* 19
biur|ko *desk* 1
biuro *office* 3
bliski bliższy *near* 19
blond *indec. adj. blond* 27
blondyn *mp. blond* 27
bluz|ka *blouse* 23
błyskawiczny *rapid* 18
bo *for, because* 4
Bóg Boga D Bogu V Boże *God*
bogaty bogato *rich* 13
bokser *boxer* 8
bol.eć *hurt* 20, 27
brać (biorę bierze) *take* 13
brak *lack* 24
brat n pl. bracia G braci
   I braćmi *brother* 3, 13
brązowy *brown* 23
brew brwi *f. (eye)brow* 27
broda *beard* 18
broszur|ka *brochure* 14
brudny brudno *dirty* 13
brunet *brunette mp.* 27
brunet|ka *f. brunette* 27
brydż *fa. bridge (card game)* 29
brzeg *shore, bank* 22
brzuch *stomach* 27
brzydki *ugly* 8
budynek *building* 21

budz.ić się o- *wake up* 29
budzik -a *alarm clock* 29
but -a *shoe* 23
butel|ka *bottle* 16   28
by *(conditional particle) that*
być ɓestem jesteś jest
    jesteśmy jesteście są) *be;*
    fut. będę *1, 2, 5, 7*
byle *any- (pejorative)* 25
bywa.ć *stay* 16
całkiem *entirely* 8
cały *whole, entire, all* 10
cecha *trait* 20
cel *aim, goal* 30
cena *price*
cent *fa.* *cent*
centralny *central* 7
centrum *center n.* 15, 21, 27
charakter *character* 7
chcieć *(chcę chce) want* 4, 11
    chce się + D *feel like* 17
chciwy *greedy* 19
chemia *chemistry* 19
chętnie *willingly* 25
chiński *adj. Chinese* 9
chirurg *surgeon* 27
chleb -a *bread* 16
chłodny chłodno *chilly* 25
chłopiɓc D chłopcu *boy* 13
chociaż *although* 7
choć = chociaż *30*
chodz.ić *indet. go on foot*
    11, 21, 23
    chodzi o + A *concern*
chory choro *sick* 13
chrzan *horseradish* 17
chwila *moment, while* 12
chyba *probably* 6
ci *see* ty
ciąg *segment*   dalszy
    ciąg *continuation* 30
ciągle *continuously* 5
ciągn.ąć *tug, drag* 30
cichy ciszej *quiet* 9
ciebie *see* ty
ciekawy *interesting, curious* 2
ciemny ciemno *dark* 10, 27
cienki *thin* 14 cieńszy
ciepły ciepło *warm* 25
ciesz.yć się *be glad* 6, 7
ciężki *hard, difficult* 19

ciocia *aunt* 3
cmentarz -a *cemetery*
co czego czemu czym *what* 1
coraz *more and more* 10
coś *something* 16
cór|ka *daughter* 13
cóż *what (emphatic)* 26
cukiɛr *sugar* 16
Cygan *Gypsy* 10
cytryna *lemon* 16
czajnik -a *teapot* 29
czap|ka *cap* 23
czarny *black* 10
czas *time* 12
czasopismo *magazine* 14
czasownik -a *verb* 2
czeka.ć na + A *wait for* 12
    + G *await* 30
czemu *see* co;   czemu nie
    why not 8
czerwiɛc -a *June* 26
często *often* 16
część *hi, greetings* 1
część *f. part* 30
człowiek *man* pl. ludzie
    I ludźmi 4
czołowy *leading* 30
czterdziesty *fourtieth* 20
czterdzieści *forty* 17
czternasty *fourteenth* 14
czternaście *fourteen* 17
cztery *four* 12, 19
czterysta *400* 17
czu.ć się *feel* 13
czujny *vigilant* s
czwartɛk *Thursday* 5
czwarty *fourth* 4
czworo *four (collective)* 19
czyj czyja czyje *whose* 10
czym *see* co
czysty czysto *clean* 13
czyta.ć prze- *read* 9, 14
czytelnik *reader* 7
dać (dam da dadzą) *pf. give*
dal *f. distance* s
dal z dala *from afar* s
daleki *far* 14
deka (gram) *deca (gram)* 16
demonstracja 21
denerw.ow.ać się z- *get*
    upset

329

dentysta *dentist* mp. 19
deszcz *rain* 22
dla + G *for* 14, 15
dlaczego *why* 2
długi dłuższy dłużej *long* 10
długopis *ball-point* 1
długowłosy *long-haired* 30
d| no *bottom*
do + G *to, up to, until* 15, 21
dobry lepszy *good* 1
  dobrze *well, fine* 1
dochód dochody *income* 10
dog *Great Dane* 10
dogodz.ić + G *please* 25
dojść (dojdę dojdzie)
  dochodz.ić *come to* 30
dokąd *to where* 5
dokładny *exact* 23
dolar *fa. dollar* 29
dolega.ć + D *ail* 25
dom LV domu *house, home* 6
domiar na domiar złego
  to make matters worse 30
domyśla.ć się *guess* 20
dopiero *only just* 23
dopóki *until* 22
doskonały *excellent*
dosta..ć dosta.w.ać *get* 16
  dostać się *get (intr.)* 20
dość *rather, enough* 3
drogi droższy drożej *expen-*
  sive, dear 4
drugi *second, another* 2
drzwi *(pl. form) door* 28
duszno *stuffy* 25
dużo *a lot ;* za dużo *too*
  much 3; więcej *more* 9
duży większy *large* 3
dwa dwie dwaj *two* 12, 19
dwadzieścia *twenty* 17
dwanaście *twelve* 12, 17
dwieście *two hundred* 16
dwoje *two (collective)* 19
dworzęc dworca *station* 27
dwudziesty *twentieth* 20
dwunasty *twelfth* 12
dym *smoke* s
dyrektor *manager, director* 7
dzi.a.ć się *happen, go on* 14
dziadęk pl. dziadkowie
  grandfather 13

dział *department* 15
działa.ć *operate ;* działać
  na nerwy *get on nerves* 28
dzieciństwo *childhood* 3
dziecko *child* pl. dzieci 8, 13
dzielnica *district* 21
dzieło *work of art* 18
dziennikar|ka *journalist* 13
dziennikarz *journalist* 13
dzień dnia pl. dni *day* 1, 26
dzięk.ow.ać + D *thank* 1, 7
dziesiąty *tenth* 10
dziesięć *ten* 12
dziewczyna 11, 13
dziewiąty *ninth* 9
dziewięć *nine* 12
dziewięćdziesiąt *ninety* 17
dziewięćdziesiąty *ninetieth* 17
dziewięćset *nine hundred* 20
dziewiętnasty *nineteenth* 17
dziewiętnaście *nineteen* 17
dziś, dzisiaj *today* 4
dziw.ić się + D *be surprised*
  at 6, 25
dziwny *strange, unusual* 7
  nic dziwnego *no wonder* 7
dżem *jam* 16
dżinsy *jeans* 23
efektowny *effective, striking* 23
egzamin *examination* 20
ekonomia *economics* 19
ekspedient *salesman* 19
ekspedient|ka *saleswoman*
elektryczność *f. electricity* 7
elektryk *electrician* 19
energiczny *energetic* 7
etnograficzny *ethnographic* 27
europejski *adj. European* 21

fachowy *professional* 19
fala *wave* s
falisty *wavy* 24
fiat *Fiat fa.* 13
figura *figure* 11
filharmonia *philharmonic* 27
filiżan|ka *cup* 16
film *film, movie* 5
filmowy *adj. film, movie* 11
fioletowy *violet-colored* 23
firma *firm, company* 18

330

fizyka *physics* 19
fotel −a *armchair* 29
Francja *France*
francuski *French* 8 po
  francusku *in French* 9
Francuz *mp.* *Frenchman* 6
Francuz|ka *f.* *French(woman)* 6
fryzjer *barber mp.* 19
fryzjer|ka *hairdresser f.*
gabinet *(personal) office* 3
garnęk −a *pot* 29
gas(n.ą)ć *die down* 30
gaz *gas* 7
gazeta *newspaper* 14
gdy *when, if* 20
gdyż *since* 30
gdzie *where* 1
genialny *ingenious* 10
geniusz *geniusz* 15
gęś *f.* *goose* 10
gitara *guitar* 30
głodny *hungry* 17
głośny głośno *loud* 9
głowa G pl. głów *head* 24
główny *chief, main* 4
głuchy *deaf, silent* s
głupi *stupid* 9
go *see* on
godzina *hour* 12
gorący gorętszy goręcej *hot* 6
gorszy *worse* 8
gorzki *bitter* 16
gospodarstwo *farm* 10
gotowy do + G *ready for* 5
góra *hill, mountain* 22
góral *mountaineer mp.* s
grab.ić *rake* s
gra.ć za− *play* 29
grafik *mp. graphic artist* 30
grafika *graphic art* 30
gramofonowy *phonograph* 11
granatowy *dark blue* 23
granica *border, boundary*
  za granicą *abroad* 22
gratul.ow.ać + D + G *con-*
  gratulate 29
grosz *fa. grosh (money)* 16
grudzień grudnia *December* 20
gryźć *bite*
grzeczny *polite* 10
guzik −a *button* 23

gwałtowny *violent* 30
gwiazda *star* 11
gwiazd|ka *starlet* 30
gwiezdne *adj. star* 12
hala *mountain meadow* s
hałas *noise*
hałas.ow.ać *make noise* 28
ham.ow.ać za− *brake* 24
handęl *trade, business* 15
handlowy *adj. business* 27
herbata *tea* 16
historia *history* 19
hiszpański *Spanish;* po
  hiszpańsku *in Spanish* 9
hobby *n. (indeclinable) hobby* 10
hod.ow.ać *raise* 10
hotel *hotel* 4
huta *steel mill* 15
hydraulik *plumber* 19

i *and* 4; i.. i *both.. and* 17
ich *see* oni, one; *their* 8
ile *how many, how much* 3, 16
im *see* oni, one
imieniny G imienin *(pl.*
  form) 19 *name day*
imię imienia *(first) name* 2
inny *other, different* 4, 19, 23
intelektualny *intellectual* 18
inteligentny *intelligent* 9
interes.ow.ać się + I *be*
  interested in 7
interesujący *interesting* 8
interpretacja *interpretation* 30
inżynier *engineer* 29
iść *(idę idzie) det. go on*
  foot; szedł szła szli; *pf.*
  pójść 1, 2, 7, 18, 21, 23

ja mnie mi mną *I, me* 5
ją *see* ona
jabł|ko *apple* 25
jabłkowy *adj. apple*
jaj|ko *egg* 16
jak *how, as* 1; jak na + A *as*
  for 15; jak tylko *as soon as;*
  jak to? *what do you mean?* 9
jaki *what kind of* 4, 12
jakiś *some kind of* 8
jako *as, in function of* 15
jakość *f. quality* 18

jasny jasno *clear, bright* 16
jechać (jadę jedzie) *go by*
  conveyance. pf. po-   21, 22
jeden jedna jedno *one* 12
jedenasty *eleventh* 11
jedenaście *eleven* 12
jednak *however* 7
jednakowy -o *identical* 14
jedzenie *eating, food*
  do jedzenia *to eat* 17
jego *his* G of on, ono *7*
jej *her* G of ona *7*
jesień *f. fall, autumn* 26
jestem *see* być
jeszcze *still, yet, else* 12
  co jeszcze 12
  jeszcze raz *once more* 20
jeść (jem je jedzą) z-
  eat 16, 18
jeśli *if* 10
jezioro   L jezierze *lake* 22
jeźdz.ić *indet. ride, travel*
  21
język -a   *tongue, language* 18
jutro *tomorrow* 5
już *already* 1

kacz|ka   *duck* 10
Kanada *Canada*
Kanadyjczyk *mp. Canadian* 6
Kanadyj|ka   *f. Canadian*   6
kanadyjski *adj. Canadian* 8
kanion *canyon* s
kapelusz -a   *hat* 23
kapusta *cabbage* 16
kariera *career* 18
karta *card, sheet* 23
kart|ka pocztowa 14
kasa *box-office* 12
kasowy *adj. box-office* 30
kasz∮l *cough* 16
kasztanowy *adj. chestnut* 29
kawa *coffee* 16
kawaler *bachelor* 8
kawał∮k *piece* 16
kelner *waiter* 19
kelner|ka *waitress*
kiedy *when* 4
kiedykolwiek *whenever* 23
kielisz∮k *shot-glass* 16
kiełbasa *sausage* 16

kierun∮k   *direction* 20
kieszeń *pocket* 23
kilka *several* 23
kilkakrotnie *several times* 18
kilo (gram) *kilo(gram)* 16
kim *see* kto
kino *movie-house* 5, 11
kiosk *kiosk* 23
klasyczny *classical* 25
klient *customer* 19
klub *club* 30
kłaść (kładę kładzie) *put,*
  place, lay pf. położyć   29
  kłaść się *lie down* 29
kłócić się po- *quarrel* 30
kłótnia *quarrel* 30
knajpa *tavern* 20
kobieta *woman*   8
koc -a   *blanket* 29
kocha.ć *love* 11
kogo *see*   kto
kolacja *supper* 17
kolega   *mp. colleague* 3, 8
koleżan|ka *f. colleague* 3, 8
kolejowy *adj. railway*
kolekcja *collection* 11
-kolwiek -*soever*   23
koło *wheel* 30
kompan *companion* s
kompon.ow.ać s- *compose* 15
komu *see* kto
koncert *concert* 5
konferencja *conference* 21
konferencyjny *adj. conference* 21
koniak *brandy* 16
koni∮c -a   *end* 20
kontrakt *contract* 30
kontrola *control* 18
kontynu.ow.ać s- *continue* 30
koń *horse* 10
kończyć s- *finish* 29
koperta *envelope* 23
korespondencyjny przyjaciel
  pen-pal 30
kos.ić *cut (hay)*   s
kostium *(woman's) suit* 23   *(m.)*
kost|ka *cake (of butter)* 16
koszt *cost* 30
koszula   *shirt* 23
kościół kościoła   L kościele
  church 21, 27

332

kość *f. bone* 29
kot *cat* 10
kowboj *cowboy* 30
kół|ko chodzić w kółko
  pace 28
kraj *country* 4   27
krajowy *adj. country, national*
krakowski *adj. Krakow* 20
krat|ka *checkered pattern* 25
krawat -a *necktie* 23
kreda *chalk* 1
krew krwi *f. blood* 22
krokodyl *crocodile* 10
kropla *drop* 16
krowa G pl. krów *cow* 10
krótki krótszy krócej
  short 10
krytyk *mp. critic* 18
krzes|ło *chair* 1
krzew *shrub* 20
krzyż -a *cross* 27
książ|ka *book* 14
księgowość *f. book-keeping* 19
księgowy *book-keeper* 19
kto kogo komu kim *who(m)* 1
który *(interrogative and rela-*
  tive pronoun) which 10, 14
kwadrans *quarter-hour* 12
ku + D *toward* 25
kubek -a *mug* 16
kuch|nia G pl. kuchen
  kitchen 21
kufel -a *mug (stein)* 10
kundel *mutt (dog)* 10
kup.ić kup.ow.ać *buy* 13, 14
kura *chicken* 10
kwartet *quartet* 30
kwaśny *sour* 16
kwiat *flower* 20
kwiecień kwietnia *April* 26

lal|ka *doll* 17
lampa *lamp, light* 1
las *forest, woods* s L lesie
lato L lecie *summer* 26
lata *pl. of* rok *years* 12
lata.ć *indet. fly, run* 21
leci.eć po- *fly, run* 21
lecz *but (literary)* 18
lecz.yć wy- *treat, cure* 25
lekarstwo *medicine* 13

lekar|ka *f. doctor*
lekarz *mp. doctor* 19
lekcja *lesson* 1, 10
lekki lżejszy *light* 29
lektor *lecturer mp.* 1
lektor|ka *f. lecturer* 1
leniwy *lazy* 8
lepiej *adv. better* 9
lepszy *adj. better* 8
lew *lion* 10
lewy *left;* na lewo *on the*
  left 27
leż.eć *lie* 15, 29
lipiec -a *July* 26
list *letter* 14
listonosz *mailman* 8, 19
listopad -a *November* 26
lodów|ka *refrigerator* 29
lody *pl.form* G lodów *ice-cream*
los *fate* s
lotniczy *adj. air-* 22
lotnisko *airport* 27
lub.ić *like* 11
ludzie *pl. of* człowiek
  people I ludźmi 4, 19
luksusowy *adj. luxury-* 7
lust|ro *mirror* 28
luty lutego *February* 26

łabędź *swan* 10
łaciński *Latin* 19
ładny *pretty* 1
ładunek *load, content* 18
łagodny *easy-going* 13
łatwy łatwo *easy* 13, 25
łazien|ka *bathroom* 21
łódź łodzi *f. boat* 22
łóż|ko *bed* 27
łysie.ć wy- *grow bald* 24
łyżecz|ka *teaspoon* 29
łyż|ka *(large) spoon* 29
ł|za *tear* s
ma *see* mieć
magnetofon *tape recorder* 3
maj -a *May* 26
majątek *fortune* 29
makijaż *makeup* 28
malarstwo *painting* 18
malarz *mp. painter* 18
mały mało mniejszy *small* 9
martw.ić *trans. worry* 24
  martw.ić się *be worried* 6

marzｦc marca *March* 26
marzenie *daydream* 30
marzyciel|*dreamer mp.* 4
marzyciel|ka *f. dreamer* 4
marz.yć *daydream* 20
mas|ło *butter* 16
matematyka *mathematics* 18, 19
materiał *material (cloth)* 25
mat|ka *mother* 3
mądry *wise*   13
mąż męża mężowie *husband* 7,
mdle.ć ze-   *faint* 30
melancholijny *melancholy* 15
mężat|ka *married woman* 8
mężczyzna G pl. mężczyzn
   man 8
mg|ła *haze, fog* s
mi *see* ja
mianowicie *namely* 28
miasto L mieście *town* 4, 23
mieć (mam ma mają) *have* 2, 7
   jak się masz? *how are you?*
   nie ma + G *there isn't any*
miejsce *place*   16
miejscowy *local* 17
miesiąc --a G pl. miesięcy
   month 16
mieszka.ć *live (inhabit)* 2
mieszkanie *apartment* 7
między + I (A) *between* 15, 22
międzynarodowy *international*
mięso *meat* 16   27
mija.ć *pass* s
milicjant *policeman* 19
miły *nice (of people)* 3
miłość *f. love* 20
ministerstwo *ministry* 27
miód miodu *honey* 16
minuta *minute* 12
mkn.ąć *flit by* s
mis|ka *bowl* 29
mleko *milk* 16
młody *young* 3 młodo
mną *see* ja
mniej *adv. less* 9
mniejszy *adj. less, smaller* 14
mocny *strong, powerful* 16
morze *sea* 4
motocykl --a *motorcycle* 22
motor *motor(bike)* 22
może *perhaps, maybe* 5

można (*modal*) *it is possible*
   22   16, 18
móc (mogę możę) *be able* 8, 9,
mój moja moje *my* 3
mów.ić *speak, say* 3, 9
   pf. powiedzieć
mu *see* on, ono
murarz *mp. bricklayer* 18
musi.eć *must, have to* 5, 7, 12
muzeum *museum* (*n.*) 4, 27
muzyczny *musical* 30
muzyka *music* 11, 19
my nas nam nami *we, us* 7
my.ć u- *wash* 6
   my.ć się *wash oneself* 6
myl.ić się po- *be mistaken* 10
myśl.eć *think* 6, 12
myśl *f. thought* 20

na + L *on, at* 3, 21
   + A *to, for* 1, 12, 21
nabrać (-biorę -bierze)
   nabiera.ć + G *acquire* 30
naczynie *dish* 30
nad + I (A) *over, above* 15, 22
nadejść (-jdę -jdzie)
   nadchodz.ić *arrive* 30
nadzieja *hope*
naftowy *adj. oil* 30
nagły *sudden* 24   29
nagroda G pl. nagród *prize*
nam, nami *see* my
napi.ć się + G *have a drink*
   of 17
naprawdę *really* 6
narodowy *national* 27
nareszcie *at last*
narzeka.ć *complain* 30
narzeczona *fiancee*
narzeczony *fiance*
nastaw.ić nastawia.ć *set* 29
następny *next* 30
nasz nasza nasze *our* 10
natomiast *on the other hand* 18
natychmiast *immediately* 29
nazwać (nazwę nazwie)
   nazywa.ć *call, name* 30
   nazywa.ć się *be called* 2, 6
nauczyciel *mp. (school)teacher* 1
nauczyciel|ka *f. (school)teacher*
nauka *study, science* 30   1

nawet *even* 12
nazwisko *last name*
nerw *nerve* 28
nic niczego niczemu niczym
  nothing 1
nie *no, not un-* 1, 2
nie ma   nie będzie   nie
  było *there isn't, there won't
  be, there wasn't (any)* +G 16
niebieski *blue* 23   6, 9
niech *(exhortative particle) let*
niechaj = niech
niedyskretny *indiscreet* 26
niedziela *Sunday* 5
niegrzeczny *impolite* 13
niej *see* ona
niekompetentny *incompetent* 19
niektóre *pl. adj. some* 19
Niemcy G Niemiec L Niem-
  czech *Germany (pl. form)*
Niemięc *mp. German (man)* 6
niemiecki *German;* po
  niemiecku *in German* 9
Niem|ka *f. German (woman)* 6
niemożliwy *impossible* 24
niepoko.ić *distress* 30   30
niepokój niepokoju *distress*
niepoprawny *incorrigible* 30
niespecjalnie *not specially* 14
niestety *unfortunately* 5
nieszczęśliwy *unhappy* 20
nieść -s- po- *det. carry* 20
nieudany *unsuccessful* 20
niewyspany *tired* 29
niezapomniany *unforgettable*
niezły *fair, not bad* 8   30
nieznany *unknown* 8
nigdy *never* 2
nigdzie *nowhere* 2
nikt nikogo nikomu nikim
  no one 2
nim IL *of* on, ono
nim *adv. before*
nimi *see* oni, one
niniejszy *present* 30
niski niższy *low* 25
niż *than* 3
no *well, uh huh* 1
noc *f. night*
nocny *adj. night(time)*
noga G pl. nóg *leg, foot* 27

nos -a *nose* 27
nos.ić *indet. carry* 21
notes *notepad* 23
nowoczesny *modern* 7
nowy *new* 1
nóż noża *knife* 29
nudny nudno *boring* 25
nudz.ić się *be bored* 6
o + L *about, at* 12, 15, 20
  + A *against, for* 8
obchodz.ić *concern* 19
obecny *present* 19
obejrz.eć ogląda.ć *watch* 11
obejść się bez + G *pf. get
  along without* 25
obiad *dinner* 17
objąć (obejmę obejmie) obej-
  m.ow.ać *embrace* 20
obok + G *alongside, next to* 30
obraz *picture* 1
obrona *defense* 27
obsesja *obsession* 24
obydwa obydwie *both* 27
ocean *ocean* 22
ocena *evaluation* 18
ochota *desire, want*
  mieć ochotę *feel like* 13
ociera.ć *wipe off* s
oczek.iw.ać *expect* 20
oczywiście *of course* 14
od + G *from, away from, than* 15
oddział *section, department* 15
odejść (-jdę -jdzie)
  odchodz.ić *go away* 23
odgryźć *pf. bite off* s
odkręc.ić odkręca.ć *turn on* 29
odmów.ić odmawia.ć *refuse* 24
odnieść -s- odnos.ić *carry
  off* 30
odpowiedź *f. pl.* odpowiedzi 2
odzieżowy *adj. clothing* 23
ogląda.ć *see* obejrzeć
ogłoszenie *advertisement* 14
ogon -a *tail* s
ogół w ogóle *in general* 17
ogrodniczy *adj. garden*
ogromny *huge, immense* 18
ogród ogrodu *garden*
  ogród działkowy *garden
  parcel* 27

ogrzewanie *heating* 7
ojci**ę**c ojca ojcowie *father* 3
ojczysty *native* s
okaz.ać się *pf. turn out* 18
ok|no *window* 1
oko pl. oczy G oczu I oczy-
  ma *or* oczami *eye* 27
okolica *neighborhood* 15
około + G *around, about* 22
okręt *ship* 15
okrętowy *adj. ship-building* 15
okropny *terrible* 13
okrutny *cruel* 10
okulary -ów *eyeglasses* 23
okulista *mp. oculist* 18
ołów**ę**k -a *pencil* 2
on jego niego go jemu niemu
  mu nim *he, him* 3   3
ona jej niej ją nią *she, her*
one ich nich im nim nimi
  je nie *they, them* 7
oni ich nich im nim nimi
  they, them (mp.) 7
ono jego niego go jemu niemu mu je nie nim *it*
opera *opera* 27
opiekun|ka *f. sponsor* 30
oprócz + G *besides* 16
optymista *mp. optimist* 30
orient.ow.ać się z- *be or-
  iented, clear about* 27
orz**ę**ł orła *eagle* 10
osi**ę**m *eight* 12, 17
osiemdziesiąt *eighty* 17
osiemdziesiąty *eightieth* 17
osiemnasty *eighteenth* 17
osiemnaście *eighteen* 17
osiemset *eight hundred* 26
osoba *person* G pl. osób 24
osobiście *personally* 23
osobowość *f. personality* 4
ostateczny *final* 30
ostatni *last (in a series)* 12
ostatnio *lately* 5
ostry ostro *sharp* 16
oświata *education* 27
otrzyma.ć otrzym.yw.ać *receive* 18
otworz.yć otwiera.ć *open* 29
ow|ca *sheep* 10
owczar**ę**k niemiecki *German
  shepherd* 10

owi**ę**s owsa *oats* s
owszem *why yes, of course* 2, 23
ozdobny *decorative* 20   29
ożen.ić się *pf. marry (of men)*
ósmy *eigth* 8
pacz|ka *package* 23
palec -a *finger* 27
pal.ić za- *smoke, light up* 29
pamięć *f. memory*
pamięta.ć *remember*
pan pana panu panem panu
  panie panowie *Mr., sir* 1, 8
pani panią *Miss, Mrs., madam* 1,
państwo państwa państwu   8
  państwem *ladies and gentlemen, Mr. and Mrs.* 7, 8, 19
papieros -a *fa. cigarette*
parę paru *a couple* 20
park *park* 27
patelnia *frying pan* 29
paść -dn- pada.ć *fall* 30
paznoki**ę**ć -a *fingernail* 26
październik -a *October* 26
pełny *full*
pewny (pewien) *certain* 20
  pewnie *surely* 8
piąt**ę**k *Friday* 5
piąty *fifth* 5
pi.ć wy- *drink* 16
  do picia *to drink* 17
piec -k- *bake* 30
piec -a *stove* 29
pielęgniar|ka *nurse* 8
pielęgniarstwo *nursing* 19
pieniądze G pieniędzy I
  pieniędzmi *pl. money* 23
pieprz *pepper* 17
pierścień -a *ring* 17
pierwszy *first* 1
pi**ę**s psa psu *dog* 7, 10
pieśń *f. song* s
pięć *five* 12
pięćdziesiąt *fifty* 16, 17
pięćdziesiąty *fiftieth* 26
pięćset *five hundred* 26
piękny *beautiful* 10
piętnasty *fifteenth* 15
piętnaście *fifteen* 17
pilot *mp. pilot* 8, 19
pilot|ka *f. pilot*
pił|ka *ball* 17
piosen|ka *song* 11

piosenkarz *mp. singer 8*
piosenkar|ka *f. singer 8*
pióro *pen 1*
pirat *pirate 10*
pis.ać na- *write 9*
pisarz pisar|ka *writer 19*
pisemnie *in writing*
piwo *beer 16*
plac *town square 29*
plaża *beach 22*
plecy pleców *shoulders 27*
pleść -t- *braid 30*
płaca *pay s*
płac.ić za- *pay 16*
płak.ać *cry s*
płaszcz -a *overcoat 23*
płatek *flake -a*
  płatki kukurydziane/ow-
  siane *corn/oat flakes 17*
płodny *fruitful 18*
płót|no G pl. płócien
  cloth, material
płyn *fluid, liquid 24*
płyn.ać *flow s*
płyta *record 11*
po + L *after, along 20*
  po polsku *in Polish 8*
  po prostu *simply, merely 2*
  + A *for 23*
  po co? *why? what for? 10*
pobyt *stay 30*   30
pochodzenie *origin, extraction*
pochodz.ić z + G *come from 15*
pociąg *train 22*
początkowy *beginning 30*
poczta *mail, post-office 14, 21*
pod + I (A) *under, beneath 22*
podjąć podejmę podejmie
  podejm.ow.ać *undertake 18*
podłoga G pl. podłóg *floor 1*
podoba.ć się s- + D *please*
podpis.ać *pf. sign*   6
podręcznik -a *textbook 14*
podróż *f. travel*
podróż.ow.ać *travel 11*
podstawowy *basic 18*
podusz|ka *pillow 29*
poetycki *poetic 15*
pojedna.ć *unite s*   5
pojutrze *day after tomorrow*
poker *fa. poker 29*

pokój pokoju *room 20*
Polak *mp. Pole 6*
polecenie *recommendation 7*
pole *field 28*
polec.ić poleca.ć *recommend 14*
Pol|ka *f. Polish woman 6*
polonez *fa. polonnaise 29*
polonistyka *Polish studies 20*
Polska *Poland 4*
polski *Polish*   po polsku
  in Polish 2
połącz.yć *link, join s*
położ.yć *put, lay*
  impf kłaść -d- 29
  położ.yć się *lie down 29*
południe *south 26*
  po południu *in the afterno⁵on*
pomidor -a *tomato 20*
pomidorowy *adj. tomato 16*
pomoc *f. help, aid*
pomóc -g- pomaga.ć + D *help 25*
poniedziałek *Monday 5*
popielnicz|ka *ashtray 25*
poprac.ow.ać *pf. work a bit 29*
popraw.ić poprawia.ć *correct 30*
popularność *f. popularity 18*
popularny *popular 10*
pora *time, season 29*
port *port 4*
portfel *billfold 17*
porządek *order* w porządku
  in order, all right
porzuc.ić *pf. abandon s*
postanow.ić postanawia.ć
  decide, determine 30   29
postaw.ić stawia.ć *put, set*
poświęc.ić *pf. devote*
potentat *mp. potentate 30*
potok *stream s*
potraf.ić *manage 18*
potrzeba *need 15*
potrzebny *necessary 16*
potrzeb.ow.ać + G *need 25*
powiedzieć powiem powie 14
  powiedzą) *say, speak*
  impf. mów.ić 14
powieść *f. novel*
powinien powinna *(modal of*
  obligation) ought 12
powodzenie *luck 24*
powoli *slowly 9*

sekunda *second* 12
sęn *dream* 7
sens *sense*
  mieć sens *make sense* 22
sensacyjny *sensational* 30
ser -a *cheese* 16
serce *heart* s
serdeczny *hearty, cordial* 29
serwet|ka *napkin* 29
seter *setter (dog)* 10
setny *one hundredth* 26
siano *hay* s
siąść -d- siadł siedli
  siada.ć *sit down* 29
siebie sobie sobą *oneself* 13
siedęm siedmiu *seven* 12
siedemdziesiąt *seventy* 17
siedemdziesiąty *seventieth* 17
siedemnasty *seventeenth* 17
siedemnaście *seventeen* 17
siedzi.eć po- *sit* 29
sierpięń -a *August* 26
się *reflexive particle* 2, 6, 9
silny *strong* 13
siła *force, strength*
siostra G pl. sióstr
  sister 3
siódmy *seventh* 7
skarpet|ka *sock* 23
skąd *from where* 3
sklep *store* 16
skłonność *f. proclivity* 20
skoro *as long as, since* 10
skromny *modest* 10
skuteczny *effective* 16
słaby -o *weak* 13, 20, 25
słodki *sweet* 16
słony *salty* 14, 16
słoń *elephant* 16
słońce *sun* 22
słowo *word* 30
słownik -a *dictionary* 14
słucha.ć + G *listen to* 16
służba *service* s
służbista *disciplinarian* 7
służ.yć + D *serve* 18
słycha.ć *to be heard*
  co słychać? *what's new?*
słynny *famous* 8
słysz.eć *hear* 9
smaczny *tasty* 16
smak.ow.ać + D *taste (good)*
  16

smutęk *sadness* s
smutny -o *sad* 10, 25
snuć się *waft* s
sobą, sobie *see* siebie
sobota *Saturday* 5
sodowy *adj. soda* 16
sok *juice* 16
solista *soloist* 30
sól soli *f. salt* 17
spać śpię śpi *sleep* 29
spadęk *fall, drop* s
specjalista *specialist (mp)* 15
specjalist|ka *f. specialist*
specjalny *special* 23
spod + G *from under* 22
spodnie *pl. form* G spodni
  trousers 23
spodziewa.ć się + G *expect* 19
spokojny *peaceful* 22
spomiędzy + G *from among* 22
sporo + G pl. *a number of* 15
sport *sport(s)* 7
sportowięc *athlete* 7
sportowy *(adj.) sport* 7
spory *good-sized* 16
sposób sposobu *way, manner, means*
  w taki sposób *in what way* 20
spotka.ć spotyka.ć *meet*
  spotkać się *meet each other* 12
spotkanie *meeting* 20
spoza + G *from beyond* 22
spoziera.ć *cast a glance* s
spożywczy *adj. food*
spódnicz|ka *skirt* 23
spóźn.ić się spóźnia.ć się
  be late 28
spóźniony *late* 1
sprawa *matter, affair* 26
sprawny *efficient* 10
sprząta.ć *clean up* 28
sprzeda.ć sprzeda.w.ać *sell*
spuszczony *lowered* s
srebrzysty *silvery* s
stać stoję stoi *stand* 29
sta..ć się sta.w.ać się
  become, happen 24
stado *herd, flock* s
stamtąd *from there* 30
stan *state*
  Stany Zjednoczone *United States*
stary -o *old* 1   30
starze.ć się ze- *grow old* 19

340

temperatura *temperature* 13
ten ta to A sg. fem. tę
  this, that 1
tenis *fa. tennis* 29
teraz *now 3*
termos *thermos 16*
też *also 1, 3*
tęskn.ić za + I *long for 6*
tęsknota *longing s*
tkw.ić *stick, lie in 18*
to *(conjunction) then 1*
tobą, tobie *see* ty
toreb|ka *handbag*
totalizator *fa. (sports) lot-tery 29*
trac.ić s- *lose, waste 18*
tragedia *tragedy 24*
tramwaj *trolley, streetcar 22*
trochę + G *a little, some 16*
troje *(collective) three 19*
tron *throne s*
trudny —o *difficult 10, 25*
trunęk *drink s*
trzeba *it is necessary 6*
trzeci *third 3*
trzy trzej *three 12, 19*
trzydziesty *thirtieth 13, 17*
trzydzieści *thirty 17*
trzynasty *thirteenth 13*
trzynaście *thirteen 16, 17*
tu, tutaj *here 1*
turystyka *tourism 15*
tuzin —a *dozen*
twarz *f. face 10, 11*
twój twoja twoje *your 3*
ty ciebie cię tobie ci
  tobą *you (sg. informal) 5*
ty.ć u- *grow fat 24*
tydzięń tygodnia *week 22*
tyle + G *som many 18*
  tyle, ile *as many as 23*
tylko *only 1*
  jak tylko *as soon as 29*
tysiąc —a G pl. tysięcy
  thousand 20
tytuł *title 30*

u + G *at, with (someone) 1, 16, 21*
ubranie *clothing 23*
ubrany *dressed 7*
ucho pl. uszy G uszu I uszy-
  ma   uszami *ear 10, 27*

uczelnia *school, college 29*
uczęń pl. uczniowie *pupil 18*
uczęszcza.ć na + A *attend 18*
uczy.ć + A + G *teach 19*
uczy.ć się + G *study 5, 19*
uda.ć się udadzą się + D
  go well for someone 30
ufa.ć + D *trust 25*
ukaz.ać się ukaz.yw.ać się
  turn out 18
ukończ.yć *pf. complete*
ukraść -dn- ukrada.ć *steal s*
ulica *street 21*
umieć umiem umiesz umieją
  know how 9   5
umówiony *have an appointment with*
um.rz.eć umiera.ć *die*
uniwersytet *university 3*
uparty *stubborn 13*
uprzejmy *kind, polite 27*
urodz.ić się *pf. be born*
urok *charm 18*
urząd urzędu *office s*
urzędnik *mp. clerk 4*
urzędnicz|ka *f. clerk 4*
usposobienie *disposition*
ustnie *orally*
utalentowany *talented 30*
utworzenie *creation 30*
utwór utworu *literary work 30*
uwaga *attention*
uważa.ć za + A *consider 18* 6
  jak uważasz? *what do you think?*
uzupełniający *supplementary 4*
uży.ć używa.ć + G *use 20, 23*

w, we + L *in 2, 5, 20, 21*
walc *fa. waltz*
wam, wami, was *see* wy
warszawski *adj. Warsaw*
warto *(modal) it is worthwhile 14*
wasz wasza wasze *your (pl.) 10*
wazon *vase 17*
ważny *important 4*
wąsy *mustache 19, 27*
wąski węższy *narrow*
wątp.ić w + A
wąż węża
wcale *not at all 6*
wciąż *constantly 20*
wczesny *early 29*

wczoraj *yesterday* 5
wdzięcz.yć się *be charming* s
wejść wejdę wejdzie wszedł
    weszli wchodz.ić *enter* 23
wentylator -a
wesoły *mpp.* weseli, *comp.*
    weselszy *merry, gay*
weterynarz *mp. veterinarian*
wewnątrz + G *inside* 18
wiadomości *pl. form; news* 7, 14
wiatr *wind* 22
wiatrak *windmill* 30
widać *can be seen* 30
widelec -a *fork* 29
widocznie *evidently* 19
widok *sight* 30
widzi.eć *pf.* zobacz.yć *see*
    do widzenia *good-bye* 1
wieczne pióro *fountain pen* 22
wieczór wieczoru *evening* 1, 5
    wieczorem *in the evening* 5
wieczorowy *adj. evening* 18
wiedzieć wiem wiesz wiedzą
    know (information) 3, 7, 9
wiek *age, century* 26
wiele *many, a lot* 23
    o wiele *by a lot* 3
wielki większy więcej *great*
wierz.yć + D *or* w + A
    believe 25
wieś wsi *f. village, country*
wieść -d- *lead (det.)* 30
    indet. wodz.ić
wieźć *det. carry by vehicle*
    indet. woz.ić
więc *then, hence, so* 7
więcej *more* 9 *(adv.)*
wino *wine* 16
wios|na *spring* 26
wiza *visa* 22
wizyta *visit* 26
wkrótce *shortly, soon* s
włamywacz *burglar* s
własny *own* 8
włącz.yć włącza.ć *turn on,*
    include 29
włos *us. pl. hair* 19, 27
włoski *Italian (adj.)*
    po włosku *(in) Italian* 9
włoż.yć wkłada.ć *put in* 29

włókienniczy *adj. cloth*
wniosęk *conclusion* 30
    dojść do wniosku *conclude*
wobec + G *in regard to* 19
woda G pl. wód *water* 16
Wodnik *mp. Aquarius* 26
wodz.ić *lead (indet.)* s
w ogóle *in general* 17
województwo *voivodeship* 20
woj|na *war* 12
wojsko *army* 18
wojskowy *military* 27
wol.eć *prefer* 11
wolny -o *slow, free* 5
wolno *(modal) it is permitted* 25
wód|ka *vodka* 16
wpaść -d- wpada.ć *fall in* 23
wpół do + G *half til*
    wpół do pierwszej *12:30*
wraca.ć, *pf.* wróc.ić *return* 20
wrażliwy *sensitive* 26
wreszcie *finally, at last* 28
wróc.ić wraca.ć *return* 20
wrzesięń -a *September* 26
wsadz.ić *pf. put, plant* s
wschód wschodu *east* 26
wspaniały *wonderful, marvelous* 27
współczesny *contemporary* 27
współczucie *sympathy* 27
wsta..ć wsta.w.ać *get up* 29
wstąp.ić do + G *enlist in* 18
wstydz.ić się *be embarrassed* 6
wszystko *everything,* wszystkie
    all, wszyscy *everyone* 7, 10
wtedy *then, at that time* 28
wtoręk *Tuesday* 5
wujęk *uncle* 3
wy wam was wami *you (pl.)* 7
wybitny *outstanding* 18
wyborowy *adj. select* 16
wybór wyboru *choice* s
wybredny *refined, finicky* 10
wybrzeże G pl. wybrzeży
    seashore 22
wychowany *brought up* 13
wyciąga.ć *stretch out* s
wydać wydam wyda wydadzą
    wyda.w.ać *give out, spend* 25
wydarzenie *event* 20
wydział *department* 20
wygląda.ć *look, appear* 10, 11

zazdroszcz.yć + D *envy* 25
ząb zęba *tooth* 7, 27
zbawiciel *savior* 27
zbieg okoliczności
  coincidence 28
zbyt *too, particularly* 3
zdać zdam zda zdadzą
  zda.w.ać *pass (exam)* 20
  zdawać się + D *seem* 25
zdanie *opinion* 4
  moim zdaniem *in my opinion* .14
zdj.ą.ć zdejmę zdejmiesz
  zdejm.ow.ać *take off* 29
zdolny *adept, skilled* 10
zdrowy *healthy, well* 13 -o
zdumiewający *amazing* 18
zdziwienie *amazement* 25
zebranie *meeting* 21
zefir *zephyr* 18; *fa.* 29
zegar -a *clock* 17
zegarek -a *watch* 17
zepsu.ć *pf. spoil, ruin*
  zepsuty *spoiled, broken* 3, 13
zerw.ać zerwę zerwie
  zrywa.ć *break off with* 30
zeszyt *notebook* 1
zgodz.ić się zgadza.ć się
  agree 30
zielony *green* 23
zima *winter* 26
zimny -o *cold* 16, 25
zjazd L zjeździe *congress* 21
zlew *sink* 29
złotów|ka *coll. złoty* s
złodziej *criminal* s
złoty -ego *fa. złoty*
zły gorszy *bad* 8
zmartwiony *worried* 24
zmęczony *tired* 5
zmiana *change* 30
zmien.ić zmienia.ć *change* 18
zmus.ić zmusza.ć *force* 20
zmy.ć zmywa.ć *wash off* 30
znaczny *significant* 18
znacz.yć *mean* 26
zna.ć *know* 3, 9
znad + G *from above* 22
znajd.ow.ać, *see* znaleźć
znajomy, znajoma *acquaintance* 11
znajomość *f. acquaintance* 20
znaleźć znajdę znadzie
  znajd.ow.ać *find* 20, 23
  znajd.ow.ać się *be located* 15

znowu, znów *again, once more*
zobacz.yć *pf. of* widzi.eć 30
  see, spot, catch sight of
  do zobaczenia *so long* 1
zoo *zoo* 10
zosta..ć -stanę stanie
  zosta.w.ać *remain, become* 20
zrezygn.ow.ać *pf. resign* 20
zupełnie *completely* 3
zwiari.ow.ać *pf. go crazy* 26
związek *union, connection*
  Związek Radziecki *Soviet Union*
zwiedz.ić zwiedza.ć *visit (a place)* 11
zwierzę zwierzęcia *animal* 10
zwróc.ić sie zwraca.ć się
  turn to 30
zwykły *ordinary* 4
  zwykle *usually* 17
zza + G *from behind* 22 zły)
źle gorzej *badly (adv. of*
żaden żadna żadne *none, no, not any (neg. polarity item)*
żal *pity, regret* s
żał.ow.ać + G *regret* 29
żart.ow.ać *joke* 10
że *(conj.) that* 3 5
żeby *cond. conj.) in order that*
żen.ić się o- *get married (of man)* 29
żołnierz *soldier* 18, 19
żona *wife* 8, 13
żonaty *married (of man)* 8
żółty *yellow* 16
życie *life* 14, 15
życiorys *biography* 8, 18
ży.ć *live* 24

Gdańsk

GRAMMATICAL AND TOPICAL INDEX

NOTE: individual lexical items can usually be located as to place of occurrence in the text by consulting the glossary.